珍妃　阿鲁特氏　慈禧　慈安皇太后　容妃（香妃）　乌拉那拉氏　孝贤皇后　孝圣宪皇后　孝恭仁皇后　董鄂妃　孝庄文皇后　阿巴亥

清朝十二后妃

历史绝对不简单

曹金洪◎编著

陕西新华出版传媒集团
三秦出版社

图书在版编目(CIP)数据

清朝十二后妃 / 曹金洪编著. -- 西安：三秦出版社，2014.5（2022.3 重印）
（历史绝对不简单）
ISBN 978-7-5518-0785-2

Ⅰ.①清… Ⅱ.①曹… Ⅲ.①后妃—生平事迹—中国—清代—通俗读物 Ⅳ.①K828.5-49

中国版本图书馆 CIP 数据核字(2014)第 097503 号

清朝十二后妃

曹金洪　编著

出版发行	陕西新华出版传媒集团　三秦出版社
社　　址	西安市雁塔区曲江新区登高路 1388 号
电　　话	（029）81205236
邮政编码	710061
印　　刷	河北浩润印刷有限公司
开　　本	710mm×1000mm　1/16
印　　张	16.25
字　　数	200 千字
版　　次	2014 年 5 月第 1 版 2022 年 3 月第 3 次印刷
印　　数	6001-11000
标准书号	ISBN 978-7-5518-0785-2
定　　价	48.00 元
网　　址	http://www.sqcbs.cn

前　言

从古至今，中华民族历经数千年的风云变化，刀光剑影早已暗淡，鼓角争鸣业已远去，秦皇汉武的霸业亦归入尘土，银台金阙的浮华也日渐沉寂。轻轻地将岁月的尘埃拭去，五千年的历史才会清晰地显现出来。

然而，如果想要了解中国历史，尤其是各个朝代的历史脉络，并不是一件简单的事情。不过，人是历史的主宰，若能了解具有代表性的君王、后妃、名将、谋士等重要人物，那么就能轻松地理清各朝代的历史发展。

春秋战国时期，群雄争霸，百家争鸣，史书翻开了新的一页。不管是春秋霸主齐桓公，还是卧薪尝胆的越王勾践，为了各自的霸业都在不懈地努力着……

两汉时期虽已成为历史，但其对后代的影响，却随着车轮的滚动越发清晰。品读两汉时期十八位杰出帝王的丰功伟绩，体会他们的治国才略与经典人生。

自古以来，帝王需要名将辅佐、谋士的相助，方能成就霸业；而名将与谋士，也需要帝王的慧眼识珠，才能发挥所长，功成名就。在三国这个纷乱的时代，这十二位名将与十二位谋士具有怎样的传奇经历？

三国两晋时期的美女都带有当时战乱割据的特点，貂蝉成了连环计的主角，西施成就了夫差的美名。似乎每个美女都有一段可歌可泣的传奇故事，似乎每一段传奇都由一位美女所铸成。且看这十二美女的人生经历与内心的悲欢离合。

唐朝是我国历史的巅峰时期，开创了中国历史的新纪元。在唐朝三百年的统治时期，出现了多位杰出的帝王，让我们穿越时光，走进斑斓的岁月，去品味帝王的传奇经历。

宋朝是一个经济富饶、文化繁荣的时代。回首两宋十六帝的传奇人生，感受宋朝皇宫中的雄浑质朴之风、智谋天下之术……

有人说明朝是最为黑暗的时代，也有人说它是捉摸不定的时代。不妨将明朝皇帝请出来，让他们为你"讲述"当时的历史剧目……

清朝十二帝与清朝十二后妃的人生经历，展现了作为皇帝的治国经略，作为后妃的悲欢离合，同时也显示了清朝荣华兴衰的发展。从他们的身上，你可以看到人生的辉煌，也能够看到人性的阴暗……

本丛书共分为《春秋战国十君王》《两汉十八帝》《三国十二名将》《三国十二谋士》《三国两晋十二美女》《大唐二十帝》《两宋十六帝》《明朝十二帝》与《清朝十二后妃》九册，详细地讲述了发生在那个年代的故事……

目 录

第一章　悲剧女主角——阿巴亥 ……………………… 1

皇妃档案 …………………………………………………… 2

人物简评 …………………………………………………… 3

生平故事 …………………………………………………… 3

 戏剧性的婚姻 …………………………………………… 3

 大妃的幸福生活 ………………………………………… 4

 福兮祸所伏 ……………………………………………… 5

 与大贝勒传私情的人到底是谁 ………………………… 9

 风韵犹存陪夫去 ………………………………………… 10

 阿巴亥生殉真相 ………………………………………… 12

 大妃孟古格格 …………………………………………… 15

 爱恨之间的徘徊 ………………………………………… 17

 含恨而死 ………………………………………………… 20

 战乱四起　红颜消逝 …………………………………… 22

 母凭子贵　身后富贵 …………………………………… 25

第二章　撑起一个朝代的皇后——孝庄文皇后 ……… 27

皇妃档案 …………………………………………………… 28

人物简评 …………………………………………………… 29

生平故事 …………………………………………………… 29

 草原上飞出金凤凰 ……………………………………… 29

影响皇太极的女人 31
　　庄妃说降洪承畴 35
　　辅佐明君的清代国母 37
　　孝庄太后是否下嫁多尔衮 41

第三章　皇上为她断红尘——董鄂妃 49
　皇妃档案 50
　人物简评 51
　生平故事 51
　　一代佳人　身世成谜 51
　　情不知所起　一往而深 54
　　倾城佳人　容貌成谜 55
　　一代佳人　贤德有余 56
　　天妒婵娟　突然离世 59
　　悲痛欲绝　欲斩红尘 61
　　佳人已去　却遭冷遇 62
　　痴情顺治　死亡成谜 63

第四章　不争不抢地位高——孝恭仁皇后 65
　皇妃档案 66
　人物简评 68
　生平故事 68
　　卑微出身　气质超群 68
　　颇受宠爱　地位稳固 69
　　储位之争　扑朔迷离 71
　　纷争再起谁称雄 74
　　尘埃落定　雍正即位 78
　　无情太后　憾然离世 79

母子情薄缘为何 79

　　孙子乾隆　宽慰祖母 81

第五章　历史上甄嬛的原型——孝圣宪皇后 85

　皇妃档案 86

　人物简评 87

　生平故事 87

　　显赫家世　让人惊叹 87

　　生伶俐子　获康熙赞 89

　　另眼相看　待遇从优 90

　　遍游天下　携母同行 91

　　诞辰祝贺　享尽齐人之福 92

　　隆重的身后事 94

　　晋封贵妃疑点多 97

　　孝顺乾隆　身世有疑 98

第六章　让乾隆一直怀念的名后——孝贤皇后 101

　皇妃档案 102

　人物简评 103

　生平故事 103

　　出生显赫 103

　　与弘历缔结良缘 104

　　子女接连夭折 106

　　香消玉殒 109

第七章　死后没有葬礼的皇后——乌拉那拉氏 119

　皇妃档案 120

　人物简评 121

生平故事 ·· 121
　　皇后仙逝 ·· 121
　　由秀女荣升为皇后 ···································· 127
　　扑朔迷离的失宠 ······································· 130
　　野史上怎么说 ··· 134
　　皇后失宠之谜 ··· 136
　　皇后的陵墓之谜 ······································· 138
　　皇后陵墓之谜后续 ···································· 139

第八章　神秘的异域妃子——容妃（香妃） ········ 143

皇妃档案 ·· 144
人物简评 ·· 145
生平故事 ·· 145
　　从和贵人晋封为香妃 ·································· 145
　　香妃"香"的谣传 ····································· 148
　　香妃的传说 ·· 148
　　香妃名字的由来 ······································· 154
　　婚姻之谜 ·· 155
　　香妃葬地之谜 ··· 155
　　艾窝窝的由来 ··· 157

第九章　大智若愚的皇太后——慈安皇太后 ········ 161

皇妃档案 ·· 162
人物简评 ·· 164
生平故事 ·· 164
　　慈安入主中宫为后 ···································· 164
　　慈安因何走向从政道路 ······························· 165
　　大智若愚的慈安 ······································· 171

误毁遗诏 ………………………………………… 175
　　慈安死亡之谜 …………………………………… 176
　　民间猜测之两宫太后的仇恨 …………………… 178
　　葬陵之谜 ………………………………………… 179

第十章　背后掌握大权的女人——慈禧 ………… 181
　皇妃档案 …………………………………………… 182
　人物简评 …………………………………………… 183
　生平故事 …………………………………………… 183
　　册封为兰贵人 …………………………………… 183
　　产下皇子 ………………………………………… 185
　　咸丰驾崩 ………………………………………… 187
　　辛酉政变 ………………………………………… 190
　　慈禧的掌权之路 ………………………………… 194
　　盗墓风波 ………………………………………… 200
　　叶赫那拉氏的起源之说 ………………………… 201
　　慈禧的身世传说 ………………………………… 203
　　慈禧和光绪的母子情 …………………………… 207

第十一章　不受慈禧喜欢的皇后——阿鲁特氏 … 209
　皇妃档案 …………………………………………… 210
　人物简评 …………………………………………… 211
　生平故事 …………………………………………… 211
　　状元的女儿 ……………………………………… 211
　　册封为后 ………………………………………… 212
　　皇后的生活 ……………………………………… 214
　　被逼至死 ………………………………………… 217
　　夫妻同穴　惨遭被盗 …………………………… 218

父亲的遗事 ··· 221

第十二章　被人害死的妃子——珍妃 ············ 223

皇妃档案 ··· 224
人物简评 ··· 225
生平故事 ··· 225
　珍妃入宫 ·· 225
　受宠 ··· 226
　珍妃为何喜爱男装 ··································· 231
　卖官受罚风波 ·· 233
　慈禧为何痛恨珍妃 ··································· 237
　冷宫 ··· 237
　沉井 ··· 239
　珍妃死亡之谜 ·· 240
　结局最好的妃子——瑾妃 ·························· 242
　瑾妃母女望远镜相望 ································ 244
　隆裕皇后的可怜之处 ································ 246

第一章 悲剧女主角——阿巴亥

皇妃档案

☆姓名：乌拉纳喇·阿巴亥

☆民族：满族

☆出生日期：公元 1590 年

☆逝世日期：公元 1626 年

☆配偶：努尔哈赤

☆子女：阿济格、多尔衮、多铎

☆寝殿：汗宫

☆陵墓：福陵

☆谥号：孝烈恭敏献哲仁和赞天俪圣武皇后

☆最为高兴的事：丰衣美食

☆最伤心的事情：被逼生殉

☆生平简历：

公元 1590 年，阿巴亥出生于乌拉街满族乡。

公元 1601 年，12 岁的阿巴亥嫁于努尔哈赤。

公元 1605 年，阿巴亥产下十二子阿济格。

公元 1612 年，阿巴亥产下十四子多尔衮。

公元 1614 年，阿巴亥产下十五子多铎。

公元 1620 年，遭小福晋代音察告发，遭到丈夫的休离。

公元 1626 年，丈夫离世，阿巴亥生殉。

公元 1650 年，牌位入太庙，年底牌位被赶出太庙。

人物简评

她是一个善良的女子，既没有害人之心，也没有祸国之迹。为了丈夫，她给将领送点心，给百姓送衣物。然而，本该得到表彰的她却成了莫名其妙的罪犯。她为努尔哈赤产下三子，三子皆成虎。有人说她是皇宫中另类的存在，因为她善良；有人说她只是一个普通的小女人，因为她无关于国事，只希望丈夫能够平安归来；也有人说她是一个野心勃勃的女人，为了儿子的皇位，使尽千方手段，最后却成了生殉的牺牲品。

她就是努尔哈赤最为宠爱的女人——阿巴亥。

生平故事

戏剧性的婚姻

提到清太祖努尔哈赤，他光辉的业绩不禁让后人啧啧称奇。在他的领导下，不仅成功统一了女真各部，还建立了强大的后金政权，登上了梦寐以求的可汗大位。自古英雄爱美人，我们的努尔哈赤当然也不例外，阿巴亥就是他众多美人中的一位。

公元1590年，阿巴亥这个一生都富有传奇色彩的女人降生在了女真乌拉部的首领满泰的家里。也许是命运想让这个女子与努尔哈赤相遇，在公元1593年，努尔哈赤所在的建州被阿赫家族所在的部落以及其他部落等九部联合起来的军队所攻打。双方经过激烈地对决之后，叶赫、乌拉等部败下阵来。在战争中，阿巴亥的舅舅也就是当时乌拉部的首领布占泰被努尔哈赤抓了起来，监禁了三年才被释放。因为布占泰在战争中，充分领教到了努尔哈赤的厉害，因此在这次战役后再也不对建州抱有任何幻想。公元1601年，努尔哈赤不费吹灰之力地灭掉了哈达部。与哈达部紧密相连的乌拉部，马上意识到了自己的危机。深知努尔哈赤野心的布占泰，为了保住自己的部落，决定牺牲掉自己的亲侄女——刚满12岁的阿巴亥。就这样，还是懵懂少女的阿巴亥，被舅舅送到了建州，与努尔哈赤结为了连理。

阿巴亥在嫁与努尔哈赤之后，深得这位大英雄的宠爱。可以说，这个机灵而美丽的小女孩让已经43岁的努尔哈赤心花怒放。两年之后，努尔哈赤的大妃孟古姐姐叶赫那拉氏也就是皇太极的母亲病逝，没过多久，阿巴亥就成功上位，成为了努尔哈赤第二个大妃。公元1605年，与努尔哈赤成婚后的第四年，阿济格——这个努尔哈赤的第十二个儿子降临人世。这也是阿巴亥为努尔哈赤生下的第一个儿子。公元1612年，历史上鼎鼎有名的多尔衮降生了。又过了两年，多铎也来到了人世。

努尔哈赤对阿巴亥生下的三个儿子都十分偏爱，他们虽然年纪尚小，但是已经分别掌管了八旗军中的三旗。

大妃的幸福生活

阿巴亥在生下三个儿子之后，可谓是意气风发，过着让后金所有人都羡慕的生活。当然，这种生活的背后也藏着种种的阴谋。

我们都知道在封建时期，后宫佳丽三千是一个领导者的成功标志，努尔哈赤身为后金最成功的人士当然也不例外。在努尔哈赤的身边有着各色姿态万千的女子，而已经渐渐容颜消退的阿巴亥，对这位人人称道的英雄的吸引力大不如前。

不过，努尔哈赤虽然喜新却不厌旧，这点从他对阿巴亥的安排上就可以看得出来。在他心中，阿巴亥的大妃之位是无人可以动摇的，哪怕这个人是自己现在最喜欢的小妾。对于自己丈夫身边的莺莺燕燕，阿巴亥从开始的不能接受，到如今已经能够泰然处之。对她来说，自己的三

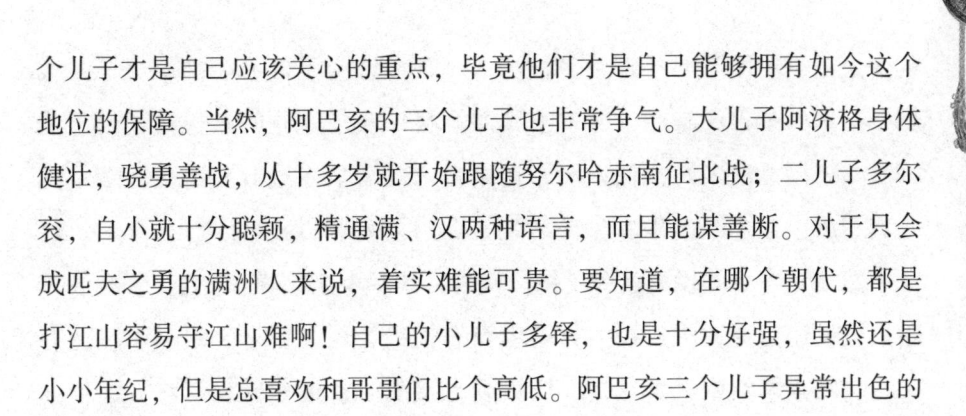

个儿子才是自己应该关心的重点,毕竟他们才是自己能够拥有如今这个地位的保障。当然,阿巴亥的三个儿子也非常争气。大儿子阿济格身体健壮,骁勇善战,从十多岁就开始跟随努尔哈赤南征北战;二儿子多尔衮,自小就十分聪颖,精通满、汉两种语言,而且能谋善断。对于只会成匹夫之勇的满洲人来说,着实难能可贵。要知道,在哪个朝代,都是打江山容易守江山难啊!自己的小儿子多铎,也是十分好强,虽然还是小小年纪,但是总喜欢和哥哥们比个高低。阿巴亥三个儿子异常出色的表现深得努尔哈赤偏爱,因为这点,阿巴亥在后宫中的地位也是坚不可摧。对于这一点,阿巴亥的心里十分欣慰。

福兮祸所伏

公元1620年,一场飞来的横祸降临到她的头上,这场横祸使她从尊贵的巅峰位置,一下子跌入到悲惨的深渊谷底。

到底是什么事件让阿巴亥从人人羡慕的大妃位置上跌落下来了呢?原来这一年,两个服侍阿巴亥的侍女纳扎和秦太之间发生了争吵。在争吵的过程中,纳扎骂秦太淫荡,秦太也不甘示弱,竟然道出了纳扎和巴克什达海(阿巴亥的侍卫)通奸的事实,并说巴克什达海曾经送给纳扎两匹蓝布。就在两个侍女争吵的时候,努尔哈赤的小福晋代音察不知是有意还是无意,听到了这两个小丫头的话,并把这些话告诉了努尔哈赤。努尔哈赤听了之后,十分生气,便立刻命大臣调查此事。调查的结果让努尔哈赤十分气愤,纳扎与巴克什达海确实存在着不正当的关系,而且大妃阿巴亥同意了这种关系,并且还赠给纳扎一匹翠蓝色的布。按理说,两个小丫头之间发生争吵互揭过失,跟主子也没多大关系。即便是丫头和侍卫有私情,并且得到了主子的默许,也没什么大不了的。但是在当时的宫里,这个罪过就大了。

在当时,宫中有明文规定:所有福晋,没有经过汗王的同意而把一匹布或者一块缎子赠予其他女人的行为,是对丈夫的欺骗。而获得布匹的女人把手中的东西再送给其他男人，则被认为是倾心于那个男子。大妃私下里，不仅没有经过努尔哈赤同意将一匹翠蓝色的布送给了自己的婢女，还同意这名婢女把这块布送给自己的侍卫。这着实是个大罪。得到真相后，努尔哈赤非常气恼，他命人立即将纳扎处以死刑。

然而，事情并没有就此了结。接着，代音察又说道："大福晋私底下给大贝勒送过两次饭，而大贝勒也没有拒绝，还把饭全部吃完了。还有一次，大福晋给四贝勒送饭，四贝勒也接受了，但是并没有吃。不仅如此，大福晋每天都要差人去大贝勒家，如此看来，他们两个人的关系不一般哪。此外，大福晋还有几次是深夜出院的。"努尔哈赤听后，派手下的四位大臣去调查了此事，结果证实，代音察所揭发的事全部属实。

其实，大贝勒就是代善，他在当时占有举足轻重的地位。长子褚英被努尔哈赤处死后，二贝勒代善自然而然的成了努尔哈赤的长子，他性情宽柔，颇得众心，战功赫赫，有着一人之下万人之上的权势。努尔哈赤曾经对他说过："等我百年之后，我的幼子、大福晋，便托付给大阿哥抚养。"这样，也暗示着日后努尔哈赤的大汗位会传给代善。

当时，朝鲜人写的《建州闻见录》中也推测到，努尔哈赤死后，"则贵英哥必代其父"，他们说的贵英哥便是古英巴图鲁代善。事情一旦牵涉到代善，情况就变得更为敏感和复杂了。努尔哈赤虽然说过百年之后要将幼子和大福晋托付给代善的事情，不过现在的努尔哈赤可是正当年啊。如今，自己的爱妃与代善之间的关系复杂，且有一种说不清道不明的情愫在里面，这让努尔哈赤情何以堪，又将他置于何地？再想到每次召诸贝勒大臣在家宴饮或商议事务时，阿巴亥像变了一个人似的，打扮得花枝招展、浓妆艳抹，全身带满了珍珠，这很显然不是她平常的风格，这也是让努尔哈赤最为生气的地方。

努尔哈赤虽然内心恼怒，但他并未表现出来。毕竟，他是一个久经风雨的政治家，懂得家丑不可外扬的道理，再说，谁让自己曾经说过要把孩子和阿巴亥托付给代善的事呢！这样想来，阿巴亥费尽心力地讨好大贝勒也是情有可原，谁不早早地为自己的未来做打算呢！这样一想，

努尔哈赤决定要悄无声息地处理这件事。

努尔哈赤到底是怎么处理这件事的呢？首先，努尔哈赤没有去追究大贝勒代善的责任，而是找借口惩罚了大妃阿巴亥。同时，他还放出话说要派人去搜查阿巴亥私藏的财物。收到消息的阿巴亥心里十分担心，为了能够守住自己的"私房钱"，她决定把这些财物分送到各处藏起来。不过事与愿违，阿巴亥这些藏在各处的财物还是被人给搜出来了。这时，努尔哈赤的一位蒙古福晋也趁势打劫，她告发大福晋在阿济格家的两个柜子里私藏了三百匹缎子。同时，她还揭发说大福晋私自赠送总兵官巴笃礼的妻女、参将莽阿图之妻和村上人许多财物、缎匹。

于是，努尔哈赤命人将私藏、赠送的缎匹、财物全部追回，并很生气地宣布："大福晋的所作所为，实在是奸诈虚伪至极，人性邪恶。我用金银珠宝为你装饰外表，用普通人都没有见过的绸缎为你做衣服，可是你竟然背着自己的丈夫，去勾引他人，罪责当诛？"不过，努尔哈赤并不是冲动之人，他随即又说道："如果我处死了大福晋，我那三个儿子该是多么的伤心啊！因此，我决定绕过阿巴亥一命，让其将功补过，留她来照料子女，但是我决不会与这种女人在一起生活，所以，我要将其休离。"

阿巴亥被休弃一事，也许有人说是罪有应得。然而经过仔细分析，就能够发现很多疑点。两个侍女吵架后，按常理来看，代音察应当马上将此事告知努尔哈赤，但她却过了几日才将其告发。其实，大妃与大贝勒之间的非正常关系，是一个没有公开的秘密，所有的贝勒、大臣都知道，但是却无一人告发。可是，为什么半点权势也没有的代音察却敢揭发？为何长期生活在汗王宫中的代音察对大妃送食物给贝勒们，大贝勒接受并食之，但四贝勒接受没有食用的事知道得这般清楚？

有人认为，这一切不过是权力之争背后的阴谋罢了，是四贝勒皇太极的一个政治谋略。是他给了代音察胆量，也是他指使代音察告密，其目的是想通过制造和宣染大妃与大贝勒代善两人的桃色事件，以此来激怒努尔哈赤，从而使代善的名誉扫地，动摇他汗位继承人的地位。同时，也为自己的汗位之路清除不必要的枝蔓。

当时，在努尔哈赤众多子侄中，最有实力、最有地位的是四大贝勒。即：大贝勒代善、二贝勒阿敏、三贝勒莽古尔泰、四贝勒皇太极。其中，二贝勒阿敏与努尔哈赤的关系相对疏远，他们是伯侄关系，其父因罪曾被圈禁，最后忧郁而死。而阿敏自己也明白，虽然自己有军功，但是犯下过大错，根本不具有争夺汗位继承权的条件和资格；三贝勒莽古尔泰，虽然有地位，但却是一个只会逞匹夫之勇的莽夫，他曾经亲手杀死了自己的生母，在众臣中的口碑非常差，可以担任统兵大将，却不能做一国之君，也没有争夺汗位的条件。

经过分析之后，不难发现，大贝勒代善和四贝勒皇太极，是努尔哈赤诸子中最有可能成为大汗的人。然而，根据当时的情况来看，不管是声望、实力，还是其他方面，皇太极的各个方面都处于劣势。大贝勒代善在褚英死后是长兄，也是汗位的首要人选。他的战绩显赫，且领有两红旗，其军事实力也远远超过其他贝勒。另外，代善性情宽厚，也受到众人的拥戴。在平常，努尔哈赤经常让代善协助自己处理军国大事。不难看出，努尔哈赤对代善的信任和偏爱是大家有目共睹的，将来把汗位传给代善也是众所周知的。1620年，努尔哈赤已经年满62岁，身体一年不如一年，代善继承汗位之事已是指日可待。相比之下，皇太极只领一旗，在四大贝勒中排于末位。平时，他严厉冷酷，为人忌惮，因此，在人际关系方面不是很好，若是公平竞争的话，怎么都不是代善的对手。皇太极自己也深知这一点，他只有通过非常手段才能达到自己的最终目的。

现在，也许可以理解：皇太极通过指使人来揭发大福晋与大贝勒难以说得清楚的"隐私"，也使得这一桃色事件在满洲贵族中曝光，从而达到了一箭双雕的目的。

我们再看大福晋，即便她遭到惩处，也同时令大贝勒代善在诸王贝勒中名誉扫地、威望大降。在这场政治角逐中，努尔哈赤虽未对代善加以治罪，但代善的名誉却受到损伤，而"汗位继承人"的地位也在无形中得以动摇。后来，又因为代善对其他问题的处置不当，进而让自己的威信扫地，慢慢地也失去了努尔哈赤的信任。

总之，在这场政治斗争中，皇太极是最终的胜利者，而代善却转而走向失败。至于阿巴亥，她不过是政治斗争的牺牲品，不仅失去了自己在努尔哈赤面前的光辉形象，反而落得个独自一人带着三个幼子黯然离去的下场。

与大贝勒传私情的人到底是谁

在阿巴亥的一生，最受争议的就是她是否曾经私藏财物与大贝勒传私情的事情了。很多研究历史的人认为公元 1620 年，被人告发私藏财物，并与大贝勒有过亲密来往的人并不是阿巴亥，而是大妃富察氏。因此，史学家们展开了一段激烈的讨论。

一、认为富察氏是私藏财物并与大贝勒有私情的人，主要持有下面几个重要依据：

1. 在《清太祖实录战迹图》一书中我们可以了解到身为努尔哈赤的第二任大妃的富察氏，在顺治上位之后，也就是公元 1644 年，被以曾经对太祖有罪的名义改葬在福陵外。

2. 除了《清太祖实录战迹图》，我们在诸多介绍清朝历史的正规书籍中，都看到了富察氏私藏财物的记载。

二、认为阿巴亥是私藏财物与大贝勒有牵连的主角，依据主要如下：

1. 从年龄而言，过于年长的富察氏显然没有阿巴亥更得代善的心意。在与努尔哈赤成婚之前，富察氏已经是威准的妻子了，还为威准诞下一个名为昂阿拉的儿子。威准死后，富察氏才改嫁努尔哈赤。从婚龄来看，富察氏要比孟古格格更早入门 3 年。努尔哈赤迎娶孟古格格的时候才是个 14 岁的少年，因此我们可以推测出富察氏在改嫁努尔哈赤时，年龄要比孟古格格大 10 岁左右。这样一推测不难发现，到了公元 1620 年的时候，富察氏已经是个五十多岁皱纹爬满脸、人见人烦的老妪了，谁还有精力和她谈情说爱啊。而当时阿巴亥才刚刚 31 岁，正值青春美貌，风华绝代，又与代善年龄相近，也算是郎才女貌了。那么，阿巴亥与代善产生感情，是很有可能发生的事情。

2. 从子女数量上来看，富察氏的子女数颇有争议，而阿巴亥的子女数则十分吻合。富察氏在改嫁给努尔哈赤之后为其生下了两个儿子和一个女儿。不过谁生了努尔哈赤的第十六子费扬古则在史书中却没有记载，这也成为了本案的争议点。有一些相关记载认为富察氏正是皇十六子费扬古的亲生母亲。但是反对的人则认为，富察氏死于公元1620年，而费扬古却恰恰在这一年出生，因此基本可以否定费扬古是富察氏之子的可能性。这样看来，察氏的子女数与努尔哈赤所说的三子一女的子女数就不相符了。因此，这个人应该不是富察氏。我们都知道阿巴亥为努尔哈赤生下了阿济格、多尔衮、多铎三个儿子，不过却没有生女儿，但是在历史上记载阿巴亥曾经收养了一个女儿，就是努尔哈齐第四子多罗恪喜贝勒的第二个女儿和硕公主。如果这样算，阿巴亥正好有三个儿子和一个女儿。

3. 从孩子的年龄上看，公元1620年，富察氏的孩子都已经长大成人，并不像努尔哈赤所说的孩子年龄尚小，生病时无人照看。而阿巴亥所生的几个孩子都年纪尚小，需要母亲照顾，与努尔哈赤所说的情况十分相符。

4. 从当时的情景上看，公元1620年，为了躲避努尔哈赤的搜查，大妃将赃物藏在了阿济格家的柜子了。如果不是母子关系，谁会把自己的罪证藏在别人家孩子的柜子里呢！因为我们可以看出这个人正是阿巴亥。

5. 史书上虽然曾说在顺治元年富察氏因为有罪于努尔哈赤而被改葬福陵外，但是并没有讲明其所犯何罪，因此不能肯定私藏财务的人就是富察氏。

根据陈述的理由，很多人都认为因为私藏财务和偷情而被休弃的人是阿巴亥，而不是富察氏。

风韵犹存陪夫去

被休弃对于古代的女子来说，无疑是天大的打击和羞辱。不过对于

阿巴亥来说，这并不足以让她倒下，因为她知道努尔哈赤对自己还是有感情的，他并不会因此而对自己不管不顾的，再怎么说，他还是自己三个儿子的父亲呢！或许正是因为如此，努尔哈赤并不能完全放下对阿巴亥的感情，因此不到一年，阿巴亥又重新登上了大妃之位。

公元1626年，已经67岁的努尔哈赤身体变得越来越糟，在这一年，努尔哈赤生病了，为了养病努尔哈赤来到了清河温泉。不过，事与愿违，努尔哈赤的病情并没有因此而减轻，反而更加严重。在病情越来越严重之时，努尔哈赤决定要落叶归根，回到沈阳。在返回的途中，大妃阿巴亥奉命前来接驾。当到达浑河的时候，努尔哈赤终于见到了自己惦念多时的大妃。阿巴亥看到自己病入膏肓的丈夫，十分伤心和惶恐，同时也为自己的未来担心起来。几日之后，阿巴亥的担心变成了事实，当队伍到达距离沈阳只有40里的瑷鸡堡时，努尔哈赤的病情变得异常严重，已经药石无方，经救治无效之后，驾鹤西去，享年68岁。

阿巴亥还没有从失去丈夫的悲痛中缓过神来，噩梦就降临了。努尔哈赤刚刚归西的第二天，也就是公元1626年的8月12日清晨，皇太极就带领诸王以努尔哈赤的遗命的名义，要大妃阿巴亥为之生殉。当时阿巴亥只有37岁，虽然比不上那些年轻美貌的女子，但依然是一个风韵犹存的女人，而最让阿巴亥放心不下并不是自己的性命，而是她的三个儿子。她的儿子们除了大儿子阿济格已经22岁之外，多尔衮和多铎，一个15岁、一个13岁都还年幼无知。想到自己的儿子们小小年纪就没有了母亲，日后将要饱受那些同胞兄弟的挤压，阿巴亥决定要为自己和儿子们博一次。她拿出强硬的态度，打算用自己的威压震慑住在场的诸王，为自己赢得一线生机。可是皇太极等人丝毫没有被这位昔日的大妃所震慑，一定要遵守努尔哈赤的遗命。百般无奈之下，阿巴亥知道自己已经无路可退，她不得不转变态度，对在场的诸王请求要善待自己的儿子。对于一个将死之人的请求，诸王听后马上点头答应，并承诺一定会善待多尔衮和多铎。听到诸王承诺之后，阿巴亥带着她对儿子们的不舍，用一尺白绫结束了自己的生命。

阿巴亥生殉真相

阿巴亥就这样悲惨地结束了自己的一生。但是只要对清朝历史有所了解的人，就会知道，皇太极等人所说的努尔哈赤的遗命并非是真的，极有可能是皇太极与其他诸王所伪造的。为什么要这么说呢？我们可以从以下找出破绽。

首先，皇太极等人的行为与关于努尔哈赤死前的行为不相符。在很多书籍如《满洲实录》、《太祖武皇帝实录》、《太祖高皇帝实录》这类记录努尔哈赤一生的书籍中都能看出，不管是国家大事，还是对子孙的告诫，努尔哈赤早已制定完毕了。而努尔哈赤在死前并没有留下什么遗命。那么诸王所说的努尔哈赤的遗命就不能让人信服了。

其次，生殉并不符合努尔哈赤处理阿巴亥的态度。我们都知道，当年努尔哈赤在处理阿巴亥私藏财物和与代善有染的事情上，愤怒之极的努尔哈赤尚且会因为可怜三个年幼的孩子，而宽恕了他们的母亲。怎么可能在临终时，让根本没有过错，并且还在自己病危时悉心照料自己的人来生殉，而不顾及自己尚在年幼的子女呢？显然，这在情理上是无法说通的。

再次，阿巴亥殉葬并不符合当时的风俗。按照当时的风俗，殉夫的女子通常都是地位比较低的妾，很少会有正妻为之生殉。所以努尔哈赤留下遗命让阿巴亥生殉的可能性真是小之又小。

除了上面的诸多理由，阿巴亥还不符合殉葬的要求。当时妻殉夫要符合一个重要的要求，那就是没有年幼的儿子，当时阿巴亥还有两个幼子需要照顾。

既然，努尔哈赤并没有留下遗诏让阿巴亥生殉，什么皇太极等人要伪造遗诏，致一个女人于死地呢？这就要从阿巴亥所生的三个儿子说起了。

自古英雄出少年，阿巴亥的三个儿子，虽然年纪都不算大，但却表

现出了出众的才智，三个少年可谓是文韬武略无一不精。特别是多尔衮，虽然年纪不大，但是已经在诸多努尔哈赤的孩子中出类拔萃了。将来长大，必然是一代英雄。本来这对于阿巴亥来说是一件好事，如果三兄弟一条心，有自己为他们撑腰，必然会成为朝中一股强大的政治力量。但是没想到，人算不如天算，努尔哈赤的突然去世，打破了阿巴亥的计划。而诸皇子们，特别是皇太极，可不想让这股势力慢慢做大，于是一不做二不休，干脆弄了个伪诏书，先把阿巴亥除掉再说。

当然还要让人认为阿巴亥之所以生殉与努尔哈赤的临终遗言有关。努尔哈赤在预感自己即将离世之时，曾经特意把阿巴亥召到了自己的身边，并与她一起度过了人生的最后五天。为什么只召来阿巴亥，而没有召集其他的妃子呢？毫无疑问，努尔哈赤有重要的事情要跟这个女子交代。后世研究清史的人，认为努尔哈赤在临终之时，打算把汗位传给多尔衮，让代善代为辅佐。如果真有这样的事，那么阿巴亥就自然威胁到了皇太极的利益，成为了阻挠他继承汗位的最大障碍。基于此，皇太极假传遗诏，处死阿巴亥也就成了顺理成章的事情。

除了上面所说的理由之外，还有一个重要的理由，那就是皇太极对阿巴亥有着刻骨铭心的仇恨。我们都知道皇太极的生母是努尔哈赤的前任大妃孟古格格。皇太极本来和自己的母亲过着幸福的生活，怎奈，年轻貌美的阿巴亥一出场，就打破了皇太极理想的生活。这个比自己母亲小了整整15岁的女人，一下子勾去了父汗的魂。孟古格格开始遭受冷落，当羡慕嫉妒恨与孤独交织在一起的时候，这个本就性格内向的孟古姐姐更加郁郁寡欢，不久就疾病缠身。二年后，便撒手人寰了。母亲的突然离世，不管是在心理上，还是在地位和生活上，都给皇太极带来了巨大的打击。虽然当时的皇太极仅有11岁，在很多人看来，都还是个未经世事的孩子，但是仇恨的种子已经埋在了他的心底，新仇旧恨的交织，他当然会抓住机会，将这个侧面害死自己母亲，同时可能会威胁自己未来位置的女人置之死地了。

在诸多的利益争斗面前，阿巴亥年纪轻轻的就这样丢了性命。值得注意的是，这次为努尔哈赤生殉的，除了大妃阿巴亥，还有两个小妃，其中一个就是曾经私下揭发阿巴亥的代音察。代音察自从揭发了阿巴亥之后，终于迎来了努尔哈赤的垂青，备受努尔哈赤的宠爱。既然代音察如此受宠，为什么还让她生殉呢？理由其实很简单，就是皇太极打算杀她灭口。当年代音察去揭发阿巴亥，动摇代善的地位很有可能是受皇太极指使的。当然皇太极是不可能让别人知道这个秘密的。既然这是个秘密，当然是知道的人越少越好，最好除了皇太极自己知道意外，没有人知道。那么让代音察闭嘴，还有什么比殉葬更好的借口呢？

阿巴亥自尽之后，公元1629年，与努尔哈赤一起葬入福陵。很多人都认为她的一生就此画上了一个句号。其实不然，阿巴亥的悲惨命运并没有因为她的死而告一段落。

当皇太极顺利登上汗位之后，公元1636年，皇太极追谥自己的生母孟古姐姐为"孝慈昭宪纯德真顺承天育圣武皇后"，并把她的神牌供奉在太庙内。孟古姐姐是努尔哈赤的第一任大妃，也是皇太极的亲生母亲，他这样做无可厚非。但是，同样身为努尔哈赤大妃的阿巴亥，却没有被追封为皇后，也没有供奉神牌，这样看来，就有些不公了。除此之外，在一些正统的史书上并未记载阿巴亥与努尔哈赤一起葬入福陵，而一起入葬的孝慈皇后、继妃富察氏却记录在其中。这显然也是对阿巴亥的歧视。

身为阿巴亥的儿子多尔衮当然知道皇太极做法的不公正之处，不过，多尔衮并没有表现出来。这个自幼就聪明过人的少年，城府很深，也善于隐藏自己的想法。他明白自己年纪尚轻，而且与皇太极差距悬殊，万不可因为一时之气，而断送了自己的大好前程。在他看来，年轻就是资本，自己有大把的时间来与皇太极周旋。

皇天不负有心人，十几年之后，多尔衮终于迎来了自己事业的高峰期。他大权在握，当上了权倾朝野的皇父摄政王。位高权重的多尔衮终于可以为自己的母亲阿巴亥正名了。于是，在公元1650年，多尔衮以顺治帝的名义，正式将阿巴亥追谥为"孝烈恭敏献哲仁和赞天俪圣武皇后"，并把她的神牌升祔太庙，与努尔哈赤一起列于太室，一起享用供奉。

然而，好运并没有持续多长时间。自幼被打压的顺治帝，翅膀硬了之后，马上着手办理这个一直压制自己的皇父摄政王。半年之后，多尔衮获罪。儿子获罪，阿巴亥这个已经死去多时的多尔衮的母亲，当然也要受到牵连。那些对阿巴亥的追封，通通被收回，神牌也被从太庙里撤了出来。自此之后，阿巴亥正式退出了人们的视线。即便在127年之后，乾隆帝恢复了多尔衮的名誉，但依然没有提及多尔衮的亲生母亲阿巴亥，更没有为其正名。可怜的阿巴亥就这样消失在了历史的长廊里。

大妃孟古格格

追溯满族的祖先不难发现他们原属于女真族，到了明朝时期，女真族出现了分歧，就分为了海西、建州、野人三个部落，分布在辽阔的东北地区。明朝万历年间，努尔哈赤的女真族渐渐强大起来，吞并了其他部落，随后就建立了建州女真各部。在女真族中有一个西组那就是通过联姻的方式来联合在一起。公元1588年，努尔哈赤为了能够稳固自己的统治，迎娶了叶赫那拉氏，也就是大名鼎鼎的孟古姐姐。

努尔哈赤的一生总共娶了16位妻子，在当时她们统称为"福晋"。直到康熙年间，才慢慢地被追封为各种名目的内宫称谓。在这16个人中，有1位皇后，1位元妃，1个大妃，1个太妃，1个继妃，4个侧妃，7个庶妃。其中，皇后便是叶赫那拉氏孟古姐姐。

叶赫那拉氏，于公元1575年出生，父亲是海西女真叶赫部的酋长杨吉砮，当时的叶赫部是海西女真势力最大的一个部落。跟家世显赫的孟古格格相比，努尔哈赤显然要逊色得多。虽然努尔哈赤家族祖上都在明朝为官，但是到了努尔哈赤的祖父和父亲这一代，家族已经非常衰败，只是一个小小的部落酋长，管辖的范围仅仅相当于现在北方的一个乡镇。据史料记载，孟古格格的父亲杨吉砮曾率领一千多人到抚顺马市贸易，而同样来此贸易的努尔哈赤的祖父觉昌安则只带了四十人。由此可见当时孟古格格所属的部族与努尔哈赤所属的部族势力相差之悬殊。

公元1583年，明朝朝廷派辽东总兵李成梁前来围剿反叛明朝的建州右卫都指挥使王杲及其儿子阿台，双方在古勒寨展开了殊死较量，努尔哈赤的祖父昌安和父亲塔克世在混战中不幸被李成梁误杀。得知消息的努尔哈赤，十分生气，誓死要为父亲和祖父报仇雪恨。即便后来明朝为了安抚他的情绪送来了三十匹骏马和三十道敕，愤怒之极的努尔哈赤依然没有理会，将这些慰问品都丢在一旁，坚决不接受明朝朝廷授予自己的建州左卫都指挥使一职。为了能够替在混战中冤死的祖父和父亲报仇，同年，努尔哈赤招募了一批军队，开始与明朝对抗。

叶赫部的首领杨吉砮在无意间看到了努尔哈赤，认为这个年轻人年少有为，将来必成大事，于是就决定把自己捧在手心里的小女儿嫁给他。当时，他曾对努尔哈赤说过一些话，他说："我想要将我的小女儿孟古格格许配给你，让她能够一生都侍奉在你身边。不过，她现在还小，希望你能够耐心地等她长大成人。"能和强大的叶赫部拉上亲戚，是努尔哈赤想都不敢想的事情，这样从天上掉馅饼的好事，聪明的努尔哈赤当然不会拒绝，因此他立刻向杨吉砮表态说："何必要等孟古格格长大，如果你真的有联姻的诚意，我愿意现在就迎娶已经到了适婚年龄的姐姐。"杨吉砮听完努尔哈赤的话后，诚恳地对他说："虽然我的大女儿已经长大成人，也到了结婚的年纪，但是无论是相貌还是资质都过于平庸，配不上你；而我的小女儿虽然还年幼，但是资质和相貌都很出众，与你十分匹配，我这样做完全是为你着想。"努尔哈赤听完之后十分高兴，赶紧答应了下来。缘分这两个字真的是世界上最奇妙的事情。努尔哈赤的姓氏爱新觉罗在满语中是金子的意思，而孟古格格的名字正是满语金子的意思。由此看来努尔哈赤与孟古姐姐的姻缘是天定的缘分。

不久之后，叶赫部与哈达部发生了矛盾，双方进行了一场十分激烈的战争。叶赫部将哈达贝勒孟格布禄击败，大获全胜，由此叶赫部变得更加强大。明朝担心叶赫部不断强大会威胁到自己的统治，于是在公元

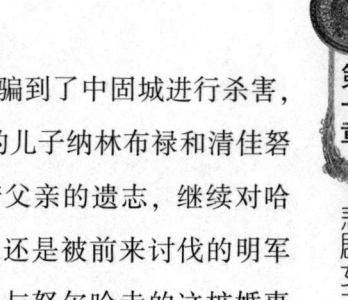

1584年以赏赐的名义，将孟古姐姐的父亲和兄长骗到了中固城进行杀害，这就是历史上有名的"市圈计"。之后，杨吉砮的儿子纳林布禄和清佳砮的儿子布斋分别继任了贝勒的职位。他们秉承着父亲的遗志，继续对哈达发兵进行攻打，想要统一海西女真，但是后来还是被前来讨伐的明军给打败了。虽然叶赫部战争不断，但是孟古格格与努尔哈赤的这桩婚事并没有因此受到影响。更让人惊叹的是，努尔哈赤正是借着明朝对叶赫用兵的机会，率领自己的队伍开始南征北战，基本统一了建州女真各部，并在建州费阿拉城自立为王。

公元1588年，14岁的孟古格格由哥哥做主与努尔哈赤成婚。努尔哈赤在建州阿拉城举行了用最隆重的仪式迎娶了孟古格格。当时的女真族实行一夫多妻制，在孟古格格进门之前，努尔哈赤已经先后迎娶了五位妻子。14岁的孟古格格稚气未脱，体态丰腴，为人善良宽厚，善解人意，听到别人夸奖不会洋洋自得，听到恶毒的话不会十分生气。基于这些原因，孟古格格深受努尔哈赤的喜爱。1592年，孟古格格生下了她一生唯一的一个孩子。这个孩子就是后来将国号由"金"改为"清"，并率领军队入侵中原，为清初实现大一统奠定了基础的皇帝——大名鼎鼎的清太宗皇太极。

爱恨之间的徘徊

孟古格格在出嫁之前，爱新觉罗、叶赫两个家族的关系还算和睦，孟古格格的生活也很快乐。然而，努尔哈赤的野心最终让两家的关系破裂。之前，努尔哈赤就已经借着明朝攻打叶赫统一了建州诸国，自立为王之后的他更是四处攻城，势力范围不断扩大，就连孟古格格的家乡叶赫也成为了努尔哈赤的攻略目标。孟古的生活受到了很大的影响。

公元1591年春天，叶赫有着随时被吞并的危险，面对这样的窘境，叶赫贝勒纳林布禄与布斋决定与努尔哈赤对抗到底。他们遣派使者前往费阿拉城面见努尔哈赤，向他索要领土。这位使者对努尔哈赤说："我们扈伦四

17

部（即海西女真四部）与你们的建州一部是同一个祖先，说着同一种语言，两家亲如手足，就像一个国家一样。现在你的势力范围比我大很多，地域也比我广阔，既然自古以来我们都是一家人，那么现在可不可以将你的额尔敏、扎库木两个地方让给我们？"努尔哈赤一听就不高兴了，说道："你在扈伦，我在建州，你有你的属地，我有我的属地。我不会抢夺你，你也不要想在我这里得到半分，更何况，土地就不像牛羊，可以随便分割。"这位使者被努尔哈赤说得哑口无言，灰头土脸回叶赫去了。

纳林布禄认为，自己之所以所要领域被拒绝，主要是因为自己势单力薄，没有办法与努尔哈赤相抗衡。在这种情况下，只有联合其他部落，才可以对努尔哈赤构成威胁，让其被迫乖乖就范。于是，纳林布禄与哈达、辉发两个部落经过商议之后决定派使者拜见努尔哈赤，努尔哈赤见到三个部落的使者前来，知道他们一定没有什么好意，但是待人接物方面，依旧以礼相待，在酒桌上，一位从叶赫赶来的使者说："我曾经只身来到这里请求您将领土分给我们一些，您不肯答应，现在，我们三个部落的使者前来，希望您可以答应。而且，如果引起战争，我们三个部落共同出兵，您又有几分胜算呢？"这一位口出狂言的使者彻底惹怒了努尔哈赤，他抽出佩刀高高举起，一下子就在桌子上砍了两段，大声地对叶赫的使臣说："你们这些叶赫的家伙们，平日里只知道吃喝玩乐，有哪一个是真正上阵杀敌的呢？居然可以堂而皇之的在这里和我谈论战争，你以为我会害怕吗？想要入侵我，简直自不量力，不管是白天还是晚上，你们都别想踏入我的领域半分。以前，明军错杀了我的祖父和父亲，我向他们问罪的时候，明朝政府为了平息我的怒气，下敕书安抚我，甚至送我马匹，让我继承父亲的爵位，不久还任命我为建州卫左都督，接着又将我封为龙虎将军。你们叶赫的祖先也曾经被明军杀害，但是你们这帮软骨头却连祖宗的尸骨都没有找回来。你们有什么资格在这里大吼大叫，口出狂言？"

虽然叶赫两次都吃了闭门羹，但是纳林布禄依然贼心不死，他决定出兵攻打建州，用武装力量让努尔哈赤屈服。他先后两次偷袭努尔哈赤

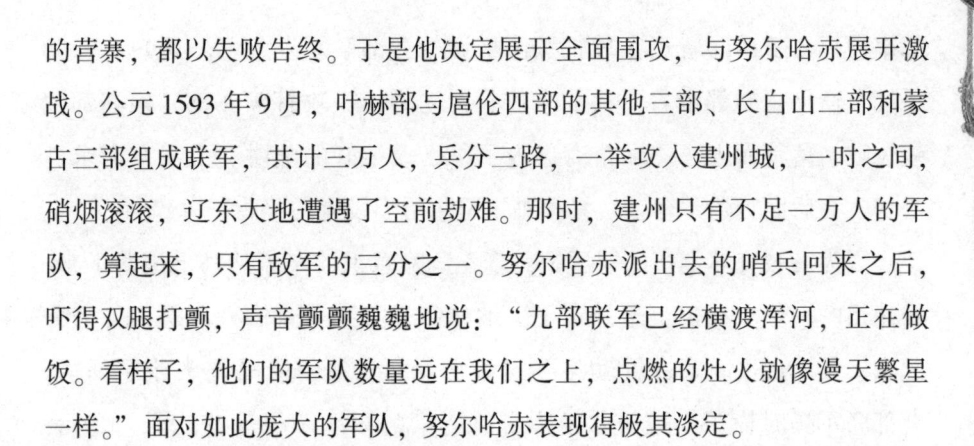

的营寨，都以失败告终。于是他决定展开全面围攻，与努尔哈赤展开激战。公元1593年9月，叶赫部与扈伦四部的其他三部、长白山二部和蒙古三部组成联军，共计三万人，兵分三路，一举攻入建州城，一时之间，硝烟滚滚，辽东大地遭遇了空前劫难。那时，建州只有不足一万人的军队，算起来，只有敌军的三分之一。努尔哈赤派出去的哨兵回来之后，吓得双腿打颤，声音颤颤巍巍地说："九部联军已经横渡浑河，正在做饭。看样子，他们的军队数量远在我们之上，点燃的灶火就像漫天繁星一样。"面对如此庞大的军队，努尔哈赤表现得极其淡定。

第二天早上出征之前，努尔哈赤带领将士们对天祈祷，希望上天可以保佑自己。努尔哈赤双手合十，祈求上天说："皇天在上，努尔哈赤建立了建州一族，之后，我一直安守国土，并未曾侵犯过叶赫等部落，可是现在，他们背信弃义，竟然联合起来对付我，一心想要抢占我的土地，让我的百姓处在水深火热之中。现在我努尔哈赤真心在这里祈祷上天可以保佑我们杀退敌军。"

祈祷完之后，他对将士们说："让我们摘掉盔甲，脱掉那些身上的束缚，施展我们真正本领的时刻到了，让我们爆发自己的全部力量，和敌人拼了吧！虽然我们的将士也一定会存在伤亡，但是我相信，最终的胜利一定属于我们。"

努尔哈赤还详细分析了当前的局势，对将士们说："敌军不远千里来到这里，早已经兵疲马乏，精神萎靡，但是我们不一样，我军兵马强壮，以逸待劳，定能杀他个片甲不留。而且，敌军虽然人数众多，但是各部首领之间都存在或大或小的矛盾，每一个人都各怀心事，相互猜疑。那么，他们在战斗的时候也一定会相互观望，不愿意拼尽全力。最重要的是，他们的军队都是一群乌合之众，根本不具备任何杀伤力。相信，只要我们同心协力，定能将敌人击溃！"说完这些话之后，努尔哈赤带领自己的一万大军出发了。

第三天，努尔哈赤率领军队占领了古勒山，在地形险要的地方摆开阵势，又让人把山上的树木都砍倒，只留下光秃秃的树桩，最后派额亦都率领百名骑兵向着正在攻打黑济格城的九部联军发起猛烈进攻。叶赫贝勒布斋见额亦都带着士兵前来攻打，立刻掉头攻打额亦都。额亦都假装失败，落荒而逃，诱导布斋进入了早已设定好的陷阱。由于布斋求胜心切，在后面穷追不舍，轻易掉进了努尔哈赤设置的陷阱。

因为马被突然倒下的树压倒，毫无危险意识的布斋从马上滚落下来，被建州的一位士兵追上来杀死了。纳林布禄见到哥哥惨死，忍不住大哭起来，晕死过去。蒙古贝勒见到这种情况，竟然骑着马调头跑了回去。九部联军顿时慌了，被努尔哈赤训练有素的军队杀得落花流水。之后，努尔哈赤还亲自将布斋的尸体一分为二，一半自己留下，另外一半交给了前来所要哥哥尸体的纳林布禄。从来没有受到如此羞辱的纳林布禄十分气愤，但却无可奈何只能忍让。布斋去世之后，他的儿子布扬古继承贝勒之位。

兄长与丈夫反目，甚至到了兵戎相见的程度，还惨死在丈夫手中，这是一个女人最不愿见到的事情。虽然史料中并没有对孟古的内心世界进行描述，但是面对这样的惨剧，相信孟古的心中一定很难受。

含恨而死

在一个叫叶赫女人出现之前，九部大战后叶赫和建州都已经势成水火，随着她的出现，使得两家的矛盾进一步的恶化，因此孟古格格最后的日子也变得格外的凄凉。她就是历史上非常有名的"叶赫老女"，人称布喜娅玛拉，更为熟知的名字就是"东哥"，虽说这个名字很有可能被张冠李戴，但是我们暂且就这样称呼她。

九部大战后，叶赫部族元气大伤，基本上没有力气再和努尔哈赤相较量了，所以在战争结束没多久，纳林布禄和布扬古等人便派出使者向努尔哈赤求和，并且同意缔结婚姻关系，从此琮琤两家的友好往来。纳林布禄的弟弟请求将女儿嫁给代善，布扬古则答应将妹妹东哥许配给努尔哈赤。努尔哈赤早就听说东哥的名号，号称女真的第一美女。他十分高兴，马上就下了聘礼，并且和布扬古歃血为盟。

东哥从小就非常有魅力，她是孟古格格的侄女。部落巫师曾经断言，东哥可兴亡天下。东哥的性格比较刚烈，她十分痛恨杀父愁人努尔哈赤。并且强烈地反对这桩婚事，发誓如果让她嫁给努尔哈赤，她马上就死。同时承诺谁杀了努尔哈赤，她就嫁给谁。于是，布扬古撕毁了和努尔哈赤的盟约，并且以杀死努尔哈赤为条件公开向海西各部征婚。

这次悔婚前，东哥已经悔过两次了，公元1591年，哈大部贝勒歹商爱上了九岁的东哥，于是向叶赫求婚。叶赫贝勒布斋和纳林布禄假装答应，让歹商亲自来迎娶。歹商欣然前往，但是途中却被叶赫伏兵所杀。后来，叶赫为了让马拉部参加九部联军，又把东哥许配给了乌拉的布占泰。不过布占泰在战争中被努尔哈赤所俘获，婚事又一次不了了之。

在东哥第三次悔婚不久后，又被哥哥作为政治交易的筹码许给他人。公元1599年，纳林布禄和布扬古趁机攻打哈达。哈达部贝勒孟格布禄急忙向努尔哈赤请求支援，并且承诺自己愿意和努尔哈赤结盟，为表诚意，他将自己的三个儿子作为人质交给努尔哈赤。消息传给了叶赫，纳林布禄和布扬古非常害怕，于是他们想出了一招借刀杀人的计策。

纳林布禄写信给哈达贝勒孟格布禄，称愿意和他重修就好，并且再次承诺将东哥许配给他。作为交换，贝勒孟格布禄必须承诺不向建州送人质，而且还要抓住建州派来的统兵将帅，杀死建州的士兵。对东哥的美貌垂涎很久的贝勒孟格布禄，欣然答应，并且约叶赫贝勒到开原商议大计。努尔哈赤听说这件事之后觉得夺取哈达的时机已经成熟。于是他借口孟格布禄背信弃义和抢夺自己已下聘的妻子，在同年的九月率军攻打哈达部落。经过六天六夜的激战，努尔哈赤的军队打败了哈达部。掠夺了大量的牲畜和人口，满载而归。公元1601年，努尔哈赤彻底的吞并了哈达部。

公元1603年9月，孟古格格突然身染重病，卧床不起，此时她十分想念自己的母亲，于是提出要见生母最后一面。为了满足孟古格格的心愿，努尔哈赤立即派人快马加鞭地赶到叶赫，去请孟古格格的母亲，但是遭到了纳林布禄的拒绝。在纳林布禄看来，叶赫和建州是敌人，努尔哈赤又非常的阴险狡猾。在九部大战的时候，兄长布斋的尸体都不肯归还，万一母亲到了建州被努尔哈赤扣押为人质该怎么办？于是纳林布禄就派了孟古格格乳母的丈夫带了一些特产来探望孟古格格。

努尔哈赤十分愤怒，他对南泰说："我把你叶赫当做亲戚，而你叶赫却当我是仇人，还联合九部一同来攻打我，失败之后又许诺跟我联姻通好歃血为盟，却又背信弃义，将我已经下聘的女子许配给他人。现在我的妻子病入膏肓，临终之前想要见自己生母的最后一面，你们却百般阻挠，这是决心要和我一刀两断吗！既然这样，从此以后你我两部就是不共戴天的仇敌，为了孟古格格，我要将你们的土地踏平，杀光了你们的亲族，最后消灭你们的国家，你马上给我滚回叶赫去！！"就这样，孟古格格带着对母亲无尽的思念郁郁而终，始终都没有见到母亲一面，终年29岁。

努尔哈赤非常伤心，为了表达他对孟古格格地哀思，努尔哈赤下令让服侍过孟古格格的四个侍女作为陪葬，同时用一百只牛羊来祭奠孟古格格；还将孟古格格的遗骨葬在自己居住的院子里长达三年之久。后来努尔哈赤又将孟古格格的遗骨迁葬在尼亚满山冈。公元1624年，因努尔哈赤迁都辽阳东京城，因此又将孟古格格的遗骨迁至东京陵。

战乱四起　红颜消逝

孟古格格的去世并没有结束爱新觉罗家族和叶赫族之间的战争。而孟古的姐姐东哥据说是一个可以兴天下，也可以亡天下的女子，努尔哈赤最后能够消灭女真，称霸辽东地区，东哥有一多半的功劳。

公元1607年，辉发部贝勒王机努因病去世。他的孙子拜音达为了夺得贝勒之位，便策划谋害了自己的七个亲叔叔。对于拜音达的此种做法，部下都十分不满，并且纷纷都归顺于叶赫部，拜音达最后落得个众叛亲离的下场。

叶赫部势力强大，拜音达根本就无力和他们抗衡，更别说去要人了。

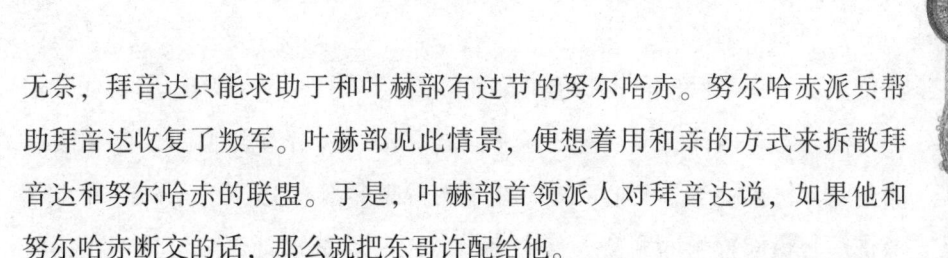

无奈，拜音达只能求助于和叶赫部有过节的努尔哈赤。努尔哈赤派兵帮助拜音达收复了叛军。叶赫部见此情景，便想着用和亲的方式来拆散拜音达和努尔哈赤的联盟。于是，叶赫部首领派人对拜音达说，如果他和努尔哈赤断交的话，那么就把东哥许配给他。

拜音达是个见色忘义的人，一听这话，立马表示要和努尔哈赤断交。谁知，这边拜音达和努尔哈赤翻脸后，叶赫部却不认账，别说把东哥嫁给他了，连面都没有见过，就收到叶赫部派兵攻打辉发部的消息。拜音达知道自己上当了，只能又舍下脸面求助努尔哈赤。

努尔哈赤是一个眼光长远的人，并没有因为拜音达的不义而嫉恨于他，不仅帮助答应他攻打叶赫部，而且还将自己的女儿许配给拜音达。这样，叶赫部又打出东哥这张牌，来诱骗拜音达和努尔哈赤绝交。这个拜音达有了第一次教训还不够，竟然再一次背叛了他和努尔哈赤的盟约。

拜音达的这一次举动，彻底激怒了努尔哈赤。公元1607年，努尔哈赤带兵占领辉发部，并且处死了拜音达父子。就这样，辉发部被努尔哈赤给收服了。辉发部灭亡之后，海西女真部也就仅剩下叶赫部和乌拉部了。乌拉部和努尔哈赤有联姻关系，所以大可不必担心，而叶赫部害怕乌拉部会暗中对自己不利，于是便想离间乌拉部和努尔哈赤之间的关系。

乌拉部的贝勒布占泰原本是东哥的未婚夫，只是后来被努尔哈赤所俘虏，将其留在了建州部，并且迎娶了自己的女儿，做了自己的女婿。三年之后，布占泰重新返回乌拉部，做回乌拉贝勒。

为了加强和努尔哈赤之间的关系，布占泰再次写信请求努尔哈赤，将另一个女儿许配给他，并且承诺乌拉部永远臣服在建州部下。布占泰将信寄出去没多久，便收到叶赫部要把东哥嫁给他的消息，这个布占泰仿似忘记了拜音达的教训，当下便应允了此事，而把努尔哈赤的事情抛到九霄云外去了。

公元1612年，努尔哈赤带兵攻打乌拉部，仅用了四个月的时间，便让乌拉部彻底消失了。布占泰逃亡到了叶赫部，想要让叶赫部履行当初的婚约。这个时候的布占泰哪还有一丁点的利用价值，当场就被叶赫部拒绝了。不久之后，布占泰便抑郁而终了。

海西女真四部已经被努尔哈赤灭掉了三部，叶赫部自知自己无法和努尔哈赤抗衡，于是又把目光盯在了蒙古暖兔部身上。公元1615年，叶赫部向暖兔部首领的儿子吉赛联系，表示愿意把东哥许配给他为妻，但是却被东哥给拒绝了。

吉赛认为自己受到了极大的侮辱，于是便四处散播消息，要派兵攻打叶赫部。叶赫部一方面害怕吉赛会真正的带兵打来，另一方面也真心为东哥担忧。因为那个时候的东哥已经30多岁了，在那个时代，30多岁的女人都已经做祖母了。于是，叶赫部首领征得东哥同意后，便将其许配给喀喀部达尔汗贝勒的儿子莽古尔岱。

努尔哈赤得知东哥出嫁的消息后，心里非常生气，计划着要把东哥抢走。叶赫部知道了努尔哈赤的打算，心里很是恐慌，于是便派人向明王朝求救。明王朝也对努尔哈赤的势力有所惊惧，担心再这样发展下去，努尔哈赤恐怕就很难再受控制了。

于是，在东哥出嫁那天，明朝廷派兵一路护送。努尔哈赤对明朝廷还是有所忌惮的，所以并没有出兵抢夺东哥。不过努尔哈赤却说："不管东哥嫁给谁，她都不会有善终的，因为她的出生，本来就是为人间带来战乱的，这是她的使命，等到所有的部落都灭亡之后，那么东哥的性命也算是走到尽头了。"

谁想到，努尔哈赤竟然一语成真了。东哥嫁到喀喀部一年之后，便卧床不起，不久就因病去世了，终年34岁。虽然东哥这个女人已经去世，但是以东哥为名义的争夺战还远远没有结束。

公元1616年，东哥去世。努尔哈赤占据辽东，自立为王，国号金。公元1618年，努尔哈赤对明宣战，并且还发布了"七天恨"的诏书，宣布和明朝断绝一切关系。其中就有东哥这件事，努尔哈赤认为就是明王朝帮助叶赫部把自己已经下聘的妻子东哥转嫁给他人的。俗话说，夺妻之恨，不能不报。所以，努尔哈赤便以此为名，发动对明王朝的战争。

公元1617年，萨尔浒战役爆发。明王朝的盟友叶赫部也加入战争

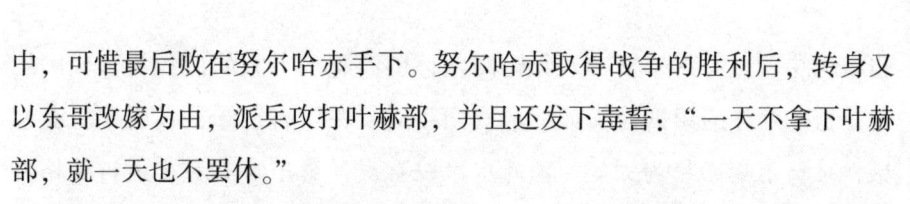

中，可惜最后败在努尔哈赤手下。努尔哈赤取得战争的胜利后，转身又以东哥改嫁为由，派兵攻打叶赫部，并且还发下毒誓："一天不拿下叶赫部，就一天也不罢休。"

叶赫部首领见努尔哈赤来势汹汹，他们也不敢放松半分警惕，派遣大将分别在叶赫部的东西二城守护。努尔哈赤久攻不下，于是便命令手下将士连夜挖空城墙。城墙一倒，叶赫部也就没有了藏身之地。努尔哈赤带兵杀入城中，叶赫部首领自焚而亡。

叶赫部另一位首领布扬古见叶赫部已亡，于是便想要归降努尔哈赤。努尔哈赤对布扬古许下承诺，只要他出城投降，那么努尔哈赤就绝不会杀他。布扬古出城后，努尔哈赤为了防止死灰复燃，只好违背了诺言，将布扬古杀死。自此，叶赫部彻底灭亡。

努尔哈赤把叶赫部的民众迁往建州部，并且给他们编排籍贯，变为自己的子民。不过，叶赫部和努尔哈赤一族的纠纷并没有因为叶赫部的灭亡而消失。相传，布扬古在去世之前，曾经发誓："只要叶赫部的族人存在，就一定要灭掉建州部，哪怕是一个女人。"后来，建州部慢慢发展为后金，又改为大清。而大清的第一位皇后就是叶赫部人士孟古格格，而最后一位隆裕太后颁布了清王朝就此灭亡的诏书，其也是叶赫那拉族人士。所以，后来又有了"兴也叶赫、亡也叶赫"的说法。

母凭子贵　身后富贵

在努尔哈赤的十六位妻妾中，出现了四位大妃。而孟古格格则是其中的第三位大妃，也是唯一一个拥有皇后头衔的妃子。不过，孟古格格能够拥有皇后头衔并非是源于努尔哈赤对她的宠爱，而是源于她的儿子皇太极。其中原因主要有以下几点。

其一，孟古格格在嫁给努尔哈赤时，努尔哈赤的大妃是富察氏。公元1596年，富察氏产下十皇子德格类，但是她的位置依然是大妃，并没有得到任何的晋升。而孟古格格嫁给努尔哈赤八年都没有孕育一子，这也就意味着，孟古格格在八年时间内，也没有登上大妃的位置。而阿巴亥是努尔哈赤的第四位大妃，进宫两年后，在没有产子的情况下，竟然破例被努尔哈赤封为大妃。由此也可以看出，努尔哈赤对于孟古格格并不是十分宠爱。

其二，努尔哈赤迎娶了孟古格格之后，又先后娶了好几任妻子，阿巴亥也位列其中，这也就表明，孟古格格并不是努尔哈赤的专宠。而且在一段时间里，努尔哈赤的几个妃子都相继为努尔哈赤产下皇子、皇女，但是孟古格格却是没有孕育一子。后来，孟古格格刚生皇太极不久，努尔哈赤的小妾也随即产下一子。上述种种情况都表明了，孟古格格在努尔哈赤那里并没有得到专宠。

其三，努尔哈赤在位时，并没有立过孟古格格的儿子皇太极为储，而其他妃子所生的储英和代善都曾经是努尔哈赤所立的储君。大妃阿巴亥的儿子多尔衮更是被努尔哈赤立为和硕贝勒，甚至还有传言如果不是多尔衮年岁太小，他就是努尔哈赤的继承人。这也致使民间有一种传言，说是皇太极篡夺了多尔衮的皇位。从这里都可以看出，努尔哈赤从来都没有想过要立皇太极为储，这也就更加证实了孟古格格在努尔哈赤心中的宠爱不如其他几个妃子。

其四，生殉的阿巴亥的地位要比孟古格格高。虽然皇太极登基后，尊称孟古格格为皇后，但是能够和努尔哈赤同穴入葬的就只有阿巴亥。这也可以看出，在努尔哈赤心中，阿巴亥的地位是高于孟古格格的。所以，孟古格格之所以能够当上皇后，完全是凭借着母凭子贵，儿子当了国君，母妃的地位自然也就大幅度攀升了。

公元1629年，孟古格格去世后，皇太极将其和努尔哈赤合葬，并且改国号为大清。

第二章

撑起一个朝代的皇后——孝庄文皇后

皇妃档案

☆姓名：博尔济吉特·布木布泰

☆民族：蒙古族

☆出生日期：公元1613年03月28日

☆逝世日期：公元1688年01月27日

☆配偶：爱新觉罗·皇太极（清太宗）

☆子女：顺治帝、三个女儿：固伦雍穆公主、固伦淑慧公主、固伦端献公主

☆寝殿：永福宫、慈宁宫

☆陵墓：昭西陵

☆谥号：孝庄仁宣诚宪恭懿至德纯徽翊天启圣文皇后

☆最为高兴的事：儿子继承王位，为顺治帝

☆最伤心的事情：母子反目

☆生平简历：

公元1613年3月28日，布木布泰出生于蒙古。

公元1625年，布木布泰嫁给努尔哈赤的第八子皇太极，时年13岁。

公元1636年，皇太极称帝，布木布泰为庄妃，赐住于永福宫。

公元1638年，布木布泰诞下九皇子福临。

公元1643年，福临继位，年号顺治。

公元1661年，顺治驾崩，三皇子玄烨继位，成为康熙帝。尊布木布泰为太皇太后，称为昭圣太皇太后。

公元1688年1月27日，布木布泰逝世，享年75岁，葬于昭西陵。

人物简评

她经历了明末清初的动荡年代，调和了宫中内部矛盾，促进了国家的统一。她是人们代代称颂的"清代国母"，她是聪敏智慧的大玉儿，是中国历史上不可或缺的皇太后，也是清朝初期最为杰出的女政治家。她辅佐了三位旷古帝王，对于清王朝的发展有着不可磨灭的贡献。她就是孝庄文太后，是"康乾盛世"的缔造者之一，不管是她周旋于前朝的政治智谋，还是她下嫁多尔衮的迷惑，这些都吸引人们争相探索。

生平故事

草原上飞出金凤凰

在一望无际的蒙古大草原上，雄鹰在蓝天中翱翔，花儿在这里绽放。科尔沁部落的王爷府便坐落于此，王爷府中有两个活泼可爱的小女孩。大一点的叫海兰珠，小一点的是布木布泰，她们是王爷府中的一对小公主。海兰珠长得很是漂亮，身材匀称，肌肤如雪，只是她从小体弱多病，身体并不如妹妹健壮。布木布泰长得也很美丽，只不过和海兰珠相比，要稍逊一筹。妹妹为人比较端庄，有智谋心计。后来，这两位姐妹花都嫁给了清朝的开创者，驰骋疆场的清太宗皇太极。在清朝初期，这两位姐妹都有很重要的影响，尤其是妹妹布木布泰，是清朝初期一位优秀的女政治家。

科尔沁王爷寨桑，他的家族历史很是显赫，是元朝成吉思汗家族的苗裔。他的祖先就是成吉思汗的弟弟哈布图哈萨尔。哈萨尔比较擅长射箭，箭无虚发。

明朝末期，科尔沁部落位于大明朝的南面，林丹汗的西面，努尔哈赤后金的东面。科尔沁部的部落长原本臣服于林丹汗，后来又臣服于明朝，帮助明军抵抗后金。他们以前和林丹汗攻打过后金，不过后来吃了败仗。再加上林丹汗的压迫，最后为了自保，他们又投靠在后金的麾下，反对林丹汗的压迫，并且帮助后金对抗明朝。

科尔沁部是最早归顺后金的塞外蒙古部落，也是最为有力量的一个部落。他们的加入，大大壮大了努尔哈赤的力量，也激发了他要和大明王朝一争天下的决心。因此，对于科尔沁部来说，努尔哈赤有着莫名的亲切感。

科尔沁蒙古王爷和后金大汗是为了各自的需要才联合在一起的，为了巩固加强这种关系，他们采取了和亲的手段。对于科尔沁部落的所有人来说，巩固和后金的军事联盟，不仅关乎到部落自身的发展，也寄托了他们重振部落的梦想。于是，科尔沁部落的女儿，接连不断地嫁入后金大汗的营帐和皇宫。

公元1612年，后金还没有正式建国的时候，科尔沁贝勒明安就把他的女儿嫁给了努尔哈赤。后金建国后，明安还亲自到沈阳拜见了后金大汗努尔哈赤，以此增进感情。努尔哈赤也亲自在百里之外的富尔简冈迎接他。努尔哈赤和明安的这一次会见很是愉快，明安在后金待了一个月，才返回到他的部落。

后来，科尔沁贝勒莽古斯又把他的女儿哲哲嫁给了努尔哈赤的八皇子皇太极为妻。皇太极则亲自前往辉发扈尔奇山城迎亲，二人举办了一场非常隆重的婚礼。

哲哲是海兰珠姐妹的姑姑。哲哲和皇太极成亲的时候，哲哲16岁，布木布泰1岁，海兰珠也就5岁。当她们的姑姑举办婚礼的时候，这两位小姐妹还趴在乳母的背上，看蒙古汉子大口喝酒，大口吃肉；看草原的姑娘们围着篝火跳舞唱歌，说着祝福的话语。这些盛景在她们姐妹俩眼里，根本不明白这一切的意义。

她们不知道，姑姑的身上到底有怎样的使命，她们更没有想到，有一天她们像姑姑一样，告别无忧的童年，背负着家族的使命，嫁给同一个男人，缔造自己的伟绩。

公元1625，布木布泰12岁。这个时候的布木布泰已经出落成一位亭亭玉立的大姑娘了，举止行为落落大方，颇懂事理；她的姐姐海兰珠更是美丽动人，人见人爱。

科尔沁王爷府有一对非常漂亮的姐妹花，这在草原上是众所周知的事情，不过这件事情不知怎的传入了后金大汗的耳朵里。于是努尔哈赤又一次向科尔沁提亲，而这一次迎亲的人还是他的八皇子皇太极。

这时的皇太极已经34岁了，早就已经是一位骁勇善战的猛将了，他立下了无数的战功，是努尔哈赤最为疼爱的王子，也是后金"四大贝勒"中的第四贝勒，很可能是大汗的继承人。科尔沁部落首领寨桑一心想要加强和后金之间的联盟，这个机会岂有放弃的道理？于是寨桑命儿子乌克善亲自将疼爱的小女儿布木布泰送往皇太极的府上，和他成了亲。

姑姑和侄女同嫁一个男人，这在汉人的观念中是有违伦理的，不过在古代少数民族的习惯中，这并不是什么稀奇的事情。

不过，让人疑惑的是，科尔沁王爷为什么不让年龄大一点的海兰珠先出嫁呢？或许是因为父母不舍得，也或许是因为海兰珠的身体较弱。总之，不管是什么原因，最为重要的是布木布泰成了皇太极的妻子。

影响皇太极的女人

公元1625年2月，布木布泰嫁入皇太极府，这个时候的皇太极还只是个贝勒。9月，后金皇宫发生了一件大事。努尔哈赤在一次和明军对抗的过程中，不幸受了重伤。归来之后，在清河汤泉休养了一段时间，不过努尔哈赤的伤情并没有减缓，最终死在了返回盛京的途中。

努尔哈赤的一生，娶了很多老婆，生了16个儿子。在这些儿子中，十四子多尔衮是他最为喜欢的。据说，努尔哈赤在临死前，曾经指定多

31

尔衮为汗位的继承人。不过这个说法被其他的王子和贝勒一致否决了。

在努尔哈赤的后代中，最有权势的要属二儿子代善、侄子阿敏、五儿子莽古尔斯、八儿子皇太极。这四个人，个个都骁勇善战，战功赫赫，手中掌有重兵，也是努尔哈赤比较喜欢的四个人。努尔哈赤曾经让他们管理过政务。这四个人都有继承汗位的资格。

大贝勒代善曾经被努尔哈赤正式立为太子。不过因为代善的私生活不检点，和努尔哈赤的大福晋富察氏搞暧昧，最终被努尔哈赤废黜，所以在众人看来，代善是无法继承汗位的。

二贝勒阿敏，是努尔哈赤的哥哥舒尔哈齐的儿子。舒尔哈齐因为犯了错误而被努尔哈赤拘禁，最后死在了禁牢中。努尔哈赤对他心怀愧疚，所以也就对这个侄儿疼爱有加，并赋予他兵权，封为二贝勒，让他参与政事，不过如果说到努尔哈赤的继承权，侄子毕竟没有亲生儿子来得正当，所以汗位的继承也就没有他的份儿了。

莽古尔泰是三贝勒，也是努尔哈赤的五儿子，不过他的母亲富察氏因和代善关系暧昧，而被努尔哈赤处死，而莽古尔泰就是死刑的执行者。从他的经历和身世来看，很多大臣和弟兄并不支持他，所以他也懂得知难而退，没有参与到汗位的争夺中。

最后，只剩下了努尔哈赤的第八子皇太极，他在这些候选人中是最有实力的一个，他带领八旗将士多次南征北战，战功赫赫，在士兵们的心中有着很高的威望。皇太极为人机智，颇有心机，对于汗位，也抱有很高的期待。所以，纵观努尔哈赤所有的子侄辈中，皇太极和多尔衮是最有力的汗位竞争者。

多尔衮和皇太极是异母兄弟，虽然多尔衮此时只有15岁，不过他的智谋并不比其他兄弟低，而且也多次参与战争，有着很多的战功。多尔衮的母亲阿巴亥是努尔哈赤的大福晋，所以，在汗位竞争中，阿巴亥也一直帮助多尔衮争夺汗位。

不过，皇太极已经事先争取到郑亲王济尔哈朗、礼亲王代善等人的支持，而在商议汗位继承的八王会议上，也占据了绝对的优势。阿巴亥

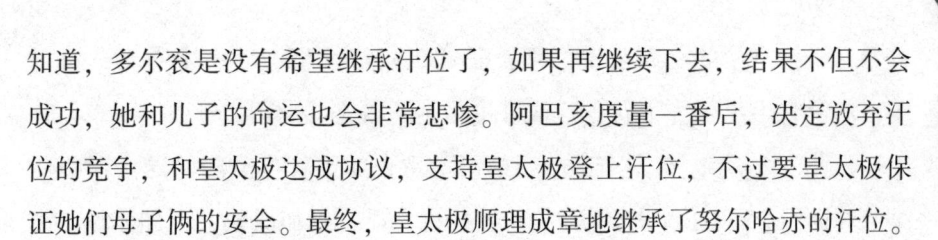

知道，多尔衮是没有希望继承汗位了，如果再继续下去，结果不但不会成功，她和儿子的命运也会非常悲惨。阿巴亥度量一番后，决定放弃汗位的竞争，和皇太极达成协议，支持皇太极登上汗位，不过要皇太极保证她们母子俩的安全。最终，皇太极顺理成章地继承了努尔哈赤的汗位。

皇太极的继位，给两个女人的生命轨迹带来了很大的影响。第一就是阿巴亥。皇太极知道阿巴亥并不会真正放弃对汗位的争夺，所以他可不想在自己身边安插一个不定时的炸弹。于是，皇太极继承汗位后，便和其他几位主旗的贝勒秘密商议，就说努尔哈赤的遗诏中，让大福晋阿巴亥殉葬，并且对外宣称阿巴亥也是很乐意为努尔哈赤殉葬的。所以人们商定，要阿巴亥遵守努尔哈赤的遗命，逼迫阿巴亥自杀。所有人对于皇太极都是有畏惧的，再加上阿巴亥平时的为人并不招人喜欢，所以对于这项决定，没有一个人持反对意见。阿巴亥心里知道，自己是逃不过的，于是她在临死之前请求皇太极要善待多尔衮。皇太极应了她的要求，阿巴亥自缢而死。

另一个女人，就是未来的孝庄太后布木布泰。正是因为皇太极得了汗位，才使得这位女政治家有了指点江山的机会。

皇太极当了大汗，一改他父亲努尔哈赤生前的制度，在很多事情上，皇太极都仿造汉人朝廷的制度。首先，皇太极改国号为大清，年号为天聪元年，自称为皇帝。后宫的妻妾则称为皇后、皇妃，贝勒改称亲王。于是，皇太极就成了大清的第一任皇帝——太宗文皇帝。布木布泰的姑姑哲哲变为第一任皇后——孝端文皇后，布木布泰也从一个小小的侧福晋变成了大清的皇妃。不过，这个时候皇太极并不怎么宠爱她，所以她在后宫的地位也不是很高。

这时的布木布泰，也只有14岁，不过她对于宫内外的事务，知道的非常多。皇宫中的残酷斗争给了她极大的震撼，这也对她的性格起了很大的影响。正是因为这些，使得布木布泰变成了一个默默无闻、深藏不露，自身有主见、有坚持的女子。这也是她能够从政权的漩涡中全身而退的主要原因之一。

对于皇宫中的女人来说，繁育子嗣是头等大事。而布木布泰入宫七年，却没有生出一男半女，这或许也是她不得宠的原因之一。

公元1634年，布木布泰的姐姐海兰珠也嫁给了皇太极，这个时候的海兰珠已经25岁了，和21岁的妹妹相比，显得更加成熟，更加体贴。海兰珠的介入，在后宫激起了不小的浪花。皇太极喜欢她的美貌温润，妃位也凌驾于妹妹之上。皇太极处理完政事后，都会跑去海兰珠的宫中坐一坐，而布木布泰对于姐姐的这种待遇，心里从来都没有过嫉恨，还是一如既往的平静。

海兰珠很有福气，她进宫后没多久，便怀孕了，并且产下了一个皇子。其实，在此之前皇太极已经有好几个儿子了，不过却大都是宫人所生，他并不怎么看重。海兰珠是皇太极最为宠爱的妃子，她所产下的皇子当然也得到了皇太极的疼爱。为此，皇太极还大赦天下。从此之后，海兰珠的荣宠盛极一时。不过，或许是爱屋及乌的原因，皇太极对布木布泰的态度，也不似以前那么冷淡了。

公元1636年，皇太极将中宫清宁宫赐给孝端皇后哲哲所居，海兰珠则是居住在关雎宫，赐为宸妃，布木布泰则是得到了永福宫，封号为庄妃。

宸妃产下皇子之后，好景不长，小皇子在1岁的时候，就因为一场大病死了。虽然皇太极并没有因此而冷淡她，但是海兰珠的心里遭受了很大的创伤，再加上海兰珠原本身体就不好，从此也就一病不起，驾鹤西去了。

公元1641年，海兰珠去世没多久，布木布泰竟然怀孕了，并且也产下了一位皇子，这多多少少带给皇太极一些安慰。皇太极给他起名为福临，福临的降生，给布木布泰带来了很多的机遇。

传说，庄妃怀孕的时候，在她身体周围经常出现一道龙形的红光。在产子的前一天，布木布泰还梦到一位神仙将一个孩子送到她的怀里，并且嘱咐道："这个孩子将来要成大事的，是要管理天下的，一定要悉心养育。"

梦后，庄妃把它告诉给了皇太极，皇太极非常高兴，一直说："好兆头，好兆头！福临一定会有大出息。"福临出生的时候，整个皇宫都笼罩在红光之中，宫中弥漫着一股奇异的香气。

庄妃说降洪承畴

要说，皇太极对庄妃感情的变化，这就不得不提一件历史事件，也就是庄妃说降明朝高官洪承畴的事情。

公元1641年，明朝抗清大将洪承畴在和清军作战的时候，兵败被俘。

洪承畴是当时很有名气的大将，深得明崇祯的重用。这个人确实是个军事人才，他熟悉明朝的政治、军事策略，了解明朝的地势和人情。如果皇太极能够将他招降过来，这对清朝将有极大的帮助。当皇太极听说将洪承畴被俘的时候，心里高兴极了，他立刻传旨将洪承畴押往盛京，他要亲自会会这位名声显赫的大明将军。

洪承畴是明朝的重臣，也是一位仁义礼智、忠君报国之人。现在他成了清朝的阶下囚，走到这个地步，这也是无可奈何的事。其实，在他的心里，他也想归顺于清朝，可是投降二字终归说不出口。所以当皇太极劝降的时候，他却说："本帅深受明皇的恩宠，我没有能够报答的地方。今天的事情，我只知道有明朝，却不知道有清朝，只知道死字，没听说过降字，所以还请大王快快将本帅赐死。"说完后，他便不再开口，不吃不喝，想要绝食以表决心。

皇太极心中又急又气，想杀掉他，但是心里还舍不得，最后只能说："这件事情还请将军好好考虑，不要回答得这么绝对。"

皇太极回到宫中，面色忧愁，庄妃看到后，便问："皇上回来后，就一直郁郁寡欢，可是有什么心事？"于是，皇太极便将洪承畴的事情告诉给了庄妃。庄妃听了之后，回答道："皇上不必烦心，臣妾不才，不过为了皇上，臣妾愿意前去一试。"皇太极虽然对庄妃也没有抱希望，不过试一试总归是好的，便答应了。

洪承畴坐在囚室炕上，已经绝食好多天了。他想：这样死去也是好的，死了之后名声也能够留下，是值得的。可是转念又想到了自己的家人，自己死了，家中的老小该怎么办呢？自己空有一身本领，就这样被埋没了吗？他思来想去，突然听到房门"呀"的一声。他抬头望去，看到一个女人走了进来。

女子端庄大方，她坐在洪承畴的对面，没有说一句话。这样倒是引起了洪承畴的兴趣，他主动询问道："姑娘为什么会来到这里？"女子道："臣妾的丈夫受了大清皇上的命令，要臣妾前来劝降将军。臣妾如果不能使得将军回心转意，那么臣妾的丈夫就会有性命之忧，臣妾也不会苟且人世的。"说着，眼泪都涌了上来，很是楚楚可怜。这让洪承畴有点慌张，急忙说道："人活在世，已经很不容易了，姑娘可千万不要轻生。丈夫没了，难道你能舍下你的孩子和公婆吗？"

那女子叹叹气，道："是啊，死倒是没有什么，可是让活着的人该怎么办啊？就像将军您，您的家里也有妻儿老小，如果您死了，他们又该怎么办？您又是大明朝的顶梁柱，您死了，英名是成就了，可大明江山还能依靠谁来捍卫呢？这不和小女子一样吗！"

其实洪承畴的心里已经很矛盾了，只是大话已经说出去了，一时找不到台阶。现在这个姑娘的话，正好给他一个台阶下。他说："我怎么还能再为大明朝效力啊！"

那女子道："将军这话说得就不对了。现在大明和我大清相持，如果继续交战，最后肯定是两败俱伤；如果握手言和，那么则将有利于两国的发展。如果将军能够帮助我大清，和大明议和，根据将军的威望，这件事情肯定能成的。如果成了，将军也算是报效了给您恩典的大明朝，这不还是大明朝的忠臣吗？"

洪承畴想不到这女子竟有这番见解，他心中一动，低下头不再说话。

女子看到洪承畴已经有所动摇了，于是接着说道："将军如果愿意归降我大清朝，我大清的皇帝英明仁慈，绝对会厚待将军，更不会让将军做为难的事。"洪承畴听完女子的话,点了点头,嘴里嘟囔着:"可是这样……"

话还没说完,囚牢的门又打开了,皇太极走了进来。他对洪承畴道:"将军不要再犹豫了。你们刚才的谈话,朕都听到。古语说:'良臣择主而事','识时务者为俊杰'。将军,您乃是一介俊杰、良臣也,怎么会是不识时务者?"随后,他又指着那个女子说道:"将军你可知道她是谁?她是朕的爱妃庄妃娘娘,因为对将军才华的仰慕,才乔装前来开导将军,希望将军能够谅解。"这番话一出,洪承畴诚惶诚恐,急忙跪拜道:"下臣狂愚,竟然能够得到皇上和庄妃娘娘的开导,这是臣的福气。臣愿意至死追随皇上,为两朝和议之事尽点绵薄之力。"皇太极听了之后,笑道:"爱卿请起,朕当尽卿之力。"

从那之后,洪承畴成为清朝的一个忠实爪牙,跟着皇太极和多尔衮南征北战,攻打大明,成为清朝的开国功臣。

洪承畴刚被俘虏的时候,这个消息传到了明崇祯帝的耳中,他还专门为洪承畴举办了一场风光的葬礼,可是他却不知道洪承畴早就已经归顺清朝了,上演了一场绝妙的历史讽刺活剧。

不过,从清朝人的立场上来说,能够劝降明朝的一员大将,也是功不可没。庄妃从容镇定、思维敏捷,这都给皇太极留下了很深的印象。这应该是庄妃进宫以来,第一次施展她的政治才华。这件事情之后,皇太极对于庄妃的看法和感情大大转变了。庄妃的地位也得到了进一步的改善、提高,成为皇太极的贤内助。

辅佐明君的清代国母

后宫中,庄妃一部分的心思用在后宫内务上,而另一半的心思则是花在了儿子福临的身上。福临是大清的九皇子,很是得皇太极的喜欢。

公元1643年8月,皇太极和庄妃正聊天,突然感到头昏目眩,胸口疼痛,眼前一黑,便摔倒在地上。宫女和太监们急忙将皇太极扶至床上,庄妃则命人去请了太医。皇太极因为过于劳累，长期又沉迷于酒色中，身体肥胖，早就已经得了心脑血管系统的疾病。这一次病情来得凶猛，根本来不及抢救，等到太医赶到的时候，皇太极已经气若游丝。他睁着迷糊的双眼，看着所有人，却说不出一句话来。半个时辰没到，皇太极就一命呜呼了。临终时，他没有留下一句遗言，甚至连皇位的继承人都没有确定。于是，在清朝创立初期，皇位继承人又一次成了众人纷争的问题，这也让清朝内外变得混乱起来。

庄妃对于目前的形势很是清楚：皇太极有11个儿子，此前已经早夭3个，还剩下8个儿子。这8个儿子从根本上说，是都有皇位继承权的。另外，在皇太极的兄弟中，哥哥代善、弟弟多尔衮等也都是皇位继承人的热门人选。不过，在皇太极的8个儿子中，老四辅国公叶布舒、老六镇国公高塞、老七辅国公常舒以及承泽郡王硕塞等，他们都是庶妃所生，生母的地位也不高，也没有什么太有力的背景，所以他们的竞争力比较弱。而自己的儿子福临，虽然是皇太极比较喜爱的皇子，自己的地位在后宫中也非常高，有着较强的竞争力，不过福临毕竟还很小，不是他的大哥豪格的对手。纵观所有人，也只有大皇子豪格和亲王多尔衮有实力、有野心去争夺皇位。

豪格的生母乌拉那拉氏，是皇太极的侧妃，在宫中的地位并不比庄妃高。但豪格是长子，年龄三十多岁，正是年富力强的时候，再加上豪格有很多的作战经验，勇猛无常，屡战奇功。因为他是长子，朝中有很多的支持者。

在朝中，能和豪格相提并论的，也就是只有睿亲王多尔衮了。17年前，皇太极抢走了多尔衮的汗位，还将多尔衮的母亲杀掉。而现在皇太极已经死了，多尔衮会不会趁此机会，将皇位夺过来呢？刚开始，大皇子豪格和多尔衮互不相让，僵持不下，甚至还要以武力定高低的意思。而他们二人的支持者，也发出此种威胁。

庄妃也看到了局势的严重性和凶险性。而且明朝大将吴三桂还顽强地守卫在山海关上。西北闯王李自成率领的大顺军，也在一步步逼近京

城。在这种前提下，如果豪格和多尔衮之间发生战争，最后会是两败俱伤，即便最后有一方获胜，也一定是元气大伤。还有什么实力和大明、大顺争天下呢？所以，目前最好的办法就是让他们各自退一半，然后挑选出一位双方都能接受的人做皇帝，只有这样，才能避免这场战乱。

想到这里，庄妃决定想去说服多尔衮，和他合作，商讨皇位继承人的事情。

虽然多尔衮对于皇位非常热衷，但是他毕竟是一个非常理智的人。他心中明白，自己的对手豪格的势力力量也不小，如果单靠自己的军事力量，根本无法彻底解决豪格，况且一旦动用武力，清朝内外肯定会引起动乱，而丢失了进攻明朝的大好时机。于是，他决定利用和平的手段来解决这次的皇位之争。在他心中，福临是皇位继承人的最佳人选。这个时候的福临只有6岁，便于他的掌控。另外，多尔衮对于庄妃娘娘的才气智慧也是仰慕已久，他也想趁这个机会和庄妃娘娘多多接近一下。多尔衮打定主意后，他一边帮忙说服各位大臣，争取得到他们的支持，一边说服豪格退出皇位竞争。

再说豪格也是一个十分豪爽的人，当他得知多尔衮要退出皇位竞争，将皇位让给福临的时候，他自己的信心也产生了动摇。所以，最后，豪格也退出了皇位的竞争。庄妃那边，则是一拍即合，立马做出了相应的安排。

于是，在八旗主旗王公的联席会议上，代善、多尔衮正式提出，由九皇子福临继承王位，这得到了所有人的一致赞同，最后皇位继承人的问题在庄妃娘娘的周旋下，确定下来，并且避免了一场战乱风波。

公元1643年8月，爱新觉罗·福临登基为大清皇帝，时年只有6岁。到了第二年，称为顺治元年。从那之后，福临就被称为顺治皇帝。

福临登基为帝，庄妃也就成了大清的皇太后，也就是历史上最为著名的孝庄太后。

多尔衮则是坐上了摄政王的位置，多尔衮刚当上摄政王。他就听说大明将要易主的消息。他心里很是着急，不过明朝大将吴三桂还在山海关驻守着，他根本没有办法越过山海关，和大顺的军队一决高下。只能是眼巴巴地干着急，他把大军驻扎在关外，等待时机。过了不久，多尔衮又听说吴三桂投靠了大顺军，他更是急得捶胸顿足，大呼："大势已去啊！"

然而，一瞬间，情况又有了新的变化。侍卫官带来了一位自称是吴三桂特使的人，前来拜见多尔衮，和他商议归顺的事宜。经过一番询问后，多尔衮得知，吴三桂原本是要投靠大顺的，不过有一些大顺的官员竟然将吴三桂的父亲吴襄抓起来拷打，还抢走了吴三桂最为喜爱的小妾陈圆圆。吴三桂心生恨意，便转而想要投靠在清朝的麾下，和大顺军抗衡。多尔衮知道这个消息后，很是惊喜，立即召集兵马朝着山海关奔去。在山海关，多尔衮的大军和吴三桂联合，攻入京城，赶走了李自成。就这样，多尔衮却是很意外地实现了努尔哈赤和皇太极多年以来的梦想。他的心里很是激动，并立刻制定了定都北京，平定中原的计划。他一边派人通知顺治、孝庄和后宫嫔妃等，立刻赶来北京奠都，建立大清朝廷；一边调兵遣将，追击李自成的大顺军、张献忠的大西军，并且做好了攻占江南的军事准备。这个时候的明朝已经腐败至极，民心向背，已经没有明显的抵抗力量，很多的明朝大军也都投靠在清朝军队里，再加上清朝初期创立的八旗军队，有着很强的战斗力。所以，多尔衮所安排的军事行动，进展得异常顺利，也取得了很好的战绩。李、张这两支比较有力量的农民军很快就被清军消灭了，偏安一隅的南明弘光政权，也被多尔衮率领大军消灭。如今，大半个中国都成了清朝的统治区域。

随着多尔衮的南征北战，多尔衮的名声和权势也越来越大。他在顺治元年，还只是称为"叔父摄政王"，到了第二年，便称之为"皇叔父摄政王"。虽然说只是在前面加了一个"皇"字，但是这代表的意味却是远远不同的，这就已经相当于多尔衮拥有和皇帝一样的地位与权威。从这里也可以看出，多尔衮所要求的并不仅仅是摄政王的位置，他还想要更大一步的权力。顺治五年，多尔衮又有了一个称号——皇父摄政王，皇父自然也就是父亲的意思，多尔衮的这个称号，也表明了他把自己当作顺治的父亲。

这个称谓的改变，也就意味着两个涵义，第一多尔衮的权势已经超越了皇帝，第二多尔衮和孝庄太后之间有着一定的特殊关系，也正是这个称号，在民间才有了孝庄太后下嫁多尔衮的传说。

孝庄太后是否下嫁多尔衮

要说大清朝的第一绯闻，非孝庄太后下嫁多尔衮莫属。在很多关于清朝秘史的电视剧中，我们看到了很多关于孝庄太后与多尔衮之间的情史。这对青梅竹马的鸳鸯，在历史的长廊里，真的有这样的情缘吗？难道这些电视剧真的是为了博取观众的的眼球杜撰出来的吗？一个堂堂的皇太后真的曾经下嫁给摄政王吗？

我们都知道皇太极去世的时候，庄妃还是个年仅32岁风韵犹存的妇人。在勾心斗角的朝野之中，一个30出头的寡妇加上一个年仅6岁不知世事的孩童，如何能够撑起一片天显然成了一个难题。而在当时，朝野上下权利最大的人非多尔衮莫属。多尔衮不仅掌管着军政大权，在朝野之中也颇有威严。小皇帝的处境十分危险，稍不注意就可能被废掉。因此很多人都认为，庄妃为了给小皇帝顺治找个靠山，保住他的皇位，委身下嫁给多尔衮不是不可能发生的事情。

另外，从当时满族的婚俗来看，寡嫂嫁小叔，是很正常的事情，并不足为怪。更有意思的是，当时满族的婚姻并不讲究辈分。这样一来，年轻貌美的孝庄皇太后与英勇不凡的多尔衮结合在一起，简直就是天造地设的一对。

那么为什么这么多人会相信太后曾经下嫁多尔衮呢？这是因为在顺治帝统治时期，多尔衮曾经多次在公开的场合以皇上父亲自居，并让顺治称自己是"皇父摄政王"。一个摄政王怎么可能会让皇上去称自己为"皇父"呢？想来只有皇上的母亲嫁给了摄政王才有这样的可能。有人认为，多尔衮称谓的变化，在实质上说明了太后与多尔衮的情史从隐秘转为公开。这个大清朝的绯闻不仅轰动了当时的朝野，就连海外都有知晓。在《朝鲜仁祖李倧实录》记载：二十七年己丑（即清世祖顺治六年），二月壬寅，上曰："清国咨文中，有'皇父'摄政王之语，此何举措？"金曰："臣问于来使，则答曰：今则去叔字，朝贺之事，与皇帝一体云。"上曰："然则二帝矣。"朝鲜邦外属国的国王发现这个行为与"二帝"已经没有什么差别。堂堂的大清朝真的会如此疏忽吗？当然不是。在当时，清朝正在推广儒教，有广纳天下饱学之士的举措。因此，断然不会做出这种啼笑皆非的事情。可是"皇父"一词的确已经明诏天下，一朝二帝，已经成了默认的事实。

除了从外邦的书籍中，找到了当时的破绽。在1660年那年，顺治的乳母李氏病故时，在顺治所写的谕旨里面也露出了破绽。当时的谕旨中有这样几句话，大致的意思是说摄政王治理朝野的时候，皇太后和我分宫居住，每月只能见一面，以至于皇太后对自己甚是思念，多亏了乳母对自己百般照顾，皇太后才放下心来。从这几句话中，我们可以了解到，年幼的顺治帝与孝庄并不住在一处，而且没有住在皇宫里。否则，母子二人为何每月才能见上一面呢？可是孝庄为什么不能去看自己的儿子呢？是谁阻止了母子二人的团聚，在当时的背景下，想来除了多尔衮没有其他人。

孝庄太后下嫁给摄政王多尔衮的事情，虽然因为后来清朝皇室受到了汉族文化风俗的影响，没有记录在正史之中，甚至连记载过的都已经删掉了，让如今的人很难去了解当时的真相。但是人类强大的八卦之心是不会因为这些而停止的，人们还是从当时的一些记载中发现了蛛丝马迹。例如，清故宫藏顺治朝的"批红"题本和《东华录》上，就明确地写着1648年摄政王多尔衮从"皇叔父摄政王"改为"皇父摄政王"。如果没有太后下嫁的事情发生，顺治帝是万万不能接受的。除此之外，我国近代学者刘文兴也曾在他的著作《清初皇父摄政王多尔衮起居注跋》一书中提及，在1909年，他的父亲刘启瑞奉命任内阁侍学士，负责看管内阁大库的档案，曾经亲眼看到过孝庄太后下嫁多尔衮的诏书。如果真

是如此，那么这将是史上最有力的证据。

不管孝庄太后到底有没有下嫁多尔衮，两者之间密切的关系是毋庸置疑的。也因为多尔衮与孝庄太后之间的密切配合，才能让顺治初期的国家治理走上了比较顺利的轨道，而这也让年幼的顺治得到了安全和利益的保障。

古时候，皇朝有一个习惯，如果皇帝还很年幼，无法亲政的时候，那么皇上的母亲是可以垂帘听政的。根据这条制度，孝庄太后是能够垂帘听政，和顺治帝一起上朝。不过孝庄太后却并没有这么做，或许是因为她相信朝堂有多尔衮也就足够了。

不过，虽然孝庄太后对于顺治的政事并不会多加干涉，但是在对顺治的管教上却是非常严厉的。顺治年少的时候，除了上朝以外，早晚都要给孝庄请安。在孝庄的监视下，要读满文，读圣训，读经书，学习帝王之道。顺治依照太后的教导行事，晨昏定省，从不松懈。太后生日的时候，顺治还为其写了祝寿诗。大学士傅以渐编撰了一本《内则衍义》，属于儒家经典《礼记》中的一篇，主要讲的是子女在家中的礼节以及侍奉父母公婆的行为准则。傅以渐将其和皇家的礼仪结合起来，对此做了一些相应的讲解。孝庄便命令顺治仔细阅读这本书，顺治还写了篇《内则衍义序》，递给孝庄太后看。这样看来，按理说孝庄和顺治帝之间的关系是非常和谐的，其实不然，在顺治帝的心里，与他的生母孝庄是有着隔阂的。

而这隔阂的源头，自然就是孝庄太后和多尔衮的关系了。顺治登基的时候，年龄只有6岁，并不懂得成人之事，不过到了顺治四、五年之后，他也在逐渐地长大，对多尔衮和母亲之间的关系，他心里应该也有所了解，内心也就积聚了很多的不满。特别是给多尔衮加了"皇父摄政王"的称号之后，这让顺治帝心里非常痛苦。他已经十一二岁了，对于一些事情他心里也十分了解，实在不愿意喊出"皇父"这个称号。可是，后宫里住的是他的亲生母亲，他需要遵守孝道；朝堂上，多尔衮权势滔天，连自己的性命都掌握在他的手里，他又拿什么反对呢。就这样，在顺治心中积聚的怨气越来越多。

多尔衮是个对权利的控制欲极强的男人，朝中的事物不论大小，都要经过他的同意才行。就这样，长期操劳下来，积劳成疾；另外，多尔衮也是个好色之人，在没有节制的生活后，多尔衮病倒了。公元1650年12月9日，多尔衮去世，终年只有39岁。多尔衮死了，顺治帝的心也就放了下来。顺治帝以朝廷的名义，赐给多尔衮一个谥号："懋德修道、广业定功、安民立政、诚敬义皇帝"，葬入太庙，享受皇家祭祀。

多尔衮的丧事刚办完不久，多尔衮生前的政敌，便纷纷上书状告多尔衮此前的种种不法行为。有人说：多尔衮在入棺的时候，多尔衮的家人竟然将皇帝使用的八补黄袍、大东珠素珠、黑貂褂放入棺内，这就违反了礼制。还有人说，多尔衮曾经调派军队，在永平驻扎，想要谋得皇位。还有很多被多尔衮生前排挤过的大员都一一上书述说自己的冤屈和不满。这些人最后都说道："臣等以前畏惧他的权势，才忍气吞声到现在，如今冒死上奏，希望皇上能够严加处置。"

当顺治读到这里的时候，他不禁想到了以前自己的遭遇，颇似身同感受，顿时心中的怒火烧了起来。这一次，顺治并没有和孝庄太后商量，便给多尔衮判了刑：多尔衮生前多有忤逆之罪，罪不可赦，所以将其官爵削去，削去多尔衮生母阿巴亥皇后的称号，将多尔衮的灵位从太庙里迁出。并且就此从宗室簿籍中除名。把多尔衮的所有财产全部没收等。

这些也就加重了顺治帝和孝庄太后之间的隔阂。其中，影响孝庄和顺治关系的还有另外一个原因，那就是顺治的婚姻。孝庄的理念比较保守，她希望能够继续继承努尔哈赤的做法，通过联姻的手段，来加强蒙古和清朝之间的联系，尤其是科尔沁部落，并且要求顺治帝从科尔沁蒙古挑选出一位皇后。多尔衮在世的时候，顺治就已经迎娶孝庄的侄女、科尔沁卓礼克图亲王吴克善的女儿为妃。公元1651年，在孝庄的主持下，这个女子便成为了大清的皇后。这个女子虽然美丽非凡，不过顺治却不喜欢他，过了几年之后，顺治帝以作风奢侈为由，剥夺她的皇后名号，降为静妃，打入冷宫。

顺治将皇后废除之后，才将这件事情禀报给孝庄太后。孝庄太后心里很是不高兴，但是也没有说什么。不过孝庄并没有死心，过了一年，她又给顺治迎娶了科尔沁蒙古镇国公绰尔济的女儿为皇后。顺治对她也是不理不睬。

不过，顺治帝倒是娶了一位两者都很满意的女子，她是汉军八旗佟图赖的女儿。佟氏给顺治生了一个儿子，也就是后来的康熙帝。顺治帝因为心情不好，曾经一度想出家，所以在民间也有顺治出家当和尚的说法。也有人说，是因为顺治帝偷偷外出游玩，惹上了天花，去世了。不过，不管哪种说法，顺治帝最终还是没有母亲的寿命长，于公元1661年去世，终年24岁。

顺治皇帝死后，他的三皇子玄烨继承皇位，改元康熙，庙号圣祖，称之为康熙皇帝。

玄烨继位后不久，他的母亲佟佳氏便因病去世了，教育、抚养玄烨的责任则落到了孝庄太后的身上，这让她感到责任沉重。孝庄皇太后对玄烨的教育很是用心。孝庄太后很喜欢这个孙子，在玄烨还没有出生的时候，她就断言这个孙子肯定有福气。如今，玄烨已经坐上了九五之尊的位置，她也为这个孙儿打心底里高兴。

孝庄历经努尔哈赤、皇太极、顺治三朝，是见过大风大浪的人。虽然她没有亲自处理过朝政，但是对于朝中的争斗她是非常了解的。康熙登基之后，太监吴良辅专权，致使朝纲紊乱。孝庄太后知道，要想让康熙更好地治理国家，就必须除去吴良辅这个绊脚石。

吴良辅是顺治帝时期的总管太监。原先，先祖因为明朝的前车之鉴，深刻认识到宦官专权的危害。所以从皇太极执政后，便严禁皇宫重用太监，更别提太监干政了。不过，到了顺治帝这里，他却没有遵循祖训，重用太监吴良辅。他根据吴良辅的提议，将内务府撤掉，设立十三衙门。吴良辅便利用这些衙门，结党营私、贪腐淫乐。一时间，吴良辅有了至高的权力，成为朝中内外相互巴结的对象。孝庄太后对此早就有了意见，可惜顺治帝一直庇护他。

让这样一个小人存在小皇帝身边，真的是一件很危险的事情，所以孝庄太后下定决心，一定要把吴良辅除去。

公元1662年，一道圣旨颁布下来，一队侍卫奉命闯入吴良辅的府第，把他以及同伙全部抓了起来，吴良辅和他同伙基本上都被处死，没收了全部的家产，"十三衙门"也随即被取消，恢复内务府。这道圣旨是以康熙皇帝的名义颁发的，而真正的执行者就是英明的孝庄太后。孝庄太后用自己的智慧和决心，为康熙皇帝解决了一大隐患，彻底清除了康熙从政路上的绊脚石。

在孝庄太后的教育下，玄烨得到了很好的培养。除了日常的饮食起居外，晨昏定省，都要求康熙按照礼仪认真执行，此外，孝庄太后还请了一位师傅教康熙学习满汉文字，熟读儒家经典，不仅要会背，还要会讲解，学习上容不得一点马虎，比百姓家里的小孩子还要艰苦。尤其是要求康熙要懂得古今圣主明王治国之理，为君之道。孝庄太后告诉他，"得众"才能"得国"，一国之君要懂得"宽裕慈仁，温良恭敬"，勤政爱民。这些不仅要明白，还要铭记于心，时刻履行。读经读史的同时，也要诵读历来著名的文章诗词，练习书法也是每天的功课内容。在学习文化的同时，也要修习武术。孝庄太后经常对玄烨说，满洲之所以能够兴旺，所依靠的正是尚武精神，要有精湛的骑射功夫，这是告诉他不能忘了祖宗的看家本领。

后来，康熙回忆说道："朕自幼龄学步能言时，奉圣祖母慈训，凡饮食、动履、言语，皆有矩度。虽平居独处，亦教以不敢越轨，少不然即加督过，赖是以克有成。"

在孝庄太后的严格教导下，康熙皇帝也不负众望，为清朝的发展做出了很大的贡献。康熙平定了北方和西北地区民族分裂分子发动的叛乱，使得西北边疆更加稳固；与沙俄进行了顽强的斗争，签订尼布楚条约，将侵略者赶出中国；平定三藩叛乱；统一了台湾等。这一系列的成就，使得康熙成为"康乾盛世"的开创者。在这里面，虽然说孝庄太后并没有直接参与进去，她的功劳是不容忽视的。如果没有她的主持和培养，

真的很难想象，康熙是否会成为这样一个雄才大略的军事家和一代贤君。

康熙执政早期，也碰到过一些比较困难的事情，很多时候都是因为孝庄太后的支持和指引，才使他顺利克服。比如康熙除去鳌拜政权时，孝庄太后也为此出了一份力。

原来，顺治帝临终的时候，将皇位传给了玄烨。不过他实在不放心这个6岁的小皇帝能够治理好朝政，于是又命令鳌拜、苏克萨哈、遏必隆、索尼为辅佐大臣，帮助小皇帝治理国家大事。这些大臣，全部都是有着丰富战争经验，身上都有无数战功的人，他们从心里瞧不起小皇帝。尤其是鳌拜，鳌拜的势力很大，亲信遍布朝堂，依仗着自己年老势强，既瞧不起朝中同行，也看不上康熙小皇帝。有些时候，鳌拜竟然会当众斥责小皇帝，威胁康熙按照他的意思办事。玄烨当时虽然小，但是却也不喜欢别人在自己面前大呼小叫，自己憋了一腔的怒火，下朝之后就会到孝庄太后那里述说委屈。孝庄衡量了一下那时的局势，认为还不是清除鳌拜的最好时机，于是一方面派人暗中保护玄烨的安全，另一方面则是劝说康熙要稳住性子，表面上假装对鳌拜言听计从，赏给他最高的爵位，让他放松警惕，等待最好的时机。康熙登基八年后，在孝庄太后的支持下，将鳌拜身边的护卫设计调离开，在宫中把鳌拜拿下定了罪，彻底摧毁了鳌拜的势力，也威震了朝中的各位大臣。就这样，朝中大权回到了康熙的手中。

在康熙重新执掌政权之后，孝庄太后就不问政务了。1687年12月，孝庄太后因病逝世，享年75岁。

孝庄太后在临终之前曾经留下一句话："太宗文皇帝梓宫安奉已久，卑不动尊，此时未便合葬。若别起茔域，未免劳民动众，究非合葬之义。我心恋汝父子，不忍远去。务必于遵化安厝，我心无憾矣。"意思也就是说，我不想和皇太极葬在一起，我希望能够葬在东陵，这样以后可以和你和你父亲顺治住得近一点。从这句话中，我们不难看出孝庄太后对这个孙子十分依恋，对儿子也是满怀愧疚。

孝庄太皇太后的去世，让被他拉扯长大的康熙帝十分伤心。他原本想要按照当时儒家的思想，为孝庄太皇太后服丧三年。要知道，当时的服丧可不是穿穿孝服，吃吃斋菜就可以的，必须要放下手中的事情全心全意地来服丧。康熙帝毕竟是一朝天子，大臣们怎么会同意自己的主子三年不理朝政呢！如果真的服丧三年，估计大清朝都可能会保不住了。最后，在权衡利弊之后，康熙帝想出了一个好法子，那就是以日代月，这样服丧期就大大缩小了。康熙帝这样的做法，不仅表面了自己的心意而且不会耽误朝政，可谓是一举两得。

1725年12月，雍正时期，孝庄太后被安葬在了昭西陵。

第三章

皇上为她断红尘——董鄂妃

皇妃档案

☆姓名：董鄂氏

☆民族：满族

☆出生日期：公元 1638 年

☆逝世日期：公元 1660 年 09 月 23 日

☆配偶：顺治帝

☆子女：荣亲王

☆寝殿：承乾宫

☆陵墓：清孝陵

☆谥号：孝献庄和至德宣仁温惠端敬皇后

☆最为高兴的事：被顺治视为红颜知己

☆最伤心的事情：爱子夭折

☆生平简历：

公元 1638 年，董鄂氏出生。

公元 1656 年，董鄂氏 18 岁，被封为贤妃。不久之后被封为皇贵妃。

公元 1657 年 11 月 12 日，董鄂妃的儿子荣亲王出生。

公元 1658 年 2 月 25 日，荣亲王夭折。

公元 1660 年 9 月 23 日，董鄂氏病逝。

公元 1660 年 10 月，董鄂氏被追封为皇后。

人物简评

　　集万千宠爱于一身的董鄂妃，年纪轻轻就香消玉殒，实在可惜。董鄂妃温柔贤淑，娇俏妩媚，宠冠六宫，与顺治帝的爱情，在帝王的生活里是一朵奇葩，自古以来痴情的女人多如天上的星星，但是为爱痴狂的皇帝就如天上的月亮，只有这一个，大概是董鄂妃的早逝，造就了这一段爱情的永恒。这种永恒，让现代人为之感喟不已，因为我们想要获得爱情的心情是永恒的。

生平故事

一代佳人　身世成谜

　　世界上很少会有痴情的帝王，但是顺治帝就是其中的一位。这位身为一朝天子，顺治帝也按照祖宗规矩，纳了三宫六院。尽管佳丽三千，却难得帝王之心。这位年轻的君王，似乎对美女佳人并不感兴趣。不过到了顺治十六年也就是公元1656年8月23日，顺治帝却迫不及待地纳一位女子为妃。

　　为什么说顺治帝是迫不及待呢？因为在这一年的七月初三，顺治帝的亲弟弟和硕襄亲王博果尔突然离世。按理说亲弟弟刚去世，身为亲哥哥，怎么也不能在这个时候办婚礼。当时刚刚过去一个多月，皇上就娶亲了，这让紫禁城里的丧葬气氛一下子被迎娶妃嫔的喜庆气氛所代替了。究竟是谁让顺治这么急切地想要娶到身边来呢？

　　根据史料记载，礼部原本选定在8月19日册妃，但是皇上考虑到硕

51

襄亲王刚刚去世，不忍举行。不过虽然顺治心中犹豫，但是还是顶不住自己内心的挣扎，选择在8月23日迎娶了自己一见钟情的董鄂妃。那么这个董鄂妃到底是何许人也？又和刚刚去世的和硕襄亲王有什么关系呢？

董鄂氏的身世一直是一个谜。

董鄂氏的一生虽然短暂，但是她与顺治帝的爱情却一直被人们津津乐道。民间就有人以她的故事为原型创作了《清宫演义》等小说。小说中称秦淮名妓董小宛正是历史上的董鄂妃。小说中称降清名将洪承畴在占领江南之后，迷上了董小宛的美貌，但是董小宛对他誓死不从。洪承畴不想伤了美人的性命，于是就把她送给了顺治帝。董小宛进宫之后，对顺治帝一见钟情，温柔妩媚，很得顺治帝的喜爱。

由于在清朝初期，皇帝的妃嫔多是满族和蒙古族，汉人女子董小宛在宫中就属于了异类。由于皇家对血统的纯正性很是强调，所以董小宛的汉人身份再加上皇上对其异于常人的宠爱，让她在宫中饱受嫉妒，不久就香消玉殒了。故事的真假先搁置不谈，我们先谈谈董小宛这位女子。在历史上确实存在董小宛这位奇女子。她名白，字青莲，生于公元1624年。董小宛曾经是名冠天下的秦淮八艳之首。当时很多朝廷的达官贵人、满腹诗书的文人墨客都倾心于她。不过董小宛对这些达官贵人十分不屑，不予理睬。后来董小宛对风流倜傥，江南四公子之一的冒襄一见钟情。

公元1642年，冒襄为董小宛赎身，二人结为连理。婚后，夫妻二人在江苏老家的水绘园过着平淡幸福的生活。可是二人的好日子很快就随着清朝入关而破灭了。由于战火连连，为了逃避战祸，冒襄带着家人离开了老家过着颠沛流离的生活。在东躲西藏的日子里，冒襄的身体一下子垮了下来，生了三场大病。董小宛在丈夫身边不离不弃，细心照料生病的丈夫，不分昼夜守在丈夫的病床前。最后功夫不负有心人，在董小宛的照料下，冒襄终于康复起来。而此时，董小宛的身体已经透支，日渐消瘦，公元1651年，年仅28岁的董小宛憾然离世。

在冒襄所写的《影梅庵忆语》中，我们可以发现董小宛与冒襄结婚九年，两人一直在一起从未分离。董小宛生于1624年，整整比顺治帝大

了14岁，董小宛离世的时候，顺治帝只有14岁。两人根本不可能在一起。也就是说，董小宛根本就不可能是董鄂妃，两人除了都姓董以外，根本扯不上关系。

后世之人普遍认为董鄂妃是大臣鄂硕的女儿。在《清史稿·后妃传》中就称这位女子是大臣鄂硕的女儿，在十八岁的时候进宫。顺治帝曾经在《御制董鄂后行状》写道"年十八，以德选人掖廷"，也就是说她当时以"秀女"的身份入宫。但是这个记载的本身又自相矛盾，因为当时清朝选拔秀女规定，只有年纪在13到17岁的旗人女子才能参加宫廷选秀，而董鄂妃并不符合规定，当时根本不可能以秀女身份入宫，更不可能被皇上知道。

一些历史学家认为，董鄂妃入宫之前，是襄亲王博果尔的妻子。襄亲王之所以年纪轻轻就去世，很有可能是因为他发现自己的哥哥竟然与自己的妻子两情相悦，一时羞愧难当，自杀而亡。当时德国人汤若望，曾经在中国游历多年，在他所写的《汤若望传》中曾经有这样的记载称顺治帝与一位满籍军人的福晋陷入了热恋，这位军人为此斥责自己的福晋，没想到却引来顺治帝的不满，"赏赐"了他一个耳光。这位军人不堪其辱，自杀而亡，皇上很快就把那个与自己陷入爱恋的女子引入宫中，纳为妃嫔，封为贵妃。不久之后，贵妃为皇上诞下了一位皇子，皇上爱屋及乌，就打算把这位皇子封为太子。没想到这个孩子命中福薄，只活了几个星期就夭折了，这位贵妃后来也因为痛失爱子，不久之后就去世了。皇上为此悲痛欲绝，竟然失去理性，不顾一切。

这位刚出生不久就夭折的皇子到底是谁？贵妃又是哪位绝代佳人？虽然汤若望的书里并没有详细地写出来，但是我们依然可以猜测一下。顺治帝一共有八位皇子，皇三子玄烨是大名鼎鼎的康熙皇帝，还有五位皇子在康熙帝执掌政权时就去世了，都不属于早夭。皇长子死于1652年，时间上对不上，而且他的母亲从来没有被封过贵妃。由此可以看出只有皇四子了。在史书中记载，皇四子在1657年10月7日出生，在1658年正月二十四就夭折了。只活了短短三个多月的时间。而他的生母正是皇贵妃董鄂氏，董鄂妃在1660年8月19日就去世了。由此我们可以看出汤若望在书中记载的贵妃和皇子正是董鄂妃和皇四子。

董鄂氏既然已经嫁给了襄亲王，为什么顺治帝还能见到她，并与她相恋呢？这段凄美爱情的产生很可能与清朝实行的命妇轮流到后宫侍奉后妃的制度有很大关系。董鄂氏本是襄亲王的福晋，当然也会被作为命妇到后宫去侍奉后妃娘娘们了。因为皇上去给后妃请安或者在举办宴会的时候，经常可以看到她。两人年龄相仿，董鄂氏的丈夫又过于年少，尚不知情为何物，在加上顺治帝并没有喜欢的妃嫔，两人一来二去，就产生了爱慕之情。公元1654年，孝庄皇太后废除了这种命妇侍奉制度。废除的原因很可能就是因为当年皇上和董鄂氏的风流韵事传到了皇太后的耳朵中，为了阻止这两个年轻人破坏规矩，孝庄不得不把这种命妇制度废除。

顺治帝和董鄂氏的情根已经埋下，孝庄皇太后的阻止根本起不了作用。两人的来往更加频繁起来，顺治帝经常写诗或者送花给董鄂妃。不过，两人再怎么甜蜜，终究不是名正言顺的，中间还隔着一个襄亲王，因此两人亲密的关系，难免会受到指指点点。不过现在襄亲王已经去世了，根据满洲的旧俗，顺治帝把弟弟的妃嫔收入宫中无可厚非，虽然顺治觉得自己有些对不起弟弟，但是他已经等不及要在名义上把这个女人划成是自己的人了，因此他用最快的速度把董鄂氏娶进宫中。

情不知所起　一往而深

如果身为皇帝的女人想要得到皇帝的爱情，大概比当皇后更难。理论上来说，皇帝有三宫六院，七十二嫔妃。但是幸运的董鄂妃得到了天子专注真挚的爱情，顺治帝在遇到她之前，和其他的满洲贵族子弟一样，花心傲慢，即使他已经大婚，仍然没有收敛。但自从董鄂妃进宫之后，顺治帝为她改变了陋习，对她十分专情。

董鄂妃进宫之前的身份虽然现在仍然没有定论。但是她是内大臣鄂

硕的女儿，她的家族是满洲世族，享受荣华富贵。所以她有机会接受良好的教育，精通琴棋书画，被称为后宫第一才女。入宫之后，她经常和顺治下棋，谈论汉文经书。顺治帝从小就对经书下过不少功夫，立志做一个好君主，所以熟读汉书典籍。他被董鄂妃的才女气质深深吸引了。

顺治帝坠入爱河，对董鄂妃十分宠爱，甚至超出理智，达到疯狂的地步，一般而言，这种女人被称为狐狸精转世。顺治帝不听孝庄太后对他过度宠爱董鄂妃的劝告，就连《清史稿》上都记载"上眷之特厚，宠冠后宫"，可见宠爱非同一般。董鄂妃的册妃典礼得到了历代皇妃绝无仅有的待遇。顺治帝为了她专门颁发诏书，大赦天下，这是第一次大清为了册封皇妃而大赦天下。

公元1657年10月，董鄂妃为顺治帝诞下了两人的爱情结晶——皇四子。顺治虽然已经有了三位皇子，但是他却称这个刚出生的小皇子为"皇第一子"，这无疑告诉众人这个孩子将得到皇帝的宠爱，不久之后肯定会封为皇太子。顺治帝为了表达自己的喜悦之情，还祭拜天地，再一次大赦天下。虽然小皇子得到了众多的祝福，但是小婴儿只活了三个多月就夭折了。这对于顺治和董鄂妃都是非常重大的打击，顺治还来不及给心爱的儿子取名字，他伤心得肝肠寸断。顺治帝破例追封小皇子为"和硕荣亲王"，专门建造了安葬他的荣亲王陵园，并且按照亲王的标准来办。

董鄂妃痛失爱子，长久地郁闷不乐，身心憔悴。顺治帝看着爱妃日渐消瘦，为了让她一笑，恢复两人以前的恩爱，顺治帝还曾经动过废掉第二任皇后，立董鄂妃为皇后的念头。

倾城佳人　容貌成谜

到底是怎样的美貌能够让一国之君如此痴迷呢？史料上也曾有董鄂妃宠冠六宫的情景，通常来说撰写正史的人还是比较客观和理性的，但是连编撰史书的人都为之动容了。在遇到董鄂妃之前，顺治婚姻生活并不怎么顺利，也曾纵情声色，见识过无数美人，为什么董鄂妃有这么大的魅力呢？顺治帝曾经用"妩媚"来形容董鄂妃的容貌，也正是这个词让后世之人对这个女子的容貌更加浮想联翩。见惯了满族和蒙古族擅长骑马，性格豪放的女子，像董鄂妃这样别有一番风情的女子拨动了顺治心里爱情的那根弦，有一句诗"鬓云欲度香腮雪"，妩媚迷人，同时年轻的脸上放出晶莹的光彩来，嫩得能拧出水来，像水蜜桃一样多汁甜美。

很多人都猜疑董鄂妃的母亲是位气质婉约的汉人女子，或者家里曾经为她请了一位江南女子当老师，因此这位女子才有了江南女子的风韵。人们经常寄希望于清朝流传下来的后妃画像，但是在众多画像中寻寻觅觅了半天，也没有看到董鄂妃的画像。这样一来，她的容貌就更加扑朔迷离了。那么为什么唯独没有留下皇上最宠爱的这位妃子的画像呢？历史记载顺治皇帝很有绘画天赋，尤其擅长山水画和人物素描。有这样一个典故说顺治帝的素描不错，有一次他忽然命令一个大臣跪下，这位大臣听到皇上的语气严肃，还以为自己犯了什么事，赶忙跪在地上不敢出声。顺治仔细观察他片刻后，拿笔立刻画了一幅画像，画好之后拿给这位大臣看，这位大臣立刻舒了一口气，皇上把自己画得还挺像，请求顺治把画像赐给自己，顺治没有答应。可见，顺治在画画上也下了功夫。但是，有可能时间太久董鄂妃画像失传，也可能有其他原因，又或许董鄂妃入宫时间比较短，顺治没有想到她很快就会去世，所以没有来得及给她画像。

但是顺治和董鄂妃朝夕相处，而他为什么没有把董鄂妃的画像流传下来呢？有可能他从来没有画过，又或者画了之后付之一炬，又或者留了下来而被后世的人毁掉了。不管董鄂妃长得多么漂亮，时间久了都会褪色，但是她却在最好的年华离开人世，离开顺治，让皇帝永恒地想念她。所以，后代的人可以尽情地想象董鄂妃的容颜，风姿。

一代佳人　贤德有余

董鄂妃虽然貌美，但是皇上想要什么样美貌的女人，宫里会没有呢？

王卿贵族家年轻漂亮的女儿一茬茬长大，被送入宫中供皇帝挑选，所以以色事人终究不会长久。那么，董鄂妃究竟有什么特别之处，得到皇上那真挚的爱情呢？

她和顺治有共同语言。顺治帝自小习《四书》及《易》，对禅学也有研究，他经常研究如何治理国家，熟读汉文书籍。顺治的妃嫔都是来自蒙古和满洲贵族，提倡武艺骑马，几乎没有人熟悉汉文化。所以顺治在后宫之中竟然找不到让他倾心的女人，能够谈论诗书典籍。董鄂妃精通书法，满腹才学，顺治对她一见倾心。董鄂妃可以说是他苦苦寻觅的红颜知己。顺治帝笃信佛教，对佛学有很深的兴趣。董鄂妃本来并不信佛，为了皇上，她也陪着顺治一起参悟经书。

董鄂妃对顺治的爱还体现在饮食服装的照顾上，可谓是无微不至，面面俱到。如果政事繁忙，顺治帝批阅奏折直到深夜，她也会一直陪着皇上。

董鄂妃知道顺治和孝庄太后的关系不好，顺治6岁登基，由多尔衮把持朝政。顺治长大之后，极为不满。后来多尔衮去世之后，顺治帝掌握实权。但是他年纪尚小，孝庄太后就辅佐他处理政事。顺治和孝庄对一些政事意见不合，而且为了巩固自己家族的势力，她为顺治选了自己的侄女，立为皇后。为了缓和母子之间的紧张气氛，董鄂妃主动周旋在顺治和孝庄太后之间缓解矛盾。

她主动服侍孝庄太后，太后想吃什么了，她吩咐下去精心准备，对太后关怀备至。太后一直认为是她魅惑了皇帝，皇帝故意专宠她而为了和自己生气。但是通过董鄂氏的努力，太后的态度对她终于和善起来。况且，自从顺治把她娶进宫中之后，对朝政也非常上心，想必董鄂妃在背后帮了皇帝不少。看来，那些向太后进谗言，说皇帝和董鄂妃耽于享乐，误了国家大事，都是子虚乌有，太后只当什么都没有听到，也不再劝诫顺治。这样以来太后和顺治的母子关系比以前好很多。

对于皇后，虽然不得皇上的恩宠，董鄂妃并没有仗着皇上的宠爱而目中无人。相反，她毕恭毕敬，做足了礼节。她经常到皇后的宫殿侍候皇后，像侍候自己的母亲一样。皇后身体不适时，为了照顾皇后，她几天几夜守在皇后的床前，喂皇后吃药，陪伴皇后。皇后感觉闷的时候，她还时常和皇后聊些家常解闷。皇后的亲妹妹去世，伤心得不思饮食，董鄂妃一边劝告皇后爱惜身体，一边也伤心地流下眼泪，惹得皇后反过来劝慰她。皇后心里舒服很多，慢慢地情绪好转。顺治帝为了安慰董鄂妃，打算把皇后废掉。董鄂妃跪在皇帝面前为皇后求情，顺治颇为感动，也就不再提废黜的事情了。

皇上其他的妃子看她一个人占尽了皇上的所有宠爱，都心怀不满，见到她，有的冷言冷语，有的含沙射影，她微微一笑也不与人计较。她的侍女都看不下去了，委屈地问她，怎么不驳斥这些话里带刺的妃子。董鄂妃只说，自己得到皇上的宠爱已是最大幸福，皇上也是其他妃嫔的丈夫，她们心里有气也是应该的。她丝毫没有介意，还对其他的妃子表示关心，如果有妃子生病，她都亲自前往照顾。

她抚养的承泽郡王和安王的女儿，像是对待亲生孩子一般，孩子们感受到她的爱，也都非常喜欢她。即使是身边的太监宫女，她也和颜悦色地对待，所以太监宫女都喜欢听她的吩咐。她的这些努力慢慢得到了众人的肯定，皇后、太后也对她赞誉有加，"故凡见者，蔑不欢悦，蔼然相亲"。

董鄂妃有着良好的家教，她约束自己，约束家人，安分守己，并没有仗着皇上的专宠而任性妄为。相反，她还经常在顺治帝处理政务的时候侍候在侧，却从来不发表对政治的看法，不在皇帝面前搬弄是非。为了避免出错，她总是劝谏顺治帝专心细致地审阅奏折。当顺治帝批阅关于罪犯斩首的卷宗时，她请求皇上批阅得更加仔细，有时也会指出顺治帝疏漏的地方，尽量不枉杀无辜者的性命。

董鄂妃出身世臣之家，宫里其他的妃嫔地位也非常高，从小养尊处优，生活奢侈不觉浪费。顺治帝的第一位皇后，废除她的理由之一就是大清刚刚建国，更要勤俭节约，而皇后太过奢侈浪费。但董鄂妃十分简朴，穿着十分朴素，就连首饰都不用金玉，而是用骨角充当。或许正是

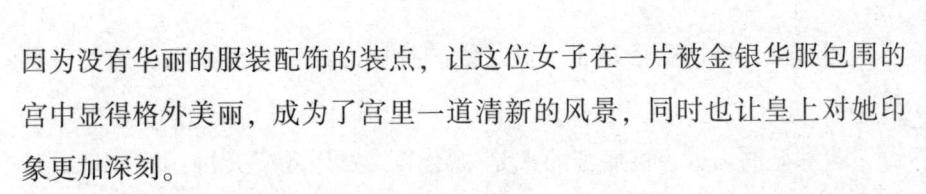

因为没有华丽的服装配饰的装点，让这位女子在一片被金银华服包围的宫中显得格外美丽，成为了宫里一道清新的风景，同时也让皇上对她印象更加深刻。

董鄂妃的哥哥去世时，董鄂妃正在生病身体很不舒服，顺治体贴她，怕她听到消息之后病情加重，所以一直对她隐瞒。即使皇上嘱咐让身边的太监宫女不要告诉她，但是纸包不住火，她还是知道了。董鄂妃与哥哥的感情很深，心里十分伤心，但是表面上仍然装作没事人一样，还和皇上说一直担心自己的家人，特别是父亲和兄长在朝为官，倚仗自己得宠而做出违背大清法律的事情，如果有人参奏，皇上该会左右为难了。然后，还叮嘱皇上不必顾及她的面子，按照大清的法律惩处好了。顺治只好强颜欢笑告诉她，岳丈和哥哥处事公平，为人谦和，并没有做出违法横行的事情。董鄂妃又表示谢谢皇上对她一家人的恩宠，家族里的人没有闯下大祸就好，对皇上的宠爱心满意足。

董鄂妃识大体，通情达理，如此贤德，温柔貌美，又遇到顺治这样一个痴情懂得珍惜的皇帝，故而成就了他们的爱情，这爱情却如此短暂。

天妒婵娟　　突然离世

董鄂妃和顺治帝情投意合，可以说是天造地设的一对。孝庄太后把顺治帝管教得很严厉，顺治帝的政治抱负一直受到压制，太后又为他娶了一个性格刁蛮的皇后，顺治帝一直心情郁闷，直到董鄂妃陪伴在他身边。顺治帝才慢慢展露欢颜，有所安慰。但是他们太恩爱了，连天上的神仙都开始嫉妒他们的恩爱，强行让他们天人永隔。公元1660年8月19日，董鄂妃因病在承乾宫去世。这段仅仅维持了四年的美好姻缘，就此戛然而止，让人叹息。

董鄂妃的生活其实相当辛苦，侍候太后、皇后和皇上，又因为一直受到皇上专宠，即使再贤惠，但皇上依然是皇上，所以一直自律，精神上处于惶恐不安的状态，而且她和顺治的爱情结晶夭折之后，备受打击。

本来还有机会再次生下皇子，但是她的身体已经劳累到极点，她终于倒下了。

　　董鄂妃的离世，最痛苦的人是顺治了，先是爱子夭折，后来是最爱的女人去世，这种打击让他痛不欲生。他把一生的爱都献给了董鄂妃，现在他的爱妃永远地离开了他。为了寄托对爱妃的无尽思念，顺治帝不顾祖宗的规矩，举行盛大的葬礼。顺治帝无视母以子贵的礼法，追封董鄂妃为皇后，大臣对皇上失去理性的行为表示强烈反对，但是顺治帝寻死觅活，行为更加疯狂。孝庄太后看到儿子这样也不得不让步，同意追封董鄂妃为皇后。董鄂妃去世之后的第三天，顺治帝下谕追封董鄂妃为皇后，加谥号"孝献庄和至德宣仁温惠端敬皇后"。字数越多，越表明皇后地位的高贵，如果没有出现'天''圣'二字，也就比有子嗣的皇后低了一等，顺治心里把董鄂妃当成自己的妻子，但是也不得不在这件事情上妥协。

　　不仅紫禁城里一片愁云惨淡，顺治帝下令全国都要为董鄂妃服丧，官员服丧一个月，百姓服丧三天。一时，所有的人都知道顺治对董鄂妃的宠爱有多么炽烈。他还下令让所有的皇亲国戚大臣的命妇都要到董鄂妃的陵墓前去哭陵，如果哭得没有感情，竟然要被治罪。真是皇帝喜爱的董鄂妃，要让所有的人都跟着喜欢她，这不是强人所难吗？这个疯狂的举动被太后竭力阻止。顺治帝对董鄂妃死后的墓葬想得很周到，他赐死三十余名宫女太监殉葬，理由是"在其他世界中缺乏服侍者"。他更是命令王公显贵给董鄂妃抬棺，顺治帝为了董鄂妃破过很多先例，现在又再一次开了清代皇族葬礼的先例。另外，顺治帝在景山专门建立为董鄂妃超度的法事道场，有百余名僧人为董鄂妃诵经。董鄂妃的梓官在景山火化时，还有大量奢华的陪葬品一起烧掉……

　　董鄂妃从入宫到离世，享尽了殊荣，无人能及。大清的礼制规定，平时皇帝批阅奏章用红笔，在国丧时期改用蓝笔，只要使用二十七天就足够了。但董鄂妃死后，顺治帝整整四个月都用蓝笔批阅奏折。

悲痛欲绝　欲斩红尘

　　董鄂妃的葬礼在没有举行完毕，顺治帝就因为伤心过度，精神达到了崩溃的边缘，动起了出家的念头。顺治帝仿佛一下子就看破了红尘，万念俱灰，只希望能够在禅学中寻求一丝慰藉。

　　顺治帝身为一国之君，肩负着治理国家的重任，因此他陷入了两难的境地。就在他十分纠结的时候，一位名叫茆溪行森的和尚来到了他的身边，并不断游说他，让这位皇上终于打定主意出家为僧。行森和尚还特地给他起了一个法号"行痴"，倒是十分符合顺治帝对董鄂妃的痴情。在顺治皇帝的授意下，行森为他剃了发。皇帝出家，这种事在正史上一般是不记载的，如果被别有用心的人知道，恐怕清朝的江山不保。朝野上下，对于皇帝的行为一片哗然。大臣们纷纷劝诫皇上，孝庄太后也非常不满，但是顺治帝心意坚决，谁的意见也听不下去。后来，行森的师父玉林琇大师出面劝诫皇上，他要挟皇上要烧死行森，顺治帝最终打消了出家的念头。虽然不能亲自出家，但是他安排自己最得宠的太监吴良辅代替自己在悯忠寺出家。这场皇帝要出家的风波才终于停止。

　　"哀莫大于心死"，顺治帝悲伤过度，又为董鄂妃主持了盛大的葬礼，身心俱疲，再加上出家的心愿没有实现导致他的身体不堪重负，最终病倒。不久之后，1661年正月初七，这位年轻的皇帝在养心殿休息的时候，在凌晨时分驾崩了。当时离董鄂妃去世才短短4个多月。顺治帝驾崩之后，有一位妃子殉葬，就是董鄂妃的妹妹，追封为贞妃。小董鄂氏也是不得已的，姐姐生前宠幸过甚，引起太后等众大臣、贵族的不满，为了保全自己的家族不受连累，为顺治帝殉葬来保护自己的家族繁荣。顺治帝死后，尸体按照满族的习俗火化。他的骨灰和董鄂妃的骨灰一起，一起葬在清东陵的孝陵。"生则同衾死同椁"，这个结局还不错，世人感叹这份旷世爱情。

　　因为顺治曾经有过出家的想法，长久以来，还有另外一种说法，就是顺治在五台山出家为僧，可是为什么选五台山而不是其他的地方呢？据说，顺治在五台山进香的时候，在山间云雾里忽然出现了董鄂妃的身影，他连忙追了过去，但是已经消失不见，为了还能再次看到爱妃，所以就在五台山留了下来。康熙皇帝到五台山进香，事实上是为了看望父亲。但是，这只是一个传说，也没有什么证据能够证明。但是，顺治毕竟非常年轻，即使身体因为劳累病倒，只要慢慢休养也能转好。所以，史学家们根据各种文献资料和考证，认为顺治突然死去的最大可能性是天花。在顺治年间担任中书舍人一职的张宸，他还为董鄂妃起草祭文，所以跟随皇上身边，他曾经记录过，皇帝重病，下了圣旨，不许百姓炒豆点灯、泼水，这么看来顺治肯定得了天花。

其实不管顺治出家，还是去世，他在董鄂妃死后，心也死去了，即使活着，留在世上的恐怕也是一具行尸走肉。如果他一直当着皇帝，许多年之后，从失去董鄂妃的阴影里走出来，宠幸其他妃嫔，尽力治理国家，恐怕这段凄美的爱情故事也不会像现在这样，让后人唏嘘不已了吧！

佳人已去　却遭冷遇

也许是因为董鄂妃在生前太过受宠，也许是因为董鄂妃间接地导致了大清朝皇上的离世，董鄂妃在顺治帝去世后一下子成为了众矢之的。虽然董鄂妃被顺治帝追封为了皇后，但是她却没有享受到和其他皇后一样的待遇。她的神牌被供奉在孝陵隆恩殿内而没有像其他皇后一样升祔奉先店，安置于太庙。而且董鄂妃还是清朝唯一一位没有追封谥号的皇后，忌辰祭祀礼仪也是按照皇贵妃的仪制进行。另外，董鄂妃的丧仪并没有被收入到《钦定大清会典事例》，也没有作为后世效法的成宪，除此之外，董鄂妃的家族也没有按照其他皇后例推恩晋封。由此可以看来，顺治帝去世后，清朝的后世统治者并没有把董鄂妃当成是大清朝的皇后，也就是说追加给董鄂妃的皇后身份并没有得到后辈人的承认。

当然，我们相信这些对于已经去世的董鄂妃并不是最重要的，对她

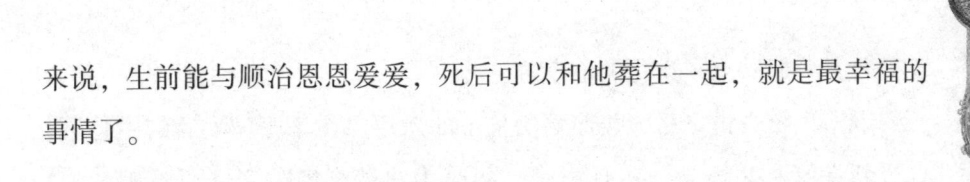

来说，生前能与顺治恩恩爱爱，死后可以和他葬在一起，就是最幸福的事情了。

痴情顺治　死亡成谜

不仅董鄂妃的身世是后人总在探究的谜团，顺治帝的去世也是一个千古谜团。

在很多版本里都认为顺治帝是患了天花而亡。天花对于今天的我们来说，根本不足为惧，但是对于当时的人来说，却是不治之症。如果能够在患天花之后活下来，无疑是上天的眷顾。通常情况下，一旦染上天花，就等于已经接到了死神送来的邀请函。在很多传闻中称董鄂妃因为儿子的过早夭折，每日郁郁寡欢，身体每况愈下，后来又不幸染上了天花。如果真是如此，顺治帝这个大情种，看到爱妃生病，一定会去床前照看，这样一来，顺治帝染上天花也就不足为奇了。

除此之外，还有一个更加直接的证据证明顺治帝是染天花而死。传闻顺治帝在病危的时候，由翰林院清孝陵掌院学士王熙代为起草《遗诏》。《王熙自定年谱》中对这件事也有记载：正月初二日，顺治帝突然卧病不起，病情十分危急。次日，王熙领命前往养心殿。初六日的晚上，顺治帝再次把王熙召入养心殿，并语重心长地对他说："朕得了天花，看样子是好不了了。你要认真听朕所说的每一句话，尽快地把诏书写出来。"王熙听完之后，就退至乾清门下西围屏内，按照顺治的意思来撰写《遗诏》，每下完一条就给顺治帝呈上一条。就这样，花了一天一夜的时间，三次呈给顺治帝阅览，三次被顺治帝钦定。到了初七晚上，才将《遗诏》撰写和修改完毕。当天晚上，顺治帝就撒手人寰了。

顺治帝在去世之前曾经要求佛家的葬礼来进行。顺治皇帝离世之后，遗体被火化。二月初二，顺治帝梓棺被移到了景山寿皇殿，在那里停了一百多天之后，在4月17日按照顺治帝死前遗愿，和尚茆溪行森为顺治帝的遗体秉炬火化。次年5月，顺治帝的骨灰由辅政大臣护送，和董鄂妃的骨灰一起葬入了遵化的清孝陵。

顺治皇帝去世之后，按照顺治皇帝的遗诏，在孝庄皇太后的主持下，立爱新觉罗·玄烨为下一任皇帝，年号为康熙，当时玄烨还不满8岁。由此，繁荣强大的康熙王朝来临了。

第四章 不争不抢地位高——孝恭仁皇后

皇妃档案

☆姓名：乌雅氏

☆民族：满族

☆出生日期：公元 1660 年

☆逝世日期：公元 1723 年 06 月 25 日

☆配偶：康熙帝

☆子女：雍正帝、皇六子胤祚、皇七女、皇九女固伦温宪公主、皇十二女、皇十四子胤禵。

☆寝殿：永和宫

☆陵墓：景陵

☆谥号：孝恭宣惠温肃定裕慈纯钦穆赞天承圣仁皇后

☆最为高兴的事：封为德妃

☆最伤心的事情：皇六子早夭

☆生平简历：

公元 1660 年出生。

公元 1673 年，入宫为宫女。

公元 1674 年，封乌常在。

公元 1679 年，生皇四子胤禛，即雍正帝。

公元 1680 年，册封为德嫔。

公元 1681 年，生皇六子胤祚。

公元 1682 年，册封为德妃。

公元 1683 年，生皇七女。

公元 1684 年生皇九女固伦温宪公主。

公元 1687 年皇十二女。

公元 1689 年生皇十四子恂郡王胤禵。

公元 1723 年，称仁寿皇太后，居住永和宫。

公元 1723 年 6 月 25 日，孝恭仁皇后崩，葬孝恭仁皇后于景陵。

人物简评

乌雅氏出身平凡，但是却为康熙皇帝生育三子三女，享受皇上的宠爱长达十年。她究竟有何魅力呢？从她的画像来看，她有一股雍容华贵的气质，貌似没有心计，但是在这后宫之中，又怎么能保护自己和孩子呢？她的一生看似平淡，没有多么尊贵的封号，但是得到皇上的敬重。

生平故事

卑微出身　气质超群

古人讲究门当户对，而乌雅氏与康熙的婚姻在当时看来实在谈不上门当户对。德妃在入宫的时候身份十分卑微，是个连秀女都不如的宫女。虽然她属于满洲正黄旗，是护军参领威武的女儿，不过祖父却曾经担任内务府的包衣，身份十分低微。这样的一个女子对于康熙这个千古一帝来说，身份确实低微了一些。

乌雅氏入宫一年之后，在宫里学了不少规矩，同时也干了不少端茶倒水的杂活。一日，康熙帝被国事所扰，心情十分烦躁，突然之间看到了容貌秀美的乌雅氏。这个女子在小小的年纪，就透着一股淡然柔和的气质，一下子像春风细雨一般，让康熙帝烦躁的心情平静了下来。

兴许见惯了宫里的达官权贵，乌雅氏见到皇上看自己时并没有惊慌失措，脸上依然保持着淡淡的笑意。康熙对后宫争奇斗艳的女人早已感到疲累，再加上国事繁忙的时候，更加不想应付。这个女人话不多，康熙感到非常舒服，所以康熙帝宠幸了她，封为常在，住在钟粹宫，在宫中也算是一个小主子的身份。

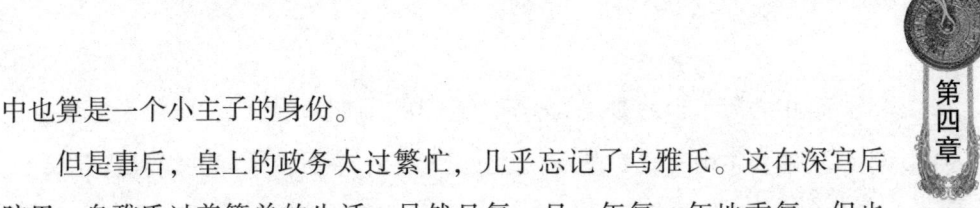

但是事后，皇上的政务太过繁忙，几乎忘记了乌雅氏。这在深宫后院里，乌雅氏过着简单的生活，虽然日复一日、年复一年地重复，但也没有听到她有什么抱怨，每日深居简出，在后宫里也不惹眼，也不参与妃嫔之间争风吃醋的竞争。

颇受宠爱　地位稳固

这样的生活差不多持续了两年的时间，康熙帝几乎遗忘了她的存在。后来皇上想起她时再次宠幸了她，这样也就有了四皇子——胤禛，便是后来的雍正帝。胤禛出生后，迁居永和宫。

给康熙帝生了皇子，一年之后，她被封为德嫔。皇上非常喜欢她，闲暇的时候便经常去她的宫中坐坐。她性格平和，恪守礼节，即使皇上对她非常好，也并不恃宠而骄。见到皇后和其他嫔妃时态度谦和，宽容大度。她也常常去给太皇太后请安，太皇太后也非常喜欢她。

宫里的日子，时光总是过得慢些，一年一年地重复。但是对于此时的德嫔而言，皇上非常喜欢她。公元1681年，四皇子出生两年之后，他们的第二个儿子，六皇子胤祚出生。康熙皇上心中十分欢喜。第二年之后，她被封为德妃，此时入宫已经有九年了，乌雅氏到了人生的第一个全盛时期，康熙对她宠爱有加，她又生有两个儿子，地位非常牢靠。

公元1683年，他们的第三个孩子皇七女出生了，但是这个孩子只活了短短的两个月，让德妃第一次蒙受丧女之痛的打击。康熙为了安慰她，经常抽时间来看她，陪她坐坐。德妃心里悲痛，倒也不好在康熙面前表露。她反过来安慰康熙，康熙更加觉得她贤惠有礼，对她愈加宠爱了。

每次康熙握着她的手安慰她将来还会有孩子时，德妃总是微微一笑，表示认同皇上。虽然她仍然伤心，但是皇上的安慰已让她宽心不已，皇上喜欢她温柔宁静的气质，和她呆在一起，仿佛远离一切烦恼，她从不向他提出要求，总是默默地注视皇上、支持皇上。

一年之后，也就是1684年，他们的第四个孩子，皇九女宪公主出生，这位公主由孝惠章皇后，也就是顺治的皇后，康熙的嫡母抚养长大，深得太后和康熙的喜爱。温宪公主从小受到很好的教育，而且她也聪明，围绕在祖母身边，给太后带去了很多欢乐。

她长大之后，太后和皇上自然不想她嫁到很远的地方，一直把她留在身边，舍不得她嫁出宫，直到18岁，康熙给她找了一个好婆家，就是康熙母家的佟家。佟家深受皇上的恩宠，所以在当时达到顶峰时期，有很多佟家的人在朝为官，所以被称为"佟半朝"。驸马是佟国维的嫡孙舜安颜。公主府就在北京城里，想要进宫看望太后和皇阿玛也是非常容易的。

康熙的其他公主就没有固伦温宪公主这么幸运了，其中有六个公主是政治联姻，她们远嫁到蒙古和西藏，恐怕这一生都没有机会再回到京城来了，她们的母亲没有德妃这么幸运，还能见到自己的女儿。温宪公主的婚事是太后和皇上从公主的幸福和荣耀出发，所以没有什么政治成分。

虽然温宪公主备受宠爱，但是造化弄人，两年之后皇太后要到热河行宫去避暑，就带上了这个刚出嫁不久的孙女。没想到事与愿违，温宪公主竟然在半路上中暑身亡。温宪公主去世时只有20岁，皇太后为此十分伤心，茶饭不思。

公元1687年，德妃又生了第五个孩子皇十二女。皇上仍然对她宠爱有加。公元1689年，十四皇子胤禵出生，这是德妃的第六个孩子，也是最后一个孩子。

母凭子贵，德妃生了六个孩子，长大成人的有三个，所以她的地位已经没有任何人可以动摇了。康熙二十年间对他最喜爱的四个妃子进行了册封：德妃乌雅氏、荣妃马佳氏、惠妃那拉氏、宜妃郭络罗氏，这几位嫔妃都生育了皇子，虽然康熙已经立下了太子，如果发生变故，她们的儿子都有资格成为皇上。除了德妃乌雅氏，其他三位妃子在入宫的时候都比乌雅氏的身份高，她们的家族都是满族里比较显赫的贵族。但是

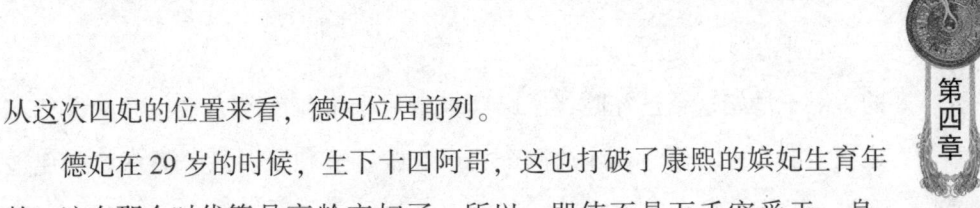

从这次四妃的位置来看，德妃位居前列。

德妃在29岁的时候，生下十四阿哥，这也打破了康熙的嫔妃生育年龄，这在那个时代算是高龄产妇了。所以，即使不是万千宠爱于一身，德妃在康熙的心里也有一定的位置。

就这样，一年年过去了，皇上又开始宠幸年轻的嫔妃了。德妃并没有觉得不妥，皇上还会过来和她说话。她很珍惜眼前的生活，没有太大的奢望。

皇后是后宫之主，处理一切后宫事宜。康熙先后立了三位皇后，但是在位的时间都不长，比较短暂。特别是佟佳氏，她比德妃进宫晚，但是一入宫，就被封为贵妃，不久之后病重，被封为皇后，但是封后的第二天就去世了。所以康熙的三位皇后在位时间都非常短暂，佟佳氏去世之后，康熙不再立后。后宫的嫔妃，其中有德妃协助处理后宫诸事，需要她做的她都做得井井有条，不授人以话柄。

她生育了六个子女，一直到康熙去世都没有被封贵妃，即使皇上对她特别宠爱，但是她的出身比不上没有子女的佟佳氏，一直停留在妃位。她也没有仗着皇子的面请求皇上赐予她贵妃以致皇后的称号，康熙皇帝对她很是敬重。

储位之争　扑朔迷离

乌雅氏在康熙身边平平淡淡地生活了三十多年，因为康熙早已设立太子，所以即使康熙儿子众多，朝野上下在表面上还是风平浪静的。

太子胤礽被废打破皇宫里平静的氛围。康熙帝对太子的不满由来已久，胤礽是已故皇后赫舍里氏的儿子，赫舍里氏生产的时候难产而死，康熙为了安抚她，在她死之前，立胤礽为太子，但是太子今年已经三十多岁了，他当太子的时间太长了，与康熙的积怨也越来越深。

既然废除了太子，那么众位皇子都有希望继承皇位，皇储之争拉开序幕。太子刚刚废除，皇上的情绪起伏不定，谁也摸不清皇上是怎么想的，对于德妃这个已经陪伴了康熙皇帝三十多年的女人来说，她也猜不透皇上的心思。但是，她的两个儿子，四皇子和十四皇子都不可避免地要卷入这场皇位争夺战中。

康熙皇上也不是一时半会儿能决定下来立谁为太子，但是皇子们私下里到处活动，寻求王公大臣的支持。后宫嫔妃们的日子也失去了往日的平静，德妃为她的两个儿子担心，令她吃不下饭，睡不好觉的事情接连发生。

康熙在废除太子的时候说过，不让皇子们争夺太子之位，否则受到严重惩罚。

皇长子胤褆并没有直接参与到夺储的战争中，相反他却成了八皇子的拥护者，并且暗地里指使喇嘛诅咒废太子胤礽，事败之后，被康熙囚禁。皇四子胤禛负责看押胤礽，后来也被涉及到这件事情后，被康熙关押，这让德妃担心不已。随后皇八子胤禩等得着急了，太子废除才二十多天，他就到处活动，引起康熙的反感。德妃又为小儿子胤禵担心，小儿子才二十几岁，平日里又和八皇子、九皇子交往密切，所以德妃担心他会受到皇八子的牵连。

后来皇四子、皇八子都因太子的事情而受到了牵连。十四皇子胤禵向皇帝求情担保八哥，康熙正在气头上，厉声斥责道："如果有一天，老八当上了太子，他会封你们做亲王么？"胤禵向皇上诅咒发誓，但是康熙此时已经气昏了头，盛怒之下，他竟然抽出佩刀，想要杀掉这个他最为喜爱的十四子胤禵，幸亏皇五子胤祺及时抱住康熙，胤禵才保住性命，众皇子都向皇上恳求原谅，保重身体。

康熙看到儿子为胤禵求情。也慢慢恢复了理性，但是他仍然要惩罚胤禵，所以就让众皇子鞭打胤禵……德妃看到儿子被鞭打，心里虽然很心疼，但是没有上前为儿子求情，这个时候求情反而会让皇上对自己疏远，会认为自己只是个一味护犊的愚昧额娘。她更多的是站在康熙的角度，皇上的心里肯定也非常苦闷，竟没有一个儿子知道他的心意，儿子们心里只有皇储之位，让他失望。他是位慈祥的好父亲，但是更是一位君主。君主才是最重要的，大清朝的前途才是最重要的。

现在的德妃只能祈求老天保佑。哎，她也不知道皇上心里是怎么想的，但是有一点，她可以确定，就是皇长子和皇八子都不会成为皇储。所以，他们越是争斗得厉害，皇上越是会厌恶他们。

立储是国家的根本，大臣们也为此事议论纷纷。不久之后，康熙在畅春园召集大臣举行会议，主要讨论立储事宜。皇上对大臣们说，除了皇长子之外，大臣们提出认为可以成为储君的最佳人选，并且抛出了这样的话"你们心中感觉谁最适合，那么朕就会立谁为太子"。大臣们一致推举皇八子为皇储，康熙大为震惊，脸色变得冷淡起来，大臣们也不知道皇上为什么突然不高兴了，看来天威难测呀。康熙让大臣们先下去，立储这件事还是慎重为好，毕竟关系到国之根本。在康熙看来，八皇子能够在这么短的时间内，笼络了这么多朝中大臣，绝对是有预谋的。

康熙的态度让众位皇子摸不清头脑，这次会议的目的，表面上看是为了立储，实际上是为了什么呢？德妃也在苦苦思索，对于康熙的心思她是摸不透的。自己孤孤零零在这深宫里面生活了30年，一直小心谨慎、明哲保身，可是要想在宫中平静地生活，是一件很遥远的事情。这一次太子事件，波及到的人众多，为了自己的两个儿子，德妃也无法袖手旁观。

接下来发生的事情，所有人都没有想到，康熙不仅将"众以谁属，朕即从之"的承诺抛诸脑后，反而怀疑大臣们受人操纵，才会一致推举老八为太子。

那么究竟谁是推举胤禩的幕后总指挥呢？康熙思来想去，认为他的舅舅，同时也是他的岳父佟国维的嫌疑最大。他认为佟国维不该和皇子结成一党，为将来把持朝政做打算，皇上不是还在吗？康熙对佟家的恩宠盛大，舅舅做出这样的事情实在让他寒心。康熙发怒了，多名朝廷重臣受到牵连，被革职。

这场宫廷风波持续了差不多两个月，德妃才明白康熙召开立储会议的真正目的是什么。

原来众皇子为争夺太子之位的斗争让康熙身心俱疲，如果再立一个新太子，对自己的统治是一个威胁，大臣们必然忠于太子。但是如果不立太子，反而会引起骨肉之间的残杀。为了复立胤礽为太子，康熙提到已经去世的祖母太皇太后，他经常梦到祖母，但是近日胤礽出事，在梦中，太皇太后的脸色不满，说胤礽只是被咒魇而丧失本性。康熙下谕，太子胤礽的疾病慢慢痊愈，是皇帝的福气，也是诸臣的福气。

看来胤礽重新恢复太子之位只是个时间问题，很快四皇子胤禛被证明是无辜的，没有参与咒魇皇太子，并且在胤礽被废黜囚禁的时候，对太子多加照顾，所以康熙认为这个儿子深明大义，在德妃面前把他好好表扬了一番。德妃心里总算松了一口气。

不久之后，胤礽恢复太子之位。这场太子废立风波总算结束了。

德妃的生活暂时恢复了平静，她已经40多岁了，容颜早已不复当年，后宫的女人真多呀，一连几个月，都看不到皇上的身影。

胤礽的废而复立，遏制了诸位皇子对皇位的觊觎，宫里的生活也恢复了平静，但是这段好时光没有持续多久，3年的时间过去了，也就是公元1712年，胤礽再次被废。胤礽的表现一直让康熙不满意，父亲是一位了不起的皇上，但是胤礽私下性格暴烈，在康熙面前则表现得非常软弱，康熙对他日渐失去耐心。但更主要的原因是，皇权高度发展，康熙不愿意将权力分离出去，即使是自己的儿子，他也不能容忍。

所以第二次废除太子之后，直到康熙去世，太子之位一直空着，长达10年之久。

纷争再起谁称雄

康熙过了花甲之后，德妃和众位大臣都已经意识到了康熙将不久于人世。此时的康熙已经非常瘦弱，步履维艰，心悸不安，右手颤抖得已经握不住笔了。大臣们呼吁皇上早些立太子，言外之意就是皇上去世之后，诸皇子争夺皇位，只怕会削弱大清的统治。康熙认为如果立了太子，

有相当多的大臣肯定会聚集在太子周围，形成一个能和皇权相抗衡的储权。那么，当太子的权力越来越大之际，会不会逼自己退位呢？可能性还是很大的。为了皇位，这些皇子们可是不顾骨肉亲情的。所以，康熙非常固执，一直不肯立太子。大臣们也猜不透皇上的心思，一时间，各个皇子都有希望，他们到处拉拢大臣，互相制约，正合康熙的心意。

生了儿子的妃嫔们也在生病的皇上跟前进言，为了大清的百年基业，还是早立太子比较好，接着就诉说儿子的好处。

康熙本来想好好休息的，现在这些妃嫔们让他不胜其烦。只有德妃并不提立太子的事情，让康熙倍感欣慰，皇上到德妃宫里走得倒也勤了些。众位妃嫔和德妃平日里关系尚好，此时也不禁猜测四皇子和十四皇子，哪位有可能成为未来的皇上。哎，不知道德妃在皇上面前为了她的儿子说了多少好话。实际上德妃真是太冤了，她可是什么都没说呀。虽然已经为皇上生育过六个孩子，但是德妃也从不在皇上面前居功，在这深宫里，自己享尽了荣华富贵，她已经满足了，虽然日子寂寞了点，但是也要看开才行。

虽然康熙的身体状况已经非常糟糕，但是他仍然认为民无二主，把朝廷大权牢牢地握在手中。储位之争越来越激烈了，皇子们已经等不及了，不再把希望寄托在康熙身上，而是扩大自己的势力，以便将来能在争夺皇位的时候占得优势。康熙也在迫不得已的时刻提防着"兴兵构难，逼朕逊位"的宫廷政变发生。

在这场异常激烈的皇位争夺战中，德妃已经感觉到了山雨欲来的气势。两个儿子倒也经常来宫里看望母亲，虽然四皇子不是自己养大的，和自己不亲，但是毕竟是德妃的第一个孩子。这两个儿子都身陷皇位的争斗中，可是皇位只有一个，德妃非常担心，只是劝诫他们顾念骨肉亲情。如果任何一方伤害了对方，身为母亲都不会原谅。儿子们虽然满口答应，但是德妃心里还是深深担心，知道对此她无能为力。

自从经历过太子废立事件之后，四皇子被封为雍亲王，皇上对他也很是器重。但是四皇子这人心思缜密，德妃身为他的母亲，也常常对他的行为出乎意料，但还是感觉到了他争夺皇位的决心，这是谁都无法动摇的。四皇子表面上不争，但是暗地里还是紧锣密鼓地准备着，他到处探听情况，拉拢大臣，以求一搏。

四皇子在很早之前，就摸清了皇上对诸位皇子的态度，像康熙这样一位具有雄才大略的父亲，如果过分表现自己，反而会引起康熙的怀疑。如果表现得太过平庸，只怕时间长了，父亲会忘记还有这个儿子。所以四皇子一直在皇上面前表现得既不让康熙忘了自己，但也不要太注意自己，引来猜忌。

对于众多的兄弟，他宽容大度，让能干的皇子们认为他没有与自己竞争的意思，从而不再注意到他。其他没有什么才能的皇子们都纷纷依附他，所以无形间，他的势力也慢慢强大起来。

枪打出头鸟，在第一次太子废立风波中最出风头的八皇子，此刻已经收敛，知道自己被父亲嫌弃，将争夺皇位的心思埋在心底，不再表露出来。他和九皇子一起支持十四皇子胤禵，对这个弟弟，他发自内心的称赞，认为胤禵才德兼备，有大贵之相。

胤禵文武双全，小的时候就深得康熙的喜爱。现在他的两位兄长又拥戴他，所以他也加入了争夺皇位的竞争之中。

现在两个儿子都加入了皇位的争夺之中，德妃简直备受煎熬，任何一方成功或失败，或者两人都失败，都是德妃不想看到的！对于德妃，她的儿子不管争与不争，都已经卷入到这场漩涡之中，根本不可能全身而退。想到这里，德妃的心思稍定，手里拿着念珠，为儿子祈福。

公元1718年，康熙任命十四皇子为抚远大将军，率军讨伐入侵西藏的准噶尔首领策妄阿拉布坦，这可是胤禵表现自己的绝佳机会。康熙在谕令中提出"十四阿哥既授为抚远大将军统兵前去，其纛用正黄旗之纛"，正黄旗是皇上的上三旗之一，康熙授予十四皇子使用"正黄旗之纛"，正是说明对抚远大将军的信任和肯定。

这个任命让大家不禁猜测，十四皇子可能会被立为太子。而且十四皇子到达西宁之后，有一个算命的瞎子认为他贵不可言，胤禵听了之后，也认为只要自己打败准噶尔首领策妄阿拉布坦，太子之位就是自己的。

但是面对皇上对胤禵的任命，德妃却完全高兴不起来，因为太子也不是好当的，属于高风险的职位，只要当上太子，就成为众矢之的。皇子们这么多，谁都不是好对付的，况且还有四皇子，自己的另外一个儿子，他肯定也不会眼睁睁地看着自己的弟弟登上皇位。

皇位只有一个，德妃时刻为两个儿子担心着，这日子真是不好过。问题的根源在康熙身上，他迟迟不肯立储，对众位皇子百般挑剔，仿佛对谁都不甚满意，没有人知道他的心思，所以太子之位悬而未决。

德妃的两个儿子都成为皇位竞争的中心人物，不管是谁，作为母亲，她肯定稳坐太后的宝座。但是她生性淡泊，即使是其他的皇子登基，也不会和她计较，因为她并没有帮助自己的儿子争夺皇位。这是她的性格使然。还有，康熙始终大权在握，正是因为德妃贤德，不理皇储之争，康熙才始终尊重她。

现在康熙只要在位一天，就要控制一切，即使知道在他临终前，躺在病榻前寂寞孤独，儿子守在身边，为了皇位，剑拔弩张，只要他一闭眼，肯定会发生惨剧。但是康熙帝拥有的也只有至高权力而已。

十四皇子平定西南之后，回到北京，本来以为将会被封太子之位。意想不到的是，皇上命令他坐镇西宁。一时间，朝廷上下议论纷纷，看来太子之位仍然扑朔迷离。德妃已经知道了皇上的心思，那就是直到死，大家才知道谁能继承皇位。康熙对儿子们的考验要到最后一刻，才能见分晓。

十四皇子在临走之前，向母亲辞行。德妃望着宠爱的小儿子，依依不舍，只是叮嘱他，皇上的心思变幻莫测，常常让人想不到，不要试图揣测，只要尽了臣子的力，保护好大清的江山即可，一切顺其自然。

立太子这件事告一段落，宫里恢复了平静，但是平静下面，依然暗潮涌动。四皇子本来也以为太子之位非十四弟莫属了，如果皇上明确立十四弟为太子，康熙驾崩之后，他名正言顺地登基，到时候也不能再把皇位争抢过来。现在的话，自己还是有机会的，这样一想，他心里很高兴。平时入宫，有时间的话，他向母亲德妃请安。德妃对这个儿子比较冷淡，虽然是自己生的，但是不在身边长大，感情自然不深。

尘埃落定　雍正即位

谁才是康熙心目中的最佳继承人呢？不仅德妃看不懂皇上的心思，所有的人都看不懂，索性随它去了，但是又有一个可能继承皇位的人引起了大家的注意。这就是康熙帝的孙子，四皇子的儿子弘历。这场皇位之争的队伍越来越壮大了。

弘历在公元1711年出生，是雍亲王的第四个儿子，母亲是王府的宫女，地位卑下。但是，他从小就聪明可爱，深得父亲的喜欢。

公元1722年，弘历12岁，第一次见到祖父康熙，康熙对这个孙子十分宠爱，因为他小小年纪，就表现出非凡的记忆力，读书过目不忘，康熙就让弘历在身边陪着自己。博得祖父如此垂爱，实在是不容易，因为康熙子嗣众多，几十个孙子，可见弘历拥有过人之处。

康熙还经常对德妃提弘历有多么的聪明，多么的让人喜欢，老年的康熙有了含饴弄孙的快乐。正是因为他对弘历的格外喜爱，使得弘历的一生发生了巨大变化。德妃心想，既然皇上很喜欢弘历，有可能要把皇位传给孙子，明朝的朱元璋就是一例，但是儿子还是夺了孙子的皇位。现在这么看来，实在让人疑惑，难道是要传位给胤禛吗？但是她又不敢问康熙的意图，这么多年来，皇上依然能够来宫中看望自己，恐怕也是因为自己容易满足，没有向皇上索求更多。

1722年11月13日，康熙帝忽感风寒，不久之后就在畅春园去世了。德妃一时悲从心来，感念起皇上的恩情，不由得感慨起来，自己与皇上已经是四十多年的老夫妻了，他这样去了，自己该如何是好啊！皇上驾崩之后，最棘手的问题就是谁来继承大统，这依然是个谜。随后，步军统领隆科多"护送雍亲王回朝哭迎，身守阙下，诸王非传令旨不得见"，第二天康熙帝的遗诏公布，"雍亲王皇四子胤禛人品贵重，深肖朕躬，必能克承大统，着继朕登极，即皇帝位"。

德妃仍然没有猜透康熙的意思，其他的人更不用说了。但是现在康熙已死，众大臣皇子也不知道皇上真的是立四皇子为皇帝的吗？众人议论纷纷，但是胤禛有隆科多的武力支持，谁不服，肯定性命不保。德妃虽然想过有一天自己有可能成为太后，但是这个太后之位并没有让她感到惊喜。

她以康熙帝未曾安葬为由，拒绝太后的称号，也拒绝移驾慈宁宫。宫里的女人，最高荣耀，莫过于母仪天下的太后了，从此以后皇帝都要听她的话，否则会冠上不孝的罪名。但是对于德妃而言，虽然贵为太后，却不能保护自己的另一个儿子，这是身为母亲的失职。

雍正把自己的亲弟弟胤禵软禁在汤山，胤禵的家人，平时与他来往较频繁的大臣也遭到逮捕。雍正帝向母亲请安，她对雍正生气，对他很是冷淡。

无情太后　憾然离世

公元1723年，只当了几个月太后的德妃，带着她对大儿子的不原谅离开了人世，享年64岁。对于德妃来说，两个儿子在她面前成功地演绎了"成者为王，败者寇"的历史规律，看到自己最心疼的小儿子成为了阶下囚，德妃伤透了心。在宫中这么多年，虽然享受着荣华富贵，但也时时提心吊胆。雍正即位之后，她强撑的身体顿时垮了下来。

德妃死后被雍正皇帝追封为孝恭仁皇后，随后被安葬在景陵。乾隆、嘉庆间又获加谥，全部谥号为：孝恭宣惠温肃定裕慈纯钦穆赞天承圣仁皇后。

母子情薄缘为何

说到雍正帝，也是一个可怜的皇帝，自己费尽心思夺来了皇位，最后却不能获得亲生母亲的认可。为什么乌雅氏对自己的亲生儿子如此无情呢？

四皇子胤禛出生之后，乌雅氏身份低微，根本不具备抚养皇子的资格，因此在四皇子出生不久，这个可怜的孩子就被抱到了孝懿仁皇后（佟佳氏）的宫里抚养。当时，佟佳氏虽然不是皇后，而是皇贵妃，不过已经是当时后宫中地位最高的妃子了。或许是为了给身份低微的胤禛母子找一个靠山，康熙帝才做了如此安排，但却没想到，这直接造成了四皇子与母亲关系的疏离。

佟佳氏是后宫中最高的掌权者，掌管着六宫事宜，可谓是康熙帝的贤内助，如此一来，她尊贵的身份也给给年幼的胤禛一些安全感和依属感。而对于亲生母亲德妃，因为从小就没有与她有过过多的接触，再加上皇宫生存的法则和大清朝的祖宗家法。年幼的胤禛根本不敢与她过于亲近。在屈指可数的与生母的几次接触中，胤禛有时会在无意间流露出对自己养母佟佳氏的崇拜和爱，这样他的生母德妃十分不自在。时间久了，母子二人的关系就越来越僵，心中的结也会越来越多了。

在大儿子身上没有展现的母爱，德妃全都给了自己的另一个儿子胤祯（也就是允禵，雍正登基之后，为了避讳而让他改名为允禵）。如此以来，从小就缺少母爱的胤禛的心里就更加不平衡了，他与母亲的关系越来越冷漠，就连与亲生弟弟的关系也紧张起来。

胤禛继位之后，德妃并没有为儿子的成功而欢呼喝彩，而是对儿子极度冷淡，甚至以不愿意移驾雍正专门为太后布置的宫殿来表达自己对雍正的不满。很多人都认为德妃如此对待四皇子难免有失公允。自己的儿子当了皇帝，自己非但不承认，还冷眼相待。更何况，胤禛在做皇子的时候，规规矩矩，也没有做过什么越礼犯上的举动，不应受到如此冷待。

雍正登基5个月之后，德妃便因病去世了。她去世之前，推辞受尊。而有些人则是把其看作是德妃不承认雍正这个皇帝，所以才不愿意接受尊号。

德妃拒绝尊号的行为让雍正帝十分为难。不过，在清朝的历史上，不受尊的太后，德妃并不是唯一。康熙皇帝在费尽心力平定三藩的叛乱之后，高兴之余，曾经想要给孝庄太皇太后加个徽号，可是当时却遭到的孝庄的拒绝。孝庄认为：享受尊号的应该是皇上才对，这样可以以此来得到大多臣民的期待。自己每日深居宫中，对外面的事情从来不过问，如果接受了尊号会心中不安。孝庄拒绝尊号，是因为不承认康熙这个皇帝，当然不是。因此德妃不接受尊号，可能与她淡泊名利的性情有关。德妃一生不争不抢，安安稳稳的过了一辈子，因此尊号对于她来说并没有太大的意义。

孙子乾隆　宽慰祖母

虽然雍正即位兄弟相残让德妃伤透了心，但是雍正儿子弘历的作为，却让他的祖母孝恭仁皇后在九泉之下甚是欣慰。

乾隆自幼就因聪明伶俐备受康熙喜爱，还因此成为了比他父皇更早被康熙帝指定的皇位继承人的人选。雍正即位之后，手段极为专制，刑罚十分苛刻。因此青年时代的乾隆基本上是在这种严肃的政治气氛中度过的，雍正严苛的统治也给他留下了深刻的烙印。

虽然乾隆在父亲严苛的统治影响下长大成人，但是他并不认同父亲的统治方式。乾隆在藩邸居住的时曾经写过一篇《宽则得众论》的文章，在这篇文章中，乾隆透露了自己的心迹，他认为当政者应当宽以待人，这样才会让人因为感受到自己对他的恩情而心悦诚服。简单来说，就是为政宽大，才能得到民众的支持。乾隆在撰写这篇文章的时候并不是泛泛而论，而是有理有据，列举了历史上诸多帝王的案例进行说明。

乾隆登基之后，就开始着手改变用雍正时期各种严酷的政策。让人意想不到的是乾隆的第一个举措就把目标定在了自己的父皇雍正帝身上。像其他皇帝一样，雍正帝到了晚年也对长生不老丹有着执着的热情，因此他对佛教和道教都产生了浓厚的兴趣，经常会把一些和尚、道士召进宫来。这些经常被召进宫的道士与和尚中，以炼丹的王定乾、张太虚和干预朝政的文觉禅师最为突出。文觉禅师虽然是个和尚，但是却并不清心寡欲，对权势很有欲望，经常会在政治上为雍正出谋划策，并与多起清王朝的大案有关。乾隆怎么能够容忍一个和尚干预朝政呢？因此乾隆刚刚执政没到两天，就把这些妖言惑众、干预朝政和尚和道士驱逐出了宫门。同时还把雍正赐予这些人的东西全都没收，让他们净身出宫。为了给文觉禅师一个教训，乾隆想到了一个很好的惩罚方法，那就是让这个和尚自己徒步走回老家去。这还不够，乾隆还命令当地的官员，让他们对文觉禅师严加管束。

在乾隆即位后的第五天，在诸位王公大臣面前发表了自己的"就职演讲"，这篇就职演讲讲得有理有据，让人心生佩服，其中的中心思想就是治理天下要宽严相济，要纠正用雍正时期遗留下的一些弊端。即位没多久，乾隆就开始着手解救那些因为与自己的父皇争夺皇位而深陷牢笼，或者与康熙关系不怎么融洽的伯伯叔叔们了。这些人主要包括：胤禩、胤禟、胤䄉和诚亲王胤祉。

可能是因为自幼就缺少母爱，雍正对自己的兄弟着实也没什么感情。因此在雍正即位之后，他对那些曾经的竞争者，开始进行监视和控制，就连自己的同父同母的亲兄弟也不放过。当时十四皇子胤禵本来在西宁指挥战事，雍正即位之后，无故将其职务解除，随后将其调回北京软禁起来。公元1724年，也就是雍正登基的第二年，胤禵又被发配到康熙陵寝囚禁起来。公元1726年春，宫中的人在宫墙外发现了一个纸条，上面居然写着胤禵应该为帝，应该立胤禵的母亲为太后。雍正看到纸条上的内容后，勃然大怒，责令属下调查此事，发现纸条是一个叫蔡怀玺的人所写。随后，为了把所有可能发生的叛乱扼杀在摇篮里，雍正又把胤禵迁到紫禁城内的景山仁寿殿进行囚禁。对于胤禟，雍正将其发配到西宁后也进行了监禁。

看到皇兄把自己监禁起来，为了能够获得外面的信息，胤禟自己想了一个好法子，那就是发奋图强向同样被流放到西宁的传教士穆敬远学习外语。这样一来，他就可以同在北京看管家产的儿子弘旸随时保持联系了。在储位竞争中最早被淘汰的八皇子胤禩也曾多次遭到雍正的斥责。

公元1726年，可以说是康熙的诸位皇子的多灾之年。在这一年，雍正对自己的兄弟们进行了迫害。雍正命令手下将已经身披枷锁的胤禟押到保定监禁，而胤禩则被押到宗人府幽禁起来。与此同时，还将两人从宗室中除名，强迫二人使用带有侮辱性的名字。比如胤禩的名字改为"阿其那"，胤禟的名字则改为"塞黑思"，连个名字都有猪狗不如的意思。同年8月24日，胤禟死于保定监狱，没过几日，也就是9月5日，胤禩在宗人府的幽禁处去世。这场皇位之争，涉及面很广，就连雍正第三子弘时也涉及其中。据说，弘时因为对雍正骨肉相残十分不满，向自己的父亲提出了不同意见，没想到却召来了杀身之祸，被自己的亲生父亲处死。

如果说其他皇子因为与雍正争夺皇位而遭到了雍正的报复，那么雍正对胤祉的处理就着实有些冤枉了。胤祉比雍正大一岁，根本就不会对雍正的执政造成任何威胁。虽然他曾经与废太子胤礽的关系十分密切，但是胤礽从第二次被废之后就在政治上没有什么大作为了。虽然胤祉在公元1709年被封为了诚亲王，但这位皇子却是一个知足的书呆子，丝毫没有政治细胞，对编书有着极大的热情。按理说，这样一个淡泊名利的皇子应该会逃离皇位之争才是。但是无奈，雍正已经被权力之争的阴云蒙蔽了双眼，变得疑神疑鬼起来，因此对不党附自己的胤祉也多加敌视。由于雍正一直找不到胤祉的把柄，所以也不好处理他。但是在公元1728年，胤祉的儿子弘晟因为被卷入了一起贪污案而被逮入宗人府囚禁。为此，胤祉被降为了郡王。虽然在公元1730年雍正恢复了胤祥亲王爵位，但是没过三个月，胤祉又因为对怡亲王胤祥之死没有流露出哀悼之情，而被革爵，并将其拘禁在景山永安亭。两年后，胤祉去世。

公元1735年10月8日，执掌政权的乾隆准备站出来要主持公道。对于是否应该把胤禩、胤禟子孙从宗谱中除名，他在上谕中，说："当初办理此事，乃诸王大臣再三固请，实非我皇考本意。其作如何办理之处，著诸王大臣、满汉大臣、翰詹科道各抒己见，确议具奏。"这意思就是说，当年处理胤禵、胤禟是诸王大臣的意思，并不是先皇的本意，因此如何处理这件事，就要让各位大臣们商量一下奏上来了。皇上已经说得如此明显了，大臣们再不明白就真的是有点傻了。因此大臣们很快就纷纷上奏称应该授予胤禵、胤禟子孙红带子，并把他们的姓名收入到玉牒之中。虽然身为康熙后代的胤禵支系与胤禟支系，没有得到作为宗室成员标志的黄带子，但是能够得到爱新觉罗子弟身份的红带子，他们已经心满意足了。

公元 1736 年 10 月 24 日，乾隆将被雍正监禁多年的胤祐和胤䄉释放。到了公元 1737 年 12 月 17 日，一直被人忽视的胤祉，也被恢复了郡王爵位，并赐谥"隐"。

到了公元 1778 年，乾隆帝又下令恢复了胤禩、胤禟的原名。可以说乾隆帝的上位将雍正对其他皇子的迫害痕迹全部清除，恢复了大清朝皇室以往的平静。如果德妃在天之灵看到自己的孙子如此处理此事，一定甚是欣慰。

第五章 历史上甄嬛的原型——孝圣宪皇后

皇妃档案

☆姓名：钮祜禄氏

☆民族：满族

☆出生日期：公元1693年1月1日

☆逝世日期：公元1777年3月2日

☆配偶：雍正帝

☆子女：乾隆帝

☆寝殿：景仁宫、慈宁宫

☆陵墓：泰东陵

☆谥号：孝圣崇庆慈宣康惠敦和裕寿纯禧恭懿安祺宁豫宪皇后

☆最为高兴的事：生下弘历

☆最伤心的事情：自幼就入侍雍王府

☆生平简历：

公元1704年，13岁进入雍王府，名号为格格。

公元1711年8月13日，生下乾隆帝弘历。

公元1722年，册封为熹妃，入居景仁宫

公元1730年，被晋封为熹贵妃

公元1735年9月，弘历即位，尊封为崇庆皇太后，移居慈宁宫。

公元1777年崩于慈宁宫，享年86岁。

人物简评

一个《后宫甄嬛传》让人们开始追寻甄嬛的原型，历史上到底是否存在这样一个奇女子。她是谁，她又为何能在众多的后宫佳丽中脱颖而出？经过史学家的研究，雍正的熹贵妃钮祜禄氏被认为就是甄嬛的原型。这个才华并不出众，相貌也非惊人的女子，在清朝的历史上书写了一个属于自己的传奇。

生平故事

显赫家世　让人惊叹

公元1691年，四品典仪凌柱家迎来了一个命中带福的千金，这可乐坏了凌柱一家。虽然凌柱的官职不高，但是钮祜禄氏家族在清王朝的地位却十分显赫，是当时清王朝的顶梁柱，名副其实皇亲国戚。

如果在清王朝要列举几个大家族的话，钮祜禄氏家族一定入选。钮祜禄在满语中是"狼"的意思，而"狼"还是满族先祖女真的图腾之一。可能这个家族血液中就有着一种野性的气质，所以把钮祜禄作为了自己的姓氏。

为什么钮祜禄氏家族能够成为大清朝的一个大家族呢？这就要从钮祜禄氏的曾祖父额亦都说起了。额亦都从小就跟随努尔哈赤征战天下，努尔哈赤建立八旗制度之后，额亦都一族被划为了由皇上直接统领的满洲镶黄旗。在清朝建立初期，额亦都更是战功赫赫，多次参加讨伐尼堪外兰，攻取色克济等城，取巴尔达城等重大战役。先后被授予了一等大

87

臣、总兵官等职位。

额亦都的第八个儿子图尔格是清太宗八大臣之一,也曾担任都统、内大臣。他一生中共与明军交战39次,都大获全胜。顺治时期曾经被晋升为三等公,死后谥"忠义",配享太庙。在清朝中,非皇族而有资格配享太庙的人只有12个人,可谓是寥若晨星,而钮祜禄氏家族就有两个人,可见这个家族在清朝朝廷中的显赫地位。在大清皇帝的后宫之中,钮祜禄氏也不甘示弱,输送了大批有才华有胆识的后妃来服侍皇上,顺道占据后宫重要的位置。根据不完全统计,整个清朝,钮祜禄家族一共出了五位皇后、一位皇贵妃、两位贵妃、四位妃(妃以下没有统计)。在大清朝入关后的十位皇帝中,其中有两位是钮祜禄氏所生。在摄六宫事务的三位皇贵妃中,钮祜禄氏就占了两席。在十一位皇太后中,钮祜禄氏占了三位。钮祜禄氏的庞大势力可见一斑。

除了为皇上输送大批有才有貌有胆识的后妃之外,钮祜禄氏还为皇家提供了大批的人才。其中最著名的应该就要属额亦都的第十六个儿子遏必隆了。遏必隆与康熙王朝的鳌拜、苏克萨哈、索尼一起被列为四大辅臣,虽然这个钮祜禄氏的后裔没有继承父亲骁勇善战的本事,也没有独当一面的勇气,但是他的官运很长,在其他三位辅臣死后,他就顺理成章地成为了百官之首了。

虽然钮祜禄家族的历史如此辉煌,但是发展到凌柱时已经没有了祖辈的显赫地位。因此钮祜禄氏当时只能以秀女的身份被指婚给当时的四皇子胤禛。

钮祜禄氏刚刚嫁给胤禛的时候,地位并不高,位分甚至在汉军旗侧福晋年氏(敦肃皇贵妃)、李氏(齐妃)和耿氏(纯悫皇贵妃)之下。不过自幼就接受很好的家族教育的钮祜禄氏明白如果过于争宠反而会遭到丈夫的嫌弃,因此她对自己的位分较低并没有丝毫抱怨,在平日里为人贤惠有加,又踏实能干,很快就成为了胤禛的贤内助。据说,有一次,胤禛感染上了当时的一种传染病,病情十分危急,多次差点丧命。钮祜禄氏不顾自己可能被传染的危险,每日守在丈夫的病床前,悉心照料。

钮祜禄氏的关心让病床上的胤禛十分感动，康复之后，对她更加宠爱。

生伶俐子　获康熙赞

公元1711年8月13日子时，雍亲王府沉浸在一片喜气洋洋的氛围中，在这一天钮祜禄是为胤禛生下了一个儿子弘历，也就是后来的乾隆帝。这一天对于钮祜禄氏来说是划时代的一天，从此她的人生不再平淡无奇。

虽然古代讲究母凭子贵，但是如果这个儿子不争气，这个母亲也没什么"贵"可以享受，不过弘历可没有辜负钮祜禄氏的厚望。弘历自幼就伶俐非凡，因此也深受父亲以及皇祖父的喜爱。也许是因为太过喜爱这个皇孙了，康熙帝在弘历12岁那年就将其收养在宫中，由自己亲自培养教导。

公元1722年4月13日，康熙帝举办了他人生中最后一次木兰秋狝，为了让孙子也长长见识，就把当时只有12岁的弘历带去了。据说当时康熙帝开枪把一只黑熊打倒在地，为了测试一下这个备受自己宠爱的小皇孙的胆量，康熙帝就让弘历上前再射一枪。没想到那只黑熊并没有被射死，弘历刚到跟前，黑熊就猛扑了上来。小小年纪的弘历面对危险，并没有流露出一般孩子的惊慌失措，反而淡定地与黑熊进行周旋。康熙帝担心孙子被黑熊所伤，就又开一枪把黑熊给射死了。经过这件事之后，康熙帝对这个孙子更加宠爱，认为他以后必成大器。

同年7月20日，雍亲王恭请康熙帝到自己的住处狮子园进宴。康熙帝亲自带着弘历赶去赴宴。本来钮祜禄氏因为身份地位不能在御前伺候，没有前来。但是在这次宴会上，康熙帝主动要求要见一见弘历的生母。很快，钮祜禄氏就被带到了康熙帝的面前，并拜见了康熙帝。康熙帝看到钮祜禄氏之后，连声称赞说她："有福之人。"为什么当时康熙帝要召见弘历的生母呢？这个已经无法得知。不过在72年之后，也就是公元1794年，乾隆帝再次重游狮子园的时候，已经84岁高龄的乾隆帝，突然回忆起了这件事，并在感慨之余，作了一首名为《游狮子园》的七律诗道出了其中的原委。乾隆帝在这首诗的注释中，曾经披露了康熙帝当时召见其生母的用意，他说："即今仰窥皇祖恩意，似已知予异日可以付托，因欲预观圣母福相也。"

另眼相看　待遇从优

钮祜禄氏生了一个聪明伶俐的皇子，而这个皇子更是受到康熙帝超乎寻常的宠爱，并且自己也被康熙帝夸奖为"有福之人"，其身价可想而知。因为康熙帝的夸奖，钮祜禄氏开始被自己的丈夫另眼相看。

公元1723年2月14日，对于钮祜禄氏来说是个大喜的日子，因为就在这一天，自己被刚刚登上皇位的丈夫封为了熹妃，与原来的潜邸侧福晋李氏同居妃位，而在潜邸时与钮祜禄氏同为格格（地位低下的侍妾）的宋氏、耿氏则仅仅被册封为嫔。虽然耿氏也为雍正生下了皇子，而且只比钮祜禄氏晚了3个半月，但是钮祜禄氏的地位却要比耿氏高了一级，由此看到雍正帝对待钮祜禄氏宠爱有加。

钮祜禄氏刚刚被册封为熹妃才半年，另一个让她意想不到的惊喜正在悄悄进行着，那就是雍正帝秘密写下了皇储，把弘历定为皇位的继承人，将诏书放在了乾清宫"正大光明"匾额的后面。公元1730年4月，熹妃被晋封为熹贵妃。这无疑是对钮祜禄氏的一个肯定，因为自从公元1725年11月月23日敦肃皇贵妃年氏去世之后，宫中不仅没有皇贵妃，也没有贵妃。钮祜禄氏这次被晋升为贵妃之后，也就意味着她将成为后宫地位仅次于皇后的第二号人物。公元1731年9月29日孝敬宪皇后去世，雍正帝从此再也没有设立皇后，也没有册封皇贵妃。熹贵妃钮祜禄氏就此成为了后宫中地位最高的人，负责主持后宫事务，一直到雍正帝去世。而熹贵妃能够拥有这样的地位无疑是沾了儿子的光。

遍游天下　携母同行

公元1735年8月23日，雍正帝驾崩。这个曾经在后宫中地位最高的女人，如今又被尊为皇太后，徽号崇庆皇太后，移居慈宁宫。同年12月，熹贵妃钮祜禄氏就被尊为了皇太后，开始了她长达42年的皇太后的幸福生活。

乾隆帝与自己母亲的关系十分亲密，可谓是母慈子孝，成为了历史上的典范。不得不说，钮祜禄氏真是一位有福之人，她的儿子乾隆皇帝从25岁继承皇位之后，一直对母亲孝顺有加，让这位老太后能在生前享尽了清福。因为孝圣宪皇太后天性慈善，曾经多次劝乾隆减刑罢兵，免让苍生遭到屠戮。对于太后这种劝告，乾隆这个孝顺儿子每次都点头答应。由于崇庆皇太后喜欢居住在畅春园。皇上入冬之后，没几日就会前去请安，以尽皇子的职责。

要说乾隆皇帝的孝顺就一定要讲一下乾隆皇帝出游必带母亲同行这件事。乾隆帝酷爱"旅游"是众所周知的事情，这位皇帝是清朝皇帝中，巡游次数和地点最多的皇帝。也许是想让自己的母亲也能见识一下祖国的大好河山，孝顺的乾隆帝每次游历各地的时候，一定会带上自己的母亲，并在身边侍奉。

根据史料记载，乾隆帝的一生共南巡过六次，其中前四次是带着太后同行的。而后面两次之所以没有带皇太后同行，那是因为皇太后已经去世了。乾隆皇帝曾经六次巡游五台山，前三次都是带着皇太后同行，而后三次则是在皇太后去世之后才举行的。乾隆皇帝还曾经进行五次东巡，其中前四次都是在皇太后在世时共同前往的。乾隆帝一生仅巡游过嵩洛一次，而这一次也是带着皇太后同游的。

对于清朝皇室十分熟悉的避暑山庄来说，乾隆帝一生去过四十八次，前面二十九次是皇太后健在的时候一起前往的。

当然乾隆帝并不是去哪儿都要带上自己的母亲，比如乾隆帝在拜皇陵这件事上，并不怎么希望能够带上老太太前往。乾隆帝在位时曾经拜谒东陵、西陵六十五次。前面五十次都是在太后在世时前往的，但是其中只有十次，乾隆带上了皇太后。这是为什么呢？原来在古代谒拜皇陵是一件苦差事。因为主要的交通工具只有马车，往返要十天左右，活动十分紧张，再加上拜谒皇陵心情会很低落，所以乾隆帝并不想让母亲遭这样的罪。

由此我们也可以看出乾隆帝确实是孝顺有加，崇庆皇太后也确实享尽了人间的清福，成为了大清朝历史上巡游次数最多、时间最长、范围最广的皇太后。

诞辰祝贺　享尽齐人之福

除了带自己的母亲到各地去游览之外，乾隆帝还给自己的母亲庆祝了几次大寿。形式之隆重，规模之庞大，让人惊叹。

每年的11月25日是崇庆皇太后的诞辰。在这一天，大清朝全国上下都被包围在一种喜气洋洋氛围中。每年这天，乾隆帝就会派遣官员到太庙后殿去祭祀，自己则跑去寿康宫却给母亲贺寿。议政王大臣在慈宁门，其他诸官在午门为皇太后行礼贺寿。乾隆帝则选择地点为皇太后摆宴祝寿。如果遇到过整寿，规模则会更加隆重。

其实乾隆帝也经常遇到了统治上的麻烦，如在乾隆登基之初就有弘晳要阴谋造反篡位的变故，后来又发生了多起战事。但是，身为大孝子的乾隆并没有因为这些事而降低了对钮祜禄氏的生日的庆贺活动，而且一次比一次隆重。

就拿公元1751年11月25日，崇庆皇太后举办60大寿的庆典来说，当时为了能够让祝寿有一个更加宽敞的场合，乾隆帝命人提前把寿康宫后面原来明代的咸安宫旧址改建成了寿安宫（今故宫图书馆）。

乾隆的孝顺经常体现在细微之处，当年皇太后由于对畅春园很喜欢，常年居住在这里，而畅春园却与庆典举办地紫禁城有一段距离。那么皇

太后要如何打发从畅春园到紫禁城途中的这段时光呢？乾隆这个皇帝可是为自己母亲的寿辰花尽了心思。为了能够让皇太后在回宫的途中也能看到举国同庆的喜庆场面，乾隆帝还下令对沿途的街道进行改造。于是，每年皇太后从畅春园回宫，沿途到处都能看到张灯结彩、普天同庆的场面。

当沿途景观都搭建完毕之后，11月20日，乾隆帝亲自把皇太后从畅春园迎回了宫。皇太后一行乘冰床从长河来到了高梁桥，到了高梁桥改为了28人抬的金辇。乾隆帝身着龙袍，骑马走在前面，王公大臣身穿蟒袍补服，满汉命妇身穿彩衣，在沿途每个祝寿的彩棚前夹道跪迎。还有很多老民、老妇以及年老退休的大臣从直隶、湖广赶来为皇太后祝寿，也跪迎在道路的两旁，瞻仰皇太后的慈颜。当天，皇太后会居住在寿康宫。

这次寿典乾隆帝十分重视，还在11月20日下令给皇太后加上了徽号，派遣官员祭天、地、太庙、大社、大稷。21日，乾隆帝在中和殿干完自己的本职工作之后，又亲自来到慈宁宫向皇太后恭献奏书。22日，正式举行上徽号礼，在古代徽号对于皇上和妃子来说十分重要，因此上徽号礼也十分隆重。上徽号礼之后，皇太后原有的徽号前又增加了"裕寿"二字，由此徽号变为了"崇庆慈宣康惠敦和裕寿皇太后"。

除此之外，每年皇上送给皇太后的贺礼都让人艳羡，皇太后的礼物清单通常包括：银一万两、上等缎纱等63匹、官用缎纱等37匹、大号珍珠300串、小珍珠300串、大号小珊瑚珠300串、小珊瑚珠300串。由于这次是60大寿，所以从20日到25日一连五天，每天皇上都要向皇太后恭进寿礼。

大寿摆宴席是再普通不过的事情，不过皇太后这次的寿宴可摆得一点都不普通，因为太后的这次寿宴足足摆了九天。每天乾隆帝都会带着宫中的后妃、皇子、皇孙来与太后一起用膳，除此之外还会请戏班子来到宫中为皇太后表演，博她老人家一笑。

虽然乾隆帝脑子里并没装多少文学细胞，但是这并不会影响他用作诗来表达自己对母亲养育之情的感谢。乾隆爷是历史上有名的长寿皇帝，钮钴禄氏也是历史上有名的长寿太后，但是即便乾隆帝年事已高的时候，依然对母亲毕恭毕敬地执孝子礼，搀来扶去。例如在公元1777年正月初八的时候，这位已经67岁老人，还是毕恭毕敬地在85岁的老母身边侍奉，陪同她观赏彩灯，并在期间诗兴大发写下了一首诗"家宴观灯例节前，清晖阁里列长筵。申祺介寿那崇信，宝炬瑶檠总斗妍。五世曾元胥绕侍，高年母子益相怜。扶掖软榻平升座，步履虽康养合然。"由此我们不难看出，即便乾隆不是皇帝，也将会是一位孝子。

乾隆帝除了平日里在钮祜禄氏身边侍奉多尽孝道之外，还经常会为母亲向天祈福。北京城外的万寿山上的"清漪园"就是乾隆帝为了给母亲祈福而在山上搭建的。除此之外，他还把万寿山改名为了翁山，在山前搭建了为太后祈福的"大报恩延寿寺"。

"清漪园"，也就是如今的"颐和园"。现在看来，这座世界级园林的兴建，只是乾隆皇帝为母亲祈福所用的一件寿礼而已。不过现在看来，这样的祈福还是很有效的，因为钮祜禄氏在余下的三十多年中，同样享尽了天下的荣华富贵。

钮祜禄氏能如此有福气，与她本身的性格是分不开的。她并不喜欢玩弄政权，甚至不允许自己的亲弟弟违规入宫。她对宫中的事物不爱操心，对一些宫内的纷争根本不予理睬，顶多闲来无事颁两道懿旨，晋升一下自己比较喜欢的儿媳妇罢了。不过事实证明这个老太太的眼光还是不错的，乾隆的第二任皇后那拉氏以及史上著名的香妃都是她给提拔上去的。

或许这位有福的太后真的给大清朝带去了福气，钮祜禄氏的一生正是康乾盛世的鼎盛时期。这位有福的太后，一生不仅享尽了荣华富贵，更亲眼看到了自己的玄孙。

隆重的身后事

即便命中福气再大，也逃避不了死神的召唤。公元1777年正月初八，乾隆帝像往常一样去给太后请安，随后又陪太后逛了一下圆明园。第二天，乾隆帝陪着自己的老母亲一起进膳，宫中的妃嫔以及皇子、皇孙们也在一旁陪侍。进完膳之后，乾隆帝又陪着老母亲观看了节日的灯火，五代同堂，其乐融融。这一年，钮祜禄氏已经有86岁高龄，而乾隆帝也已经67岁了。看到母亲如此健康，身为儿子的乾隆也显得格外高兴。他计划着到了皇太后90岁大寿的时候，一定要好好庆祝一番。

没想到计划赶不上变化快，正月十四日，皇太后忽感不适，乾隆帝闻讯赶紧前往太后居住的长春馆探望，当晚还因为不放心陪同皇太后在同乐园进了晚膳。当时皇太后的病情并不严重，经过太医的诊治之后，病情大为好转，也让乾隆放下心来。可是还没过几天，病情就出现了反复，并以迅雷不及掩耳之势迅速恶化。皇太后不想让皇上知道自己病情加重的消息，怕引起皇上烦心，影响处理政事，所以每当皇上前去问安的时候，就故意装作很健康的样子，与皇上谈笑风生。到正月二十二日这天，皇太后的病情变得异常严重，乾隆帝不得不每天两次看望母亲。在这天夜里，皇太后进入了弥留状态，乾隆帝一直在旁守候。到了二十三日子刻，皇太后挥别人世，终年86岁。

皇太后的离世，让已经67岁的乾隆帝伤心欲绝，当时就把帽缨摘了下来，穿上了素服。

他还派人把皇太后的遗体放置在黄舆内，连夜护送回到了皇宫。乾隆帝提前快马加鞭赶回了皇宫，在寿康宫东配殿恭候。辰刻，盛放皇太后遗体的黄舆来到慈宁宫外，乾隆帝把发辫剪断，身着素服在门外跪迎，亲自扶黄舆入慈宁宫，安奉在正殿里。亲王以下，有顶带官员以上；公主、福晋以下，侍卫、佐领等妻以上，并内务府佐领、拜唐阿等臣工命妇都齐集举哀。乾隆帝从中夜到中暮，一直"水浆不御"，群臣皆跪求皇上节哀。乾隆帝哀痛不已，"左右皆感泣，莫忍仰视"。

从母亲去世的悲痛中缓过来的乾隆帝决定要为皇太后举办隆重的丧礼，他命皇四子永珹，皇六子永瑢以及庄亲王永瑺、协办大学士、户部尚书英廉，礼部尚书永贵，署理吏部尚书迈拉逊，户部右侍郎金简作为恭理丧仪的王公大臣。

乾隆帝认为按照惯例来为皇太后办丧礼，不足以表达自己对母亲的深厚感情，自己应该再为母亲做些什么，来缓解自己失去母亲的悲痛。于是乾隆就根据皇太后生前信仰佛教的习惯，命令把皇太后生前曾经居住过的圆明园的长春仙馆的正殿以及偏殿都改成佛堂，把畅春园中的佛座移往供奉，并添置了佛像。除此之外，乾隆帝还效仿了康熙帝为孝庄文皇后在南苑建永慕寺的做法，把畅春园中的悟正庵改建成了恩慕寺，内供药师佛，以此来为皇太后"恭荐慈福，少抒哀慕之忱"。到现在为止，北京大学西门外对过的畅春园遗址还保存着一座恩慕寺的大门楼，匾上题写着："敬建恩慕寺"5个大字。

公元1771年皇太后80大寿的时候，乾隆帝曾经下令普免天下钱粮一次，并准备到了皇太后90大寿的时候再普免一次。没想到皇太后在86岁时就去世了。为了能够让全国人民"共被慈恩，永申哀慕"，乾隆帝决定在公元1778年再次普免天下钱粮一次。

为了能够纪念皇太后，乾隆帝派人到造办处铸造了一座金塔。金塔做工十分精美，造型典雅，在塔内还有一个长方形的金匣，里面存放着皇太后生前掉下的头发，所以被称为金发塔。在铸造这座金发塔的时候，消耗了3000多两黄金，铸成之后塔有215市斤重。这座金发塔现在收藏在故宫博物院中，是现有最高、最重的金发塔。

在皇太后驾崩的第二天，乾隆帝就下旨，对皇太后的谥号与群臣进行商讨。清朝皇后的谥号，通常是使用"孝"字开头，第二个字最为关键，是对亡者一生的总结和评价。乾隆帝把最关键的第二个字确定之后，让大臣们去拟定其余的10个字，最后由皇帝钦定。二月初三日，大臣们把拟好的"孝圣慈宣康惠敦和敬天光圣宪皇后"奏上。乾隆帝批准了这一谥号。三月十六日隆重的上谥号礼在畅春园的九经三事殿内举行。

梓宫不能长期停放在宫内，需要及时移出宫中，或者暂时安放在殡宫，或者移入山陵。虽然崇庆皇太后的泰东陵早就建成了，但是经过了30多年的风雨侵蚀，有多处损坏，要进行全面修缮以及油饰。根据钦天

监选择的吉期，距离入葬的日期还很远。因此，乾隆帝决定把崇庆皇太后的梓宫停放在皇太后生前经常居住的畅春园的九经三事殿中，并下令把九经三事殿的布瓦改换为黄色琉璃瓦。正月二十九日，崇庆皇太后的梓宫正式从紫禁城移到了畅春园，停放在九经三事殿中。

自从崇庆皇太后的梓宫停放到畅春园之后，乾隆帝曾经 20 次到梓宫前供奠行礼。

泰东陵修缮完毕之后，乾隆帝才亲自护送母后梓宫移到山陵中，4 月 14 日卯时出发，到了 4 月 18 日才到达泰东陵。4 月 25 日辰时崇庆皇太后的梓宫正式葬入泰东陵地宫。崇庆皇太后的一生才至此结束。

晋封贵妃疑点多

对于清朝史册，熹妃晋封熹贵妃的记录，很多人都存在着疑虑。而从现在所保留的史料来看，仅仅在雍正八年和硕端柔公主下嫁的时候，内务府有关筵宴的请旨中才有了贵妃钮祜禄氏的字样。

在清朝，贵妃定制为两人，是宫中的二等嫔妃，仅次于皇后之下，地位十分尊贵。雍正不算是个好色的皇帝，因此嫔妃并不多，几乎都是他登基时册立的第一批妃嫔，还有一些就是原来雍王府的旧人。雍正登基之后所册立的嫔妃，只有产下皇子弘瞻的刘贵人被晋封为嫔，其余的都是一些品阶较低的贵人、答应、常在等。所以，如果有贵妃这般的册封礼，应该就属于雍正王朝后宫的重大典礼了，不可能没有留下一点记录的。而按照惯例，册封贵妃的时候会制作新的金册，而册文内容和册封礼的过程应该会被纪录下来。礼部、内务府也都应有相关的请旨纪录。可是到现在为止，一些相关的研究学者都没有发现任何一点关于熹妃钮祜禄氏晋封为贵妃的册封礼和册文的纪录，所以说，熹妃是否真的册封为熹贵妃，还是有待考证的。不过，比较有可能的是，熹妃虽然没有行正式的贵妃册封礼，但是在雍正后宫却享受着贵妃级别的待遇。雍正八年的时候，年贵妃红颜早逝、齐妃又因为弘时的缘故失宠，所以说这也使得熹妃成了仅位于皇后的人。再加上，熹妃的儿子弘历早就已经被雍正秘定为皇太子，熹妃为未来皇帝的母亲，又是地位仅次于皇后的妃子，虽然没有进行贵妃的册封礼，但在后宫享受贵妃待遇也就是合情合理的事情了。

　　类似的故事，还有康熙王朝时期的敏妃：敏妃为康熙第十三个皇子的母亲，她活着的时候，并没有被册封为妃，但是她死了之后，康熙皇帝所谕礼部内容："妃章佳氏……今以疾逝……其谥为敏妃"。从这里也可以看出，虽然章佳氏生前并没有晋升为妃位，但是康熙在谕旨中却直接称呼其为妃，由此也可以看出，敏妃生前就已经享受了妃位的待遇，她的地位肯定是高于那些正式行册封礼的嫔妃。

孝顺乾隆　身世有疑

　　除了熹贵妃的晋升有疑点之外，乾隆的身上也有诸多疑点，而最让人津津乐道的就是他的身世之谜。在很多戏说乾隆的书中，都认为乾隆的生母并非熹贵妃，而是另有其人，甚至连亲生父亲都不是雍正。

　　在清朝中期出现一种传闻认为，浙江海宁陈世倌才是乾隆的真正父亲。清朝时期，陈家总共出了三位宰相，顺治皇帝时期的宰相为陈之遴，康熙、雍正皇帝时期的宰相也是陈家所出。不过，后来孟森先生写了一篇考证文章，名为《海宁陈家》。他说，乾隆下江南，很多人都传是为了看望他的亲生父母。当时在史料中记载，乾隆在首次下江南游玩的时候，并没有去海宁，第二次也没有去海宁，第三次虽然住在海宁，但是当时陈世倌早已经去世了。一些乾隆下江南是为了探望亲生父母一说，并不成立。

　　可是乾隆下江南为什么偏偏要住在海宁呢？这就要从乾隆常住的一个园子说起了。这个园子原来名叫隅园，坐落在海宁城一个比较僻静的小角落，乾隆在那里住了一段时间后，就把这个园子改名为了安澜园。为什么要改名为安澜园呢？原来当时浙江正在修建堤坝，为了讨个吉利，

乾隆帝就把这个园子改为了安澜园。如此一来，我们不难发现乾隆帝住在安澜园并不是为了探望自己的父母，而是为了监督浙江海塘工程。

不仅乾隆的生父惹人质疑，乾隆的生母也遭到了质疑。清朝末年有一位名叫王闿运的著名学者，他在自己的书中就提到，乾隆的生母本是一个承德穷苦人家的孩子，因为家里生活困难，乾隆的生母在很小的时候就跟着家人到集市上去卖酒、摆摊，以此来维持生计。由于小丫头为人很是热情，同时颇有经营管理的头脑，所以小生意也做得不错。有一次，她只身前往京城，正好赶上宫中选拔秀女，她就跟着报了名，加入了竞选秀女的行列。因为为人机灵，小丫头成功成为了一名秀女，并被分到了雍王府，成为了一名粗使丫头。这个小丫头刚刚进入雍王府，雍正就生病了，而且病情十分严重，她没日没夜地在雍正的病床前悉心照料，几个月之后，雍正痊愈了。因为感激她的照料之情，雍正便与这个小丫头走在了一起，后来又怀孕生了个儿子，而这个儿子正是乾隆。王闿运的说法遭到了清朝遗老金梁等人的质疑，他们认为，清朝宫廷选拔秀女的要求十分严格，一个普普通通的女子根本不可能被选为秀女。因此王闿运的说法不攻自破。

除了上面两种不攻自破的说法，还有一种说法被很多学者认同，中国著名学者冒鹤亭曾经担任过热河都统幕僚。他揭露说，乾隆的生母实际上是热河行宫中的一位名叫李佳氏的宫女。台湾著名学者庄练、高阳等人，对李佳氏进行了考证，发现确有其人，因此对这种说法十分赞同。不过，经过大量考证认为这种说法并不具有说服力。

与各种杜撰和传说相比，熹妃是乾隆生母的证据就显得十分充足了，不过这个熹妃是不是钮祜禄氏就难以定夺了。史料记载，清朝有一位名叫萧奭的学者，他曾经撰写了一本名叫《永宪录》的书。这个《永宪录》中最后记载的时间是公元1752年，也就是说这本书在乾隆初期就创作完成了。在书中记载说，雍正元年册封后妃时，册封的熹妃是侧福晋钱氏。而一些学者在清朝皇宫雍正的档案中查到的资料也表明，当时雍正册封的熹妃是侧福晋钱氏。雍正去世之后，乾隆时期重新对《雍正实

99

录》进行了修正，那么修正之后的《雍正实录》又是如何记载的呢？《雍正实录》中记载，雍正元年册封侧福晋钮钴禄氏为熹妃。如此一来，疑问就出来了，为什么在萧奭的《永宪录》中记载的熹妃姓钱，在当时的档案中熹妃依然姓钱，而到了《雍正实录》中，熹妃却突然改了姓氏，变成了钮钴禄氏了呢？当时正史中记载称熹妃原是四品典仪官凌柱的女儿，而凌柱正是钮钴禄氏的父亲。这让人感到十分疑惑，当时雍正册封妃嫔的时候，还没有秘密立储，也就是说弘历当时还不是个太子。可是在修《雍正实录》的时候，弘历已经是一位皇帝了。对于一个皇帝来说，他母亲的姓氏十分重要，因为这关系着他的出身问题。不过，经过了一番考证我们可以肯定乾隆的生母确实是熹妃，但是这个熹妃到底是谁这个谜题恐怕只有已经故去的钮钴禄氏和乾隆知道了。

第六章

让乾隆一直怀念的名后——孝贤皇后

皇妃档案

☆姓名：富察氏

☆民族：满族

☆出生日期：公元1712年2月22日

☆逝世日期：公元1748年3月11日

☆配偶：乾隆帝

☆子女：皇长女、端慧太子永琏、固伦和敬公主、悼敏皇子永琮

☆寝殿：长春宫

☆陵墓：裕陵

☆谥号：孝贤诚正敦穆仁惠徽恭康顺辅天昌圣纯皇后

☆最为高兴的事：嫁给乾隆帝

☆最伤心的事情：皇长女、端慧太子永琏以及悼敏皇子永琮去世

☆生平简历：

公元1712年2月22日，孝贤皇后富察氏出生。

公元1727年7月18日奉旨与皇四子弘历成婚，为嫡福晋。

公元1728年生下了弘历的长女；

公元1730年生下次子永琏；

公元1731年8月雍正帝去世当天，奉懿旨被册封为皇后。

公元1737年12月，行册立礼。

公元1746年4月生下皇七子永琮。

公元1748年正月随驾东巡；

3月11日，在回銮途中驾崩在德州舟次，年三十七；

3月22日，乾隆帝亲自谥号"孝贤"，五月二十一日行册谥礼。

公元1752年10月27日被安置在胜水峪裕陵地宫。

人物简评

在历史上乾隆帝是最风流的皇帝之一，但是就是这样一个多情的皇帝，却一直对一个女子十分钟爱。这个女子就是大名鼎鼎的孝贤皇后。这位清朝历史上有名的贤皇后，到底有什么样的不同之处可以拴住一代多情帝王的心呢？在人情淡薄的皇宫中，她是如此生存下来的呢？

生平故事

出生显赫

公元1712年2月22日，察哈尔总管李荣保家喜得了一个漂亮的小千金，这也就意味着隶属镶黄旗的富察家又多了一位名记史册的人物，因为这个小千金正是后来的孝贤皇后。

这个富察氏说起来可不简单，是满洲的八大姓氏之一。从太祖时期开始，富察氏家族就为大清国输送了大量人才，为大清国的建立立下了不可磨灭的功劳。自从孝贤皇后的祖先旺吉努在努尔哈赤时期率领族众归附后金之后，在以后的多次战争中屡立战功。孝贤皇后的曾祖父哈什屯在太宗时期曾经担任礼部的副理事官，到了顺治年间，身份则更加显赫，升为了内大臣，同时担任太子太保的重要职务。

到了康熙年间，富察氏家族的地位依然十分稳固，孝贤皇后的祖父米思翰先是担任议政大臣，后来又当了7年的户部尚书，掌管着国家的财政大权，是一等一的好职位。由于米思翰曾经大力支持康熙帝的撤藩政策，因此备受康熙帝的器重。在公元1748年，哈什屯和米思翰都被追封为了一等承恩公。孝贤皇后的父亲李荣保是米思翰的第四个儿子,她的伯父马齐担任保和殿的大学士,任期长达23年之久,横跨了康、雍、乾三朝,而她的另一位伯父马武也曾担任过都统、领侍卫内大臣,官居一品,位高权重,多年来一直兢兢业业,深受皇上器重。

与弘历缔结良缘

事实证明一个人的成长环境和接受的教育直接影响着她的未来,出生在名门大家之中的富察氏自幼就接受了良好的正统教育,逐渐成为了一位举止端庄大方,谈吐得体的名门闺秀。

在公元1727年,16岁的富察氏参加了宫中的选秀,雍正帝在竞选的女子中一下子就看中了这个举止端庄得体、落落大方的女子,并将她配给了自己最宠爱的儿子弘历作为嫡福晋。不得不说,雍正帝一下子就能从万千少女中挑选出富察氏这个潜力股,眼光真的十分独到。

公元1727年7月18日,年轻有为的皇四子弘历与娴淑大方的富察氏正式结为了连理。在婚后,富察氏悉心照料丈夫的饮食起居,夫妻二人恩爱有加,羡煞旁人。公元1729年,雍正帝将长春仙馆赐予了他们夫妻二人作为在圆明园的住处。乾隆即位之后,富察氏被册立为了中宫皇后,并在公元1737年12月举办了隆重的册立礼。

虽然已经成为了中宫皇后,掌管着后宫,有着享受不尽的荣华富贵,但是孝贤皇后却从来不讲究排场,一直保持着勤俭持家的优良传统。她对浪费现象深恶痛绝,平时从不佩戴金银首饰,帽子上插的也不过是用一些绒线做成的花,在她看来,用金线和银线来做香囊、荷包是一种极大的浪费。

可能是因为有一个勤俭持家的好皇后,乾隆帝在平日里也经常会想一些节约的好方法。一次,乾隆在阅读《清文鉴》一书时,无意间在其中发现了满洲的一个旧俗,就是用鹿尾绒毛搓成的线来代替金线绣在衣服的袖口上。好像得到了什么宝贝似的,乾隆帝赶紧把这个旧俗告诉了

孝贤皇后。聪明贤惠的孝贤皇后听完皇上的讲述之后，马上领悟到了皇上的用意，就专门仿照书中的做法做了一个燧囊献给了皇上，表示满洲的本色不能忘。乾隆见孝贤皇后领悟得如此之快，甚得自己的心意，因此对皇后送给自己的燧囊，十分珍爱，一直挂在身边。自此之后，孝贤皇后每年都会做一个同样的燧囊献给皇上。乾隆帝见自己的皇后如此节俭和贤惠，心中甚是欣喜，对自己的这位妻子更加敬重。

有一次，乾隆帝患上了一种十分严重的疖疮，经过太医们的几番诊治，才渐渐好了起来，不过御医再三嘱咐，要修养百天，病情才能完全痊愈。孝贤皇后听说之后，为了照料皇上，不辞辛苦，毅然搬到了乾隆居室的外屋居住，伺候皇上的饮食起居。而她还得服侍皇太后，处理六宫琐事，教育子女。这每天的生活下来，都弄得她筋疲力尽，尽管这样，她还是要亲自给乾隆皇帝喂汤药。就这样，精心照料了乾隆皇帝一百多天，直到乾隆皇帝完全康复之后，她才放心地又搬回了自己的寝宫。痊愈之后的乾隆皇帝，看到孝贤皇后为了照料自己变得身形消瘦，心里十分心疼和感动，从此之后对孝贤皇后更加宠爱。

孝贤皇后做起事来也是有条有理，不偏不坦，对待宫中的侍女和太监都很慈爱。不仅如此，她还有一个对于后宫女子来说很难得的品质，那就是不嫉妒。孝贤皇后对待其他妃子子女也是十分疼爱，视如己出，因此备受后宫嫔妃的敬重，后宫上下对她都是赞赏有加。乾隆皇帝能够拥有这样的贤妻，可谓是给他消除了内顾之忧，可以让他一心一意地专注朝中政务。在乾隆看来，他之所以能够专心理政，完全是孝贤皇后的功劳。除此之外，乾隆皇帝最为满意的一点便是，孝贤皇后极为孝顺，她非常敬重乾隆的生母崇庆皇太后。乾隆可是出了名的大孝子，对自己的母亲可是孝顺有加。孝贤皇后可谓是好媳妇的代表，她将皇太后侍候得非常周到，总会想着法子的让太后她老人家高兴，婆媳关系十分融洽，就好比亲生母女一般。对此，乾隆皇帝心中充满了感激，也更加爱护和尊重孝贤皇后了。

当乾隆帝还是四皇子的时候，就已经迎娶了福晋、侧福晋、格格等十几个人。当了皇帝之后，还纳了不少的妃嫔。而在乾隆众多的妃子当众，和乾隆皇帝感情最好的莫过于孝贤皇后了。

子女接连夭折

孝贤皇后得到了长辈的喜爱、皇上的宠爱以及后宫其他妃嫔的敬重，看似好像拥有了一切，唯一美中不足的就是还缺少一个"爱的结晶"。不过似乎上天并不怎么眷顾这个表现完美的女人，因此让她接连经历了丧子之痛。

富察氏在与弘历成婚后的第二年十月就曾诞下一个女儿，但是没几年，这个富察氏与弘历的第一个女儿就夭折了。公元 1730 年 6 月 26 日，富察氏又为弘历生下了一位皇子，并被雍正帝赐名为"永琏"。这位皇子，天生聪颖，气宇不凡，深受父母以及祖父母的喜爱。乾隆刚登基不久，就在公元 1736 年 7 月将这位皇子秘定为皇太子。当时乾隆正值年少气盛，这么早就定了皇储，无疑是因为太钟爱这个儿子了。可是天不遂人愿，仅仅过了两年，在公元 1738 年 10 月 12 日，永琏就在一场伤寒中夭折了，年仅 9 岁。最为中意的皇子早夭，对乾隆来说是一个不小的打击。为此，平日里勤于朝政的乾隆皇帝，竟然五天都没有上朝，而且还把密定的谕旨公布于众，谕旨上说："永琏是皇后所生，也是朕的嫡长子，聪明贵重，器宇轩昂。皇考命名，本想让其继承宗室。朕御极后，恪守成式，亲书密旨，召各位大臣，将其藏于乾清宫'正大光明'牌匾后，虽然没有行册封之礼，但是却早就被命为皇太子。如今永琏去世，一切的仪式都要按照皇太子举行。"于是就追尊永琏为皇太子，谥号端慧，后来功令讳其名"琏"字。按照皇太子的礼仪为永琏举行了隆重的葬礼，而乾隆更是多次亲自前往祭奠。

那个时候，乾隆帝只有两个皇子，也就是早夭的二子永琏与皇长子永璜。永璜出生在 1728 年，比永琏年长 2 岁，他的生母是藩邸庶妃富察氏。一个嫡出，一个庶出；一个是当今皇后的儿子，另一个则是庶妃之

子；一个颇受皇帝宠爱，一个则被视为一般。这样的差距，不过是谁都能猜出来。这一点孝贤皇后心里也很清楚。儿子被立为皇储，生母不仅会长期受宠，以后还可能会当上皇太后。永琏的突然去世，让孝贤皇后的美梦就此破碎，精神备受打击。不过幸好当时的孝贤皇后才27岁，正值年轻美貌，是生育力最为强盛的时期，想要再次诞下龙子也不是不可能，所以孝贤皇后还没有绝望。

永琏去世后的首要任务就是要为其选择陵墓的原址，商讨建造园寝的事宜。朝中大臣提出了几个地方，乾隆都没有看中。原来乾隆想把永琏的寝地安排在离自己的陵寝不远的地方，但是麻烦的是乾隆自己还没有选择好自己的陵寝呢，因此永琏的葬地也一直无法确定。最后，只能先将他的金棺暂时安置在京西田村殡宫。

乾隆为自己儿子的寝地可谓是花尽了心思，经过反复挑选斟酌之后，山清水秀的朱华山并定位了皇太子的陵寝。陵址选定之后，就要开始动工了，为了能够给自己的儿子一个豪华的墓地，乾隆帝不惜花费了三千零五十六两白银的重金当拆迁费，让附近的地面搬出了两顷七十三亩八分九厘地，以这个范围作为永琏墓地的禁区。随后，乾隆帝又拨了十六万八千二百三十五两白银，从工部提取了无数的建筑材料，并且特意付了三百七十八两九钱九分二厘的金叶子，为永琏来修建太子园陵。这一陵寝规制建造完成之后成为了清朝时期所有皇子中规格最高的一个，也是最完善的一个。不仅在陵寝的建设上，乾隆比较偏心于永琏，就连对太子的祭祀上也表现出了逾格的宠爱。根据大清制度，除了皇帝、皇后外，其余人等不得在清明、中元、冬至、岁暮行四时派遣朝中大臣亲自祭祀，而乾隆帝却对于这个早夭的永琏也采用了同样的规制。尤其是到了后来，乾隆帝立了嘉庆为太子的时候，乾隆以"端慧皇太子密立在先，已经有了名分，并非是因为弟弟要拜见兄长的缘故，让嘉庆向端慧太子行叩拜之礼，之后才将其载入礼仪会典。

公元1731年5月24日，孝贤皇后的第二个女儿固伦和敬公主出生了，这是孝贤皇后的子女中最为长寿的一位。公元1747年3月，乾隆帝将固伦和敬公主许配给了蒙古科尔沁部博尔济吉特氏辅国公色布腾巴勒珠尔。原本按照规矩，公主嫁给蒙古王公之后，是不能继续留在京师的。但是因为乾隆帝对这个女儿十分疼爱，特地恩准她可以继续驻留京师，并享受1000俸银，这样一来，固伦和敬公主成为了第一个嫁给蒙古王公依然享受公主待遇的公主。之后，固伦和敬公主生了一个儿子，乾隆皇帝亲自为孩子取名为鄂勒哲特穆尔额尔克巴拜，寓意像钢铁一样坚强。和敬公主去世之后，固伦和敬公主被葬在了北京东郊的东坝镇附近，与色布腾巴勒珠尔合葬。

永琮

在永琏死后的第七年，孝贤皇后又怀孕了。虽然还不知道是男是女，但是对于孝贤皇后来说，又给了她一个新的希望。1746年四月初八日凌晨（《清皇室四谱》载为四月初一日，《清实录》载为四月初八日），孝贤皇后顺利产下了一位龙子，排行为皇七子。当天正值久旱之后大沛甘霖，又值"佛诞"也就是佛祖的生日，乾隆大喜过望，马上提笔写下了《浴佛日复雨因题》来对爱子的到来表示祝贺。

虽然当时乾隆帝已经有了好几个儿子，但是他对这个出生时有吉兆，同时又对聪颖的七皇子十分疼爱，在他看来这个七皇子将来一定可以成大器。

乾隆在给七皇子取名的时候可谓是花尽了心思，再三考虑之后，乾隆为这个皇子赐名为"永琮"，也就是继承宗社之意。聪明的孝贤皇后在听到皇上给儿子取得名字之后，立刻明白了皇上的用意，在心理甚是宽慰。可是没想到厄运再次降临到了这个可怜的母亲身上，公元1747年12月29日深夜，当全国正在欢度除夕之夜的时候，永琮皇子却突然患天花夭折，年仅2岁。永琮皇子的突然夭折把全皇宫的欢乐气氛一扫而空，同时也浇灭了孝贤皇后心中最后一点希望。孝贤皇后当时已经37岁了，在皇上宠爱的众多后宫佳丽中，还能再生育吗？即便能够再生育，还能生出皇子来吗？陷入极度痛苦的孝贤皇后，悲伤异常，不能自拔。乾隆

帝对这位皇子的夭折也是惋惜不已，但是他是一国之君，因此很快就从悲伤的情绪中摆脱出来，开始安排永琮的丧事。

为了安抚孝贤皇后，乾隆帝对她进行了高度称赞，并决定从优办理永琮的丧礼。当年永琏死后，乾隆曾经派大臣到处去相度兆域，曾经看上了西陵界内的魏家沟，也就是后来光绪帝崇陵的所在地金龙峪，乾隆帝没有同意。公元1742年，乾隆帝把遵化东陵的胜水峪作为了万年吉地，随后派大臣在东陵一带为永琏相度兆域，这些大臣包括果毅公、户部尚书海望、协办大学士讷亲以及钦天监监正进爱。他们发现在陵区西黄花山西南的朱华山下"来龙秀丽、穴情明确、土色纯黄"，是一处上佳吉壤，"允宜恭建园寝"。上奏之后，乾隆帝钦准，在公元1743年2月破土兴工，随后永琏被葬入了园寝，这次皇七子永琮去世之后，乾隆思前想后也将其葬入了这座园寝。

皇七子永琮的去世，让乾隆帝生出了一层忧愤。因为自大清入关以来，从顺治帝开始到乾隆帝，没有一个皇帝是嫡皇后所生，都属于庶出。乾隆帝决心从自己的下一代开始，要改变这样的状况，大清的帝王一定要嫡出不可。就是因为有了这样的顾虑，所以乾隆才没有立皇长子永璜而立了永琏；没有立皇三子永璋、皇四子永珹、皇五子永琪、皇六子永瑢，而准备立皇七子永琮。没想到一直心心念念的两位嫡子如此薄命，让乾隆帝立嫡的愿望也遭到了重大打击。

香消玉殒

乾隆帝毕竟是一位男人，承受人生悲剧的能力也要比妻子强很多。他不忍皇后每日郁郁寡欢，想要让自己心爱的妻子从丧子之痛中走出来，为了安抚皇后乾隆帝想尽了办法。但是痛失爱子的巨大打击让孝贤皇后一直无法释怀。

很快乾隆帝就想到了一个好方法，那就是带自己的皇后去散散心。其实，乾隆的考虑很周到，孝贤皇后常年居住在宫中，而宫中到处都是故去的孩子的影子，孝贤皇后难免会触景生情，因此出去走走可能会有很好的效果。于是在公元1748年2月，元旦刚过完不久，乾隆帝就开始了自己的东巡计划，他带上自己的母亲崇庆皇太后和孝贤皇后出发了。这次出行的目的很明确，那就是借着拜孔庙、登泰山，在游山玩水间让皇后忘记丧子之痛。可是乾隆万万没有料到，这场散心之旅，却让孝贤皇后死在了途中。

皇上这次的游玩行程安排得十分紧凑。由于京城离山东并不远，2月24日，乾隆一行人就到达了山东的曲阜，当天皇上带着皇太后和皇后游览了著名的孔庙。次日，孔庙举办了规模盛大的典礼，同一日，一行人拜谒了孔林，来到少昊陵、元圣周庙行礼致祭。2月29日，他们登了著名的东岳泰山。登完山稍事休息之后，在3月4日，东巡的队伍来到了济南游览了著名的趵突泉。随后几天，他们又先后游览了多个景区。虽然此次东巡的目的是为了让孝贤皇后散心，但是孝贤皇后并没有因此而快乐起来。反而因为紧凑的日程安排，再加上强忍着丧子之痛，最终在途中病倒了。经过太医的诊断之后认为，孝贤皇后只是偶感风寒。贤惠的孝贤皇后不希望因为自己的事情而耽误了国家大事，就强忍着不适，催促皇上早日北返。乾隆皇上经过深思熟虑之后，决定听从孝贤皇后的意见，准备回銮。

没想到，就在启程回京路过德州时，孝贤皇后的病情突然加重，随后病死在了船上，终年只有37岁。当时乾隆皇帝在帝位上正处于辉煌时期，孝贤皇后的突然去世，让这位皇帝与恩爱发妻白头偕老的愿望就此破灭。

乾隆帝得知皇后去世的噩耗之后，第一时间奏给了皇太后，皇太后得知消息之后伤心欲绝，亲自来到了皇后的船上临视了孝贤皇后。之后，乾隆帝命令陪同自己东巡的庄亲王允禄、和亲王弘昼，陪同皇太后乘舟回京，而自己则留在德州处理结发妻子孝贤皇后的丧事。3月14日，乾隆亲自护送孝贤皇后的梓宫到达天津。得到消息的皇长子永璜早就准备妥当在此迎驾。3月16日，孝贤皇后的梓宫到达通州，被暂时安放在芦

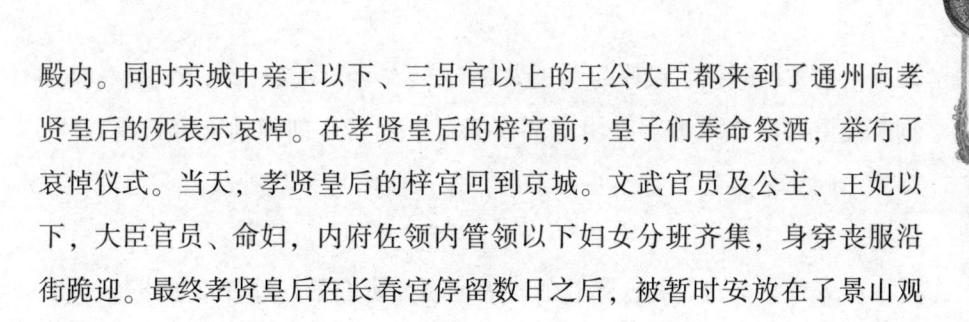

殿内。同时京城中亲王以下、三品官以上的王公大臣都来到了通州向孝贤皇后的死表示哀悼。在孝贤皇后的梓宫前，皇子们奉命祭酒，举行了哀悼仪式。当天，孝贤皇后的梓宫回到京城。文武官员及公主、王妃以下，大臣官员、命妇，内府佐领内管领以下妇女分班齐集，身穿丧服沿街跪迎。最终孝贤皇后在长春宫停留数日之后，被暂时安放在了景山观德殿。

关于这位孝贤皇后的死因，众说纷纭，这位在2月29日还陪着皇上、皇太后登泰山，游趵突泉的皇后，怎么就在7天之后，突然离世了呢？经过多方考证之后，人们普遍认为孝贤皇后是因为痛失爱子心中抑郁，而且在巡游过程中染上寒疾才会突然病亡。

公元1748年3月22日，乾隆帝在经历了丧子之痛后，再次强忍着悲痛，颁布了一道谕旨，在谕旨中赐谥大行皇后为"孝贤皇后"。在历朝历代，赐给皇后谥号，都需要皇上首先发出谕旨，然后再由礼部的大臣们商议之后拟出几个字上奏，由皇上挑选之后钦定。而孝贤皇后的谥号，则打破了常规，由皇上亲自赐予，并没有交给大臣们拟定，由此可见乾隆帝对这位皇后可谓是一片深情。

皇后在三年前就曾透露出死后希望能够把"孝贤"作为谥号的愿望，当时皇贵妃是高氏薨逝，皇上就赐给了皇贵妃"慧贤"两个字作为谥号。孝贤皇后得知这件事之后，流着泪向皇上请求，希望可以用"孝贤"两字作为谥号。当时孝贤皇后只有34岁，而且身体健康，并没有什么不适，因此乾隆在听到皇后的请求时并没有在意，没想到刚刚过了3年，已经物是人非，当年那个娴淑的女子已经不复存在。想至此处，乾隆更加伤心欲绝，于是就把当时担任刑部尚书的著名文人汪由敦召进了宫，并向他诉说了此事，让他把这件事写到皇后的祭文之中。

嫡子的接连夭折以及与自己朝夕相处的贤后的突然离世，让乾隆帝陷入了极度的悲伤之中，他开始心情烦躁，很容易发怒，看什么都不顺。很多王公大臣以及皇子宗亲都遭到了他严厉的斥责以及治罪。

公元1748年4月，乾隆发现翰林院在把孝贤皇后谥文中的"皇妣"

翻译成满文的时候，误译为"先太后"，不禁勃然大怒，把当时翰林院的刑部尚书阿克敦革职，交由刑部议罪；吏部右侍郎德通交部严察议奏。最后给阿克敦定的罪竟然是大不敬，送入监牢待秋后处决，而德通也被革职留任。

在孝贤皇后进行初次祭礼的时候，因为所准备的饽饽桌不干净鲜明，负责此事的光禄寺卿增寿保、沈起元，少卿德尔弼、窦起瑛，都被降一级调用。

工部制作的孝贤皇后的册宝十分粗糙，同样遭到了乾隆帝的严厉斥责，并将侍郎索桂降三级调用，侍郎涂逢震降四级调用。

在举办孝贤皇后册谥礼的时候，乾隆帝发现礼部在所写的典礼仪注中没有写出王公行礼的条目，非常恼怒，当即对礼部堂官呵斥道："凡事务每办理糊涂，其遗漏舛错之处甚多，部务岂得如此办理？"于是礼部所有的堂官都被"交部查议具奏"。

孝贤皇后去世之后，每逢重大的祭祀仪式，王公大臣官员都要齐集。乾隆帝对孝贤皇后的祭祀仪式十分重视，当他发现镶蓝旗汉军伯李坦，"凡遇祭祀齐集，总未前往，皇后大事以来，称疾不到"。于是命令御前的大臣把李坦召来，看他到底是不是生病，结果发现李坦并非有病，"不过针灸数处"，想要借此蒙混过关。乾隆帝知道之后勃然大怒，立刻革去了李坦的伯爵封号。

乾隆帝为什么会如此大怒呢？原来清朝有规定，就是在国丧期间，百日之内不能剃发，违者立斩不赦。乾隆把这项规定与当初满族入关的时候，留发不留人的规定视为同等地位，不过一个是不准人剃发，另一个则是让人剃发而已。康熙年间，有次在国丧期间，果毅公的亲族中有人私自剃了头发，康熙帝知道后，勃然大怒，马上命人将剃发人给问斩了。这次孝贤皇后丧期，乾隆帝本就因为失去了爱妻而伤心不已，而锦州知府金文淳、山东沂州营都司姜兴汉居然"知法犯法"，在百日之内私自剃了头发，当然愤怒至极，本想将二人马上处斩，但是后来发现很多人都不顾规定，在百日之内剃了头发，考虑到法不责众，而且律例中没

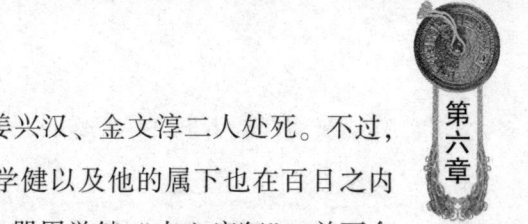

有明文规定，于是就网开一面，没有将姜兴汉、金文淳二人处死。不过，没过多久，乾隆又听说江南河道总督周学健以及他的属下也在百日之内剃了发，一忍再忍的乾隆终于爆发了，大骂周学健"丧心病狂"，并下令将其解除职位，押至京城，交由刑部治罪。后来经过调查发现周学健有纳贿舞弊之罪，就赐其自尽。一波未平一波又起，几天之后，乾隆得知湖南巡抚杨锡绂、湖广总督塞楞额、湖北巡抚彭树葵以及两省众多文武官员都在百日内剃了发，更加怒从心起，将杨锡绂、塞楞额、彭树葵三人革职查办，不久塞楞额被赐死。因为彭、杨是在塞楞额的怂恿下剃的发，罪行稍轻，被革职留任。

在清王朝还有一个不成文的规定就是凡是遇到皇帝、皇太后、皇后驾崩，各地的督抚、将军、提镇等封疆大吏以及地方要员，为了表示对已经过世的皇帝、皇后的孝敬，为了能够获得新皇帝的恩宠，都要具折恳请进京"跪请圣安"、"叩谒梓宫"，以示忠诚。然后皇帝会根据与皇帝关系的远近，以及职务的忙闲，批准部分官员进京觐见，而通常来讲绝大多数官员是进不了京的。这已经成为了清王朝每个官员都知道的秘密，简单来说不过是走走形式，让皇上心里高兴罢了。这次孝贤皇后死了3个多月的时候，乾隆帝才收到福建巡抚潘恩渠恳请进京叩请孝贤皇后梓宫的奏折，这封迟到的奏折让乾隆帝气不打一处来。他一眼就看出了"此不过随众陈请，并非出于中心之诚"。他认为皇后的丧事原本就不能与皇帝的丧事相比，封疆大吏原本就不必都进京。尤其是汉大臣，还可以再宽松一点，但是也应该"以君臣之义为重"。如果"以原可不必之事，复迟之又久，见众人皆为是请，始以一折塞责。"那就不对了。也就是说，不管皇上最后让不让你进京，作为臣子都应该从收到信的时候就具折奏请。乾隆帝对那些没有具折奏请进京的旗员十分痛恨。他说："旗员之与汉员亦不相同。盖旗员地分亲近，沐恩尤为深重。一遇皇后大事，义当号痛奔赴，以尽其哀慕难已之忱。即或以外廷不敢豫宫闱之事，而思及朕躬当此事故，亦应奏请来京请安，庶君臣之义不敢莫不相关也。"因此，对于那些没有及时请奏来京的各省满洲督、抚、将军、提、镇各降二级留任或者调任。据统计，有53名满洲大员受到了处分，其中包括4名总督、4名巡抚。

因为乾隆帝痛失皇后之后变得暴躁易怒，苛刻严厉，让朝廷上下的官员每日伴君如伴虎提心吊胆，如履薄冰。而乾隆帝的坏脾气不仅让朝廷的官员屡遭惩处，就连宫中的皇子也受到了牵连。

这个最先成为乾隆眼中钉的儿子，就是乾隆的长子永璜。当时孝贤皇后去世的时候，永璜已经21岁，正值青春年少。孝贤皇后去世的时候，他曾亲自出京到天津去迎接孝贤皇后的梓宫。永璜的生母早在乾隆即位之前就已经过世了，可是乾隆对这个皇长子并没有多少感情。乾隆帝认为永璜在孝贤皇后去世后并没有表现得尽善尽美，因此对永璜的表现十分不满。他当然不会认为这是自己儿子的疏忽，反而认为这是永璜的师傅、谙达在平时没有尽心教导他所导致的。所以减免了和亲王弘昼、大学士来保以及兵部左侍郎鄂容安三年的俸禄，剩下的师傅和谙达则罚俸一年。

1748年6月21日是孝贤皇后的百日。在举办完百日礼祭奠亡灵之后，乾隆帝在诸王满洲大臣面前再次严厉地批评了皇长子永璜以及皇三子永璋。他对群臣说，大阿哥已经年满二十一岁，这次皇后大事，他的一举一动都不堪入目。父母同去山东，只有父亲一人返回京城，只要稍稍具有身为人子之心，就会哀痛不已。而大阿哥全然没有介意，只像平常一样当差，没有表现出丝毫哀伤之情。乾隆帝随后又斥责皇三子永璋说，对三阿哥也十分不满，现在他已经十四岁了，却全无知识。此次皇后之事，丝毫没有尽到人子之道。

乾隆帝一系列的做法，一方面反映了他因为失去皇后而产生的不正常心态，另一方面也反映了乾隆帝对自己即位以来，为了纠正雍正统治时期的严苛局面而采取的宽大政策所造成的国家机构逐渐废弛、官员贪污腐败，办事效率低下的极度不满。乾隆在孝贤皇后丧期，故意苛刻求治，对办事草率拖沓、敷衍了事的官员进行严惩，不仅仅是因为孝贤皇后去世烦躁易怒所引起的，而是有着更深的用意，目的就是借机来整顿吏治。

在清朝的制度中，比皇上先死的皇后是要葬入皇帝陵内，与皇帝合葬的。但是孝贤皇后去世的时候，乾隆帝的裕陵还在兴建当中，在短期内不可能完工，这也就意味着孝贤皇后在数年之内不能入葬。而皇城内又不能长期停灵，于是乾隆帝就决定把孝贤皇后梓宫停放在东直门外的静安庄殡宫。虽然静安庄殡宫有些殿堂房屋，但是皇后的梓宫可不是随便是个屋子就能停放的。要停放皇后的梓宫，不管是在规模上，还是在级别上，静安庄殡宫都差很远，于是乾隆帝就下令要大规模增建、扩建静安庄殡宫。在当年的九月底扩建工程基本完工。十月初七日，孝贤皇后梓宫从景山观德殿移到静安庄殡宫暂时停放。慧贤皇贵妃原本是乾隆帝还没登基前的侧福晋，于1745年去世。而哲悯皇贵妃也就是皇长子永璜的生母，原本是潜邸的庶妃，去世也很早。这两个人生前与孝贤皇后感情很好，亲如姐妹。她们俩的金棺原本就停放在静安庄殡宫。孝贤皇后的梓宫被停放到静安庄之后，乾隆帝可能是想让二人像生前那样陪同在孝贤皇后身边，让她不害怕、不孤单，因此就将两人的金棺停放到了孝贤皇后梓宫的两旁。

公元1752年，修建了多年的裕陵终于竣工。在经过钦天监拟定忌日之后，决定在当年的10月13日把把孝贤皇后梓宫迁入裕陵，10月27日正式葬入地宫。为了送自己的爱妻最后一程，10月13日，乾隆亲自来到了静安庄护送孝贤皇后，以及一直陪同孝贤皇后身边的慧贤皇贵妃，哲悯皇贵妃、仪嫔的金棺以及秀贵人和张常在的彩棺入葬裕陵。其中仪嫔、秀贵人和张常在的彩棺被入葬到裕陵妃园寝。

10月22日，乾隆帝从北京启程赶往裕陵参加孝贤皇后的入葬仪式。当时乌拉那拉皇后、后宫中的几位妃嫔以及孝贤皇后唯一一位在世的女儿固伦和敬公主和养女和硕和婉公主、皇长子永璜的福晋以及皇三子永璋的福晋等一同随乾隆前往。乾隆一行到达裕陵之后，先到孝贤皇后的梓宫前奠酒，之后又举办了哀悼仪式，随后又带领乌拉那拉皇后及一起同来的嘉贵妃一起进入地宫阅视。这座撞门为孝贤皇后打造的地宫，由九券四门组成。八扇石门上惟妙惟肖地雕刻了八尊女身菩萨立像，另外还有四大天王的坐像被雕刻在头层门洞券两壁上，这四大天王都头顶盔贯甲，手持法器，威武地守卫着地宫的头道大门。在地宫各券的石壁以及券顶等部位，还分别雕刻着五方佛、三十五佛、五欲供、狮子进宝、八宝、执壶、铃杵、瓶花、宝珠等并用梵文和藏文篆刻了咒语和经文。整个地宫就如同是一座庄严肃穆的地下佛堂和艺术宝库，当然这也是乾隆的首创，因为在此之前并没有出现过如此华丽的地宫。

　　1752年农历十月二十七日是孝贤皇后入葬的正日子。乾隆帝一早就来到了孝贤皇后的梓宫前进行了最后一次奠酒三爵。辰时，履亲王允祹以及和亲王弘昼带着文武官员以及匠夫依次把孝贤皇后的梓宫以及两位皇贵妃的金棺沿着木轨送进了地宫，平稳地放在了金券内的宝床上。金券内的正中位置是空着的，这里将来会安放皇帝的梓宫。孝贤皇后的梓宫被安放到了中位左旁，而这座宝床的东西两端则平放着两位皇贵妃的金棺。孝贤皇后的香册、香宝被按档在了穿堂券东西两侧的石座上。依照清朝的制度，地宫的石门只有在皇上入葬之后才能关闭，隧道也是在皇上入葬之后才能填砌。因此，在孝贤皇后入葬之后，只在地宫入口处安放了一道临时性木门进行封闭。从此乾隆皇帝与孝贤皇后与两位皇贵妃正式泉壤相隔，再也不能见面了。

　　因为皇后的突然离去，让乾隆在伤心之余更多了一层不甘，他无法阻止孝贤皇后离去的步伐，只能留下她生前使用的一些物品，来睹物思人，把自己哀思寄托在这些冷冰冰的物品上。

　　孝贤皇后生前居住的长春宫，成为了乾隆用来回忆爱妻的场所。乾隆帝为了能够时时回忆一下，就下令让人不许乱动长春宫中的物品，一切都要保持与孝贤皇后生前一样。除此之外，他还把孝贤皇后生前所使用的东珠顶冠、东珠朝珠以及孝贤皇后以及去世的皇贵妃的画像全部供奉在长春宫。每逢腊月二十五日以及忌辰时，乾隆帝总会亲自前来凭吊，思念一下这位故去的爱妻。这样的做法一直持续了40多年，直到1795年才被下令撤掉，允许其他后妃在此居住。

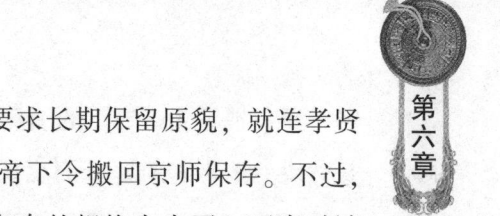

不仅孝贤皇后生前所居住的长春宫被要求长期保留原貌，就连孝贤皇后在德州病逝时所乘坐的御舟也被乾隆帝下令搬回京师保存。不过，在运送御舟的时候出了一点小麻烦，因为御舟的规格太大了，而当时城门的门洞又很狭窄，因此无法把这艘御舟运进城，也就是说御舟卡在门外进不来了。这让乾隆帝又急又气，甚至想要把城门给拆了。城门可不是随便就能拆除的，大臣们当然不能让皇上胡作非为。当时任礼部尚书的海望在情急之下想了一个能够让御舟进城的方法，既然下面无法通过，我们可不可以从上面过去呢？于是就建议搭木架让御舟从城墙垛口通过。木架上修建了木轨，木轨上还铺满了鲜菜叶，让其起到润滑的作用。经过了数千人的努力搬运，御舟才安全地被运到了城内。

孝贤皇后死去之后，后位空虚。在大臣的建议下，乾隆帝将原来的娴贵妃册立为新皇后。看到温柔贤惠的新皇后，乾隆帝再次想到了同样温柔体贴的孝贤皇后，感慨之余，就写了一首诗"六宫此日添新庆，翻惹无端忆惘然"。由此可见即便孝贤皇后已经故去，乾隆依然无法忘怀。

1754年5月，乾隆帝谒盛京时途经科尔沁，当时他与孝贤皇后的女儿固伦和敬公主生活在此处。当公主与额驸一起设宴接待乾隆时，看到已经24岁的固伦和敬公主，乾隆帝又想起了孝贤皇后，一时之间，再次悲伤难耐。因为孝贤皇后是在济南城染上的疾病，在德州过世的，此后在多次南巡时，乾隆帝都没有踏足过济南城。

孝贤皇后在最好的年纪逝去，让她的青春容貌永远地留在了乾隆的记忆里。凡是看到皇后生前用过的物品，或者去到与皇后共处过的地方，抑或是遇到了节日，乾隆总会情不自禁地想起脑海中年轻的孝贤皇后的身影。从孝贤皇后入葬裕陵之后，乾隆帝只要去谒拜东陵，一定会到裕陵前为孝贤皇后酹酒，来悼念亡妻。每次乾隆帝到裕陵临奠孝贤皇后，都要作诗悼念。乾隆每次都会把写好的诗亲笔誊写好，把部分制作成精美的雕漆挂屏，一部分放在皇宫里贮存，一部分放置在裕陵大殿的东暖阁内。据统计，乾隆帝一生一共去过17次，最后一次是在1796年的3月，当时乾隆皇帝已经退位让贤，安享齐人之福了。不过可能是想让孝贤皇后在地下知道自己的消息，这位已经86岁高龄的老人不顾年老体衰毅然决然地带着新登基的嘉庆皇帝来祭拜亡妻。这时孝贤皇后已经故去48年了。

　　乾隆皇帝用了近半个世纪的时间来怀念孝贤皇后，其用情之深让人感动。孝贤皇后如果泉下有知，恐怕也甚是欣慰吧！

第七章

死后没有葬礼的皇后——乌拉那拉氏

皇妃档案

☆姓名：乌拉那拉氏

☆民族：满族

☆出生日期：1718 年

☆逝世日期：1766 年

☆配偶：乾隆皇帝弘历

☆子女：两个儿子，一个女儿

☆寝殿：储秀宫

☆陵墓：裕陵妃园寝纯惠皇贵妃墓穴内，没有享祭

☆谥号：孝敬宪皇后

☆最为高兴的事：得到弘历的宠爱，并生下两个皇子和一个女儿

☆最伤心的事情：遭到乾隆皇帝的疏远，之后被打入冷宫，孤独而终

☆生平简历：

1718 年，出生于满洲正黄旗人。雍正年间，为乾隆帝侧福晋，具体时间不详。

1735 年，封娴妃。

1745 年，封娴贵妃。

1748 年，晋皇贵妃，代替皇后掌管六宫之事。

1750 年，册立为皇后。

1752 年，诞下十二皇子，取名为永璂

1753 年，诞下五女，夭折了

1755 年，诞下十三皇子，取名为永璟

1766 年，以皇贵妃礼葬。

人物简评

她本是一个温柔贤淑的女子,也受过良好的教育。虽然是弘历的第二位皇后,但她与弘历的感情一向融洽。她当上皇后以后,得到弘历的加倍宠爱,生下了两男一女。可惜好景不长,风流的弘历在巡游时,经常风花雪月,慢慢就疏远了她。从此,她就变得越来越孤独,渐渐失去弘历的宠爱。终于有一天暴发了,看到自己心爱的皇上与尼姑在一起寻欢作乐,于是也把自己的头发剪了。没想到彻底惹恼了皇上,并把她打入冷宫,孤独地含恨而终。死后也没有得到皇上的原谅,连自己的陵墓、祭祀、牌位都没有,她也是历史上最悲惨的一名皇后。

生平故事

皇后仙逝

1748年,皇后富察氏离世。之后,乾隆因富察氏去世伤感了很久。

1727年,富察氏和宝亲王弘历结婚了,因为她在一开始的地位就很高,是嫡福晋,所以乾隆一当上皇帝,马上就把她册立成了皇后。不过如果翻一下史书,就会发现,记载富察氏的内容特别少,几乎是一笔带过,只有"恭俭,平居以通草绒花为饰,不御珠翠",以及"以鹿羔氄绒制为荷包进上,仿先世关外旧制,示不忘本"几句。贵为大清朝的皇后,日常穿戴那样简朴,只在头上戴几朵野花,让人不得不怀疑这种记录的真实性,不过她为人节俭应该是肯定的。根据记载上说的,她按以前满族人的规矩,做了一些以野生动物的皮革为材料的荷包,献给了皇上。

她这样做的目的是为了证明，自己没有忘记祖宗是怎样艰难地打下这片江山的。从这个方面看起来，富察氏的表现还是非常不错的。

实际上，别要说高高在上的皇室贵族，就连普通八旗里面的人，经过这些年安逸的生活，也不像以前那样胸怀大志了。这些满族人几乎全都开始腐化堕落，整天只知道贪图享受，什么正事也不干，把安逸的生活当成理所当然。有很多人已经忘记了自己的母语，也不会骑马射箭了，已经彻底将满族的传统丢掉。

到了乾隆当皇帝的时候，他决定对这些没有记住祖宗规矩的人进行一番惩处，于是规定，如果不会说满语，就算是满族人，也不可以沿袭祖上的爵位。这样看来，面对传统继承这件事，富察氏和乾隆有不谋而合的观点，可以说是夫唱妇随。

以前在清朝的皇宫当中，想要好好活下去，是需要有一些凭借的。通常都会有两种不同的生存方式：一种是孩子依靠母亲，还有一种便是母亲依靠孩子。这也就是说，孩子刚开始没有什么与众不同的地方，与其他皇子一样，但是他们的生母却不同，因此生母的地位就能决定他的地位。孩子在一开始时依靠母亲，但是当他长大以后，如果获得了一定的地位，比如受到皇帝的喜爱，甚至当了下一任皇帝，就能让自己的母亲享受很好的待遇了。顺治的母亲、康熙的母亲，都是典型的依靠儿子当上皇太后，才尽享清福的。

乾隆刚开始册立皇太子时，册立的是富察氏的儿子永琏。永琏是在雍正八年出生的，因为他从小就很聪明，也很会讨长辈的欢心，因此受到雍正和乾隆的喜欢。

乾隆刚当上皇帝时间还不长，就已经写好了圣旨，说是要让永琏继位，然后把这道旨意放到了"正大光明"那张牌匾后面。不过永琏的运气实在太差，他还没有长大，就夭折了，死的时候只有9岁。

永琏死了以后，乾隆把一直放在"正大光明"牌匾后面的圣旨拿了出来，感到无限惋惜。在永琏去世一个月时，乾隆把他立皇太子的事向天下公布，然后给了他一个"端慧"的谥号，并用埋葬王储使用的礼节给他下葬。

满族人在册立皇子的时候不像汉族人有那么多规矩，就算是庶出的皇子，也有可能成为皇子。因此，乾隆将永琏册立为皇太子，不但是因为永琏天生聪明，最重要的是他和皇后之间有很深的情意。

永琏去世以后，乾隆一直没有再立新皇子。八年时间过去了，皇后富察氏终于又生下了一个儿子，就是皇七子永琮。乾隆见富察氏又诞下龙种，便想在以后册立永琮为太子。不过这个永琮的命运也不怎么样，在他只有两岁大时，就因为长痘，一命呜呼了。

永琮死时的情况和永琏不一样，他的年纪更小，还没有机会讨乾隆的欢心。乾隆虽然想要立永琮为太子，不过只是心里的一种想法，还没有像上次那样把圣旨放到"正大光明"的牌匾后面。所以说，永琮还不能说是一个王储，因此，尽管乾隆特别关照，在埋葬他时使用了高于其他皇子的礼仪，却不如皇太子永琏下葬时隆重。

乾隆打算立谁为皇太子，谁就活不长久，这让乾隆的心里特别不是滋味。他有一次还在发布圣谕的时候对这个问题发表过一些看法："朕即位以来，敬天勤民，心殷继述，未敢稍有得罪天地祖宗，而嫡嗣再殇，推求其故，得非本朝自世祖章皇帝（即顺治）以至朕躬，皆未有以元后正嫡，绍承大统者，岂心有所不愿，亦遭遇使然耳，似此竟成家法。乃朕立意私庆，必欲以嫡子承统，行先人所未曾行之事，邀先人所不能获之福，此乃朕过耶！"

乾隆十三年二月份，乾隆第一次到山东去祭拜孔子，还带上了皇后富察氏。因为在那时永琮才刚刚夭折，时间过去还不足两个月，因此富察氏的心里还有巨大的伤痛，一直没能缓过来，还忧思成疾。富察氏带着病陪乾隆到山东去祭拜，因为身体太虚弱，再加上舟车劳顿，身体更是垮了下来。在回京的途中，刚到济南，富察氏的病就已经非常严重了，身体情况更是越来越差。

眼看富察氏快要不行了，乾隆便想尽快赶回京城，赶紧给她医治。但是富察氏却已经等不及回京，她自济南前去德州的路上就已接近死亡的边缘，就病死于德州了，年仅38岁。

乾隆对皇后富察氏有着很深的情感，他们在一起的时间已经很久了，相互的感情已经不仅是爱情，还有浓浓的亲情，甚至已经变成了一种伦常上的责任。乾隆后来在祭奠皇后富察氏的时候，曾写了一篇《述悲赋》。这篇流露出深刻情感的赋里面，乾隆一开始便说："《易》何以首'乾坤'？《诗》何以首'关雎'？人伦之伊始。"单看这句话，我们就能够看出，乾隆对皇后富察氏的感情有多深。

如果按照儒家提出的观点来看，父子之间的感情排在第一位，夫妻之间的感情排在第二位，兄弟之间的感情排在第三位。不过因为汉族人对血缘特别看重，所以更加在意亲情。所以，经常可以听到一些人说兄弟如手足，女人如衣服之类的话，大多数人也确实是这样认为的。兄弟可以相守一辈子，而女人却能够换一换。于是，从汉人的思想上说，夫妻之间的关系就已是第三位了。

满族人和汉族人的观点有点差异，由于他们一直生活在关外，是靠武力发展壮大起来的，对血缘关系和夫妻之间的感情分得不是太细，他们只知道在自己身边的人就应该去珍惜。满族人通常对夫妻感情也十分看重。有两个皇帝给这种观念做了很好的注解，这两个人分别是皇太极与顺治皇帝。

清朝的天下是皇太极打下来的，他戎马一生，心志肯定不是一般人能比得上的，然而在听说宸妃病重以后，却显得非常慌乱。那时候皇太极还在外面领兵打仗，但是知道宸妃的事时，立即便从前线退了回来，一路上快马加鞭，朝宸妃所在的沈阳飞奔而去。不过宸妃最终还是没有等到他，就病死了。宸妃去世的消息传来，皇太极马上昏倒了，在今后相当漫长的日子里，他都有点魂不守舍。

皇太极忍不住想起了父亲努尔哈赤撒手人寰时，他虽然伤心，却不像现在这么严重，所以不由对自己产生了不满。然而无论他怎么努力，还是不能从巨大的伤痛中脱离出来。在宸妃的丧期时间内，因为郡王阿达礼和公扎哈纳一时没有注意，可能表现得有点欢乐，马上就被皇太极削去了爵位。

顺治皇帝对妻子的情感更是深厚，他在自己钟爱的董鄂妃死去之后，反应特别强烈，简直已经没有办法控制自己的情绪了。从皇太极和顺治的表现都可以看出，满族人对妻子的感情通常都是特别深的。在人伦当中，夫妻的感情可能在满族人的意识里是最为重要的。

乾隆写的《述悲赋》，将他内心的无限悲伤描述了出来，里面有很多情真意切的句子。比如，"纵糟糠之未历，实同甘而共辛"，"悲莫悲兮生别离，失内位兮孰与随"，"春风秋月兮尽于此，夏日冬月兮复何时"等。即便这些话已经显得很悲伤了，但乾隆心中的伤痛却远不止如此。

由于太过伤感了，乾隆的情绪和平时出现了很大差异。可能他觉得，皇后去世了，作为她的儿子，就算不是亲生的，也必须感到悲痛欲绝，因此那些表现得不太伤心的皇子，都是不孝子孙。他可能还认为，皇后母仪天下，大臣们也全都应该在对皇后的离世感到伤痛不已，如果不是痛哭流涕，就是不忠。

在这个时刻，乾隆突然发现已经21岁的大儿子永璜还有14岁的三儿子永璋似乎表现得不是特别伤心，用他的话形容就是"并无哀慕之忱"。于是，乾隆判定皇三子"于人子之道毫不能尽"，接着，便怒不可遏地斥责他"不识大体，对嫡母的仙逝全不在意。"上朝时，还在大臣的面前申明："朕百年之后，皇统则二人断不能承继……朕以父子之情，不忍杀伊等，伊等当知保全之恩，安分度日……倘仍不知追悔，尚有非分妄想，则是自干重戾矣……若不自量，各怀异志，日后必至兄弟弟兄相杀而后止，与其令伊等兄弟相杀，不如朕为父者杀之……"

乾隆斥责两位皇子时表现得太过严厉，直接把这两个还没有经历过多少事情的孩子吓傻了。乾隆不仅对皇子们的要求非常严苛，对大臣们也一样。如果哪个大臣表现得稍有纰漏，就会被乾隆抓住辫子，然后狠狠惩戒一番，甚至是处死。例如，由于大学士阿克敦的一个下属办事不认真，出现了差错，竟连他也受到了牵连。当时的情况是，阿克敦的属下在将孝贤皇后的册文转译为满文时，不小心译错了。大学士、江南河道总督周学健，湖广总督塞楞额由于剃发时还处于皇后去世后的一百天当中，马上就被乾隆赐死。刑部尚书盛安因为不忍把没遵守禁令，在丧期内剃发的锦州知府金文淳和山东沂州都司姜兴汉斩首。乾隆知道这件事以后，马上就下令，要求盛安自杀。于此同时，在刑部任职的人全部被乾隆革职处理了。

如果从清朝的法律上来看，官员在国丧期间剃发，也不算是什么大不了的事，连明文规定的惩罚措施也没有。当年雍正死了以后，有些人就是在国丧时剃发的，也没见有人对他们治罪。但是这个传统显然不适用于乾隆这个时期了，皇上一发怒，不管你是大罪还是小罪，都得被砍头。

乾隆对皇子们实在太严厉了，皇长子永璜在被强烈训斥一番之后，整天生活在沉闷压抑的环境当中，过了没多久就忧郁致死，死的时候才只有23岁。皇长子突然死了，乾隆感到特别伤心，马上将永璜加封成定安亲王。后来，乾隆在移孝贤皇后富察氏的灵柩到裕陵的同时，也把永璜生母的灵柩移到了那里。可能乾隆这样做，就是为了表示自己内心的歉疚，算是给皇长子的在天之灵一点安慰。

皇长子已经去世了，也算是从乾隆训斥的阴影中彻底解脱，不过活着的人却必须整天惴惴不安地面对皇帝。由于长期生活在很大的精神压力当中，皇三子永璋也坚持不住了。乾隆二十五年（公元1760年）的七月份，皇三子永璋终于也撒手西去。这次，乾隆依旧是非常悲伤，把永璋追赠成循郡王。

皇后富察氏去世以后，皇子和大臣们都面临着一场灾难，而皇后的弟弟傅恒却迎来了事业上的春天。乾隆给了傅恒一个保和殿大学士的头衔，后来又派傅恒到金川去打仗，让他将之前打了一年半之久的金川战役指挥完成。傅恒从京城前往金川之前，乾隆特意在宗庙进行了一番祭拜，预祝他取得胜利；到了傅恒动身的时候，乾隆还让儿子与大学士一起到良乡给他送行；为了保险起见，乾隆还拨给傅恒三万五千名英勇善战的士兵。

由于各种条件都很优厚，这场仗打得毫无悬念，傅恒很快就将金川平定下来。由于打了这场胜仗，傅恒的地位更加牢固了。在乾隆年间，傅恒当了很长时间的宰辅，到他死的时候依旧是大权在握，算起来应该有20多年之久。

由秀女荣升为皇后

皇后富察氏死了以后，乾隆又立了第二个皇后，就是乌拉那拉氏。在《清史稿·后妃列传》里对于她的称呼是"皇后乌拉那拉氏"。乌拉那拉氏是在康熙五十七年（公元1718年）二月初十出生的，比乾隆小七岁。雍正在世的时候，由雍正皇帝做主，让乌拉那拉氏做了乾隆也就是当时的宝亲王弘历的侧福晋。结婚时乌拉那拉氏的年纪还不大，仅仅15岁。

乌拉那拉氏的家世一点也不显赫，她父亲在当时才是个官职不算太大的佐领。然而一个没有生下儿子，也毫无强大的家族背景做后盾的人，却受到了雍正皇帝的青睐，被立为侧福晋，这真是令人意想不到的事。然而生活不是那么简单的，尽管乌拉那拉氏有了身份地位，却没有过上幸福生活，因为她和弘历之间感情一点也不深。

乌拉那拉氏嫁给弘历之后，弘历根本就没有将她放在心上，幸好雍正还赐予她一个侧福晋的封号，否则她的生活更会过得凄凉困苦。可是，也正是因为这个封号，而使得乌拉那拉氏处于一个尴尬的位置。

乌拉那拉氏刚嫁给弘历没多久，弘历就提出了给自己立侧福晋的要求，希望雍正能将使女高氏提拔上来。由此可见，弘历对乌拉那拉氏肯定不是特别上心，他更宠爱别的女子。假设雍正不替弘历做主，而是让他自己决定谁来当这个侧福晋，他一定不会选择乌拉那拉氏的。

富察氏在这时已经给弘历生下两个孩子了，都说母以子贵，因此富察氏的身份地位自然就高出别人很多，比乌拉那拉氏要尊贵得多。因此，无论从哪方面来看，乌拉那拉氏都没有什么拿得出手的资本，她的存在似乎完全是多余的。

弘历当了皇帝以后，在乾隆二年（公元1737年）十二月初四，将乌拉那拉氏封成娴妃。这时候乌拉那拉氏的年纪还不大，才19岁，虽然地位无法和富察氏相提并论，不过也算是两位主妃当中的一个。她的地位处于贵妃高氏的下面，与纯妃苏氏持平，在后宫里面的位置排在第三。乌拉那拉氏和纯妃有一点不一样的地方，纯妃以前当过一段时间的嫔，然后才被封成了妃子，但是乌拉那拉氏一下便直接晋升成娴妃了。在乾隆册封的这第一批妃子里面，乌拉那拉氏是年纪最小的一个。

表面上来说，乌拉那拉氏的地位已经非常高了，可是实际上却不是这样，乌拉那拉氏和高氏当时都是弘历的侧福晋，弘历登基之后，封高氏为贵妃，却封乌拉那拉氏为妃，这样她便和比她地位卑微的格格富察氏、苏氏一样，都是乾隆的妃子，这从本质上来说便是一种怠慢。后来，比她年长的纯妃苏氏、嘉嫔金氏、愉贵人珂里叶特氏等人，都先后诞下了子女，而乾隆皇帝对她却似乎还提不起兴趣。

在乾隆十年的元旦时，高贵妃以前的病发作了。乾隆希望她的病赶紧好，就想让她开心一点，在正月二十三日把她封成了皇贵妃。这次在册封皇贵妃的同时，也将娴妃晋升成娴贵妃，纯妃晋升成纯贵妃。

这时候，娴贵妃乌拉那拉氏的年龄是27岁，从给乾隆做妻子到现在都已经过去了12年，但用青春换回来的也只不过是贵妃之名而已。在名分上，她与纯贵妃是平起平坐的，这没有什么说的，然而在礼仪方面的待遇却明显不如以前的贵妃了。

高氏当贵妃时，公主、王子、福晋以及三品以上大臣的家眷们，都得经常到她那里去请安磕头。但是乌拉那拉氏当了贵妃以后，乾隆竟然说，以前没有皇贵妃，所以贵妃就要接受公主、福晋们的参拜，但是现在有了皇贵妃，因此贵妃就不必再享受这样的礼节了。所以，乾隆就宣布以前贵妃要接受的叩拜礼仪，现在不必再那样执行了。

这样又是三年过去了，皇后富察氏、纯贵妃苏氏都生了孩子，连嘉妃金氏还有后来才过来的舒妃叶赫那拉氏也诞下了龙种，然而乌拉那拉

氏却还是没有怀孕。看着新来的嘉妃都已经成了嘉贵妃，不知道乌拉那拉氏心中是怎样的滋味。

那么乾隆一点也不爱乌拉那拉氏，却为何还给她不错的身份地位呢？这应该不是看在乌拉那拉氏家族的面子上，因为她的家族根本不显赫。乾隆是看在雍正皇帝的面上，才让乌拉那拉氏在后宫当中有一席之地，因为她怎么说也是雍正亲自给他立的侧福晋。

乌拉那拉氏虽然不受宠，但似乎总会有人帮他，先是雍正，现在又是皇太后。乾隆第一位皇后富察氏去世以后，皇后的位置自然就悬空起来了。那时候乾隆的年岁还不是很大，正是中年时期，因此皇太后就对皇后的人选特别关注，还给乾隆指定了一个皇后出来，这个皇后就是乌拉那拉氏。为了表示对这件事的决心，皇太后还特意颁了一道懿旨，要求乾隆一定要将乌拉那拉氏册立为后。

乾隆是一个特别孝顺的皇帝，既然皇太后都已经下旨了，他就不能违抗。不过乾隆还考虑到一件事，就是皇后才刚刚死了没几天，如果他现在就又找一个皇后，有点不太妥当。因此乾隆就和皇太后商量了一下，暂时不让乌拉那拉氏当皇后，而是先把他册封成皇贵妃。不过，可以让她接管皇后平时做的事，负责后宫的一切事务，这样她的实际地位就相当于皇后了。皇后的丧期过去以后，马上就将乌拉那拉氏册封成皇后。

皇太后同意了乾隆的建议。于是在1749年，乌拉那拉氏被晋升成皇贵妃，并将统摄六宫的权力握在手上。到了1750年，乾隆给他举办了一个非常隆重的册封典礼，让她当了第二任皇后。就这样，乌拉那拉氏虽然不受宠，却在33岁那年成了母仪天下的后宫之主。

乌拉那拉氏当了皇后，身份地位顿时与以前有天壤之别，经常会陪在乾隆身边。不管乾隆到江南一带巡幸，还是到盛京去祭拜先祖，或者木兰秋狝、皇陵展谒等，都会让皇后乌拉那拉氏随行。尽管乌拉那拉氏已经和乾隆做了二十年的夫妻了，但是却没有生过一个孩子。而她当上皇后才一年半的时间，就于1752年产下了龙种，即十二皇子永璂。过了一年，她又给乾隆生了一个小公主，即乾隆的第五个女儿。不过这个女儿没有长大就死掉了。1755年，乌拉那拉氏又给乾隆生了一个儿子，即十三皇子永璟。

以前在二十年的时间里，乌拉那拉氏没有怀孕，但是现在才五年就连续生下了三个孩子，这说明她当了皇后以后比以前受宠多了。但是这种情况并没有一直持续下去，乌拉那拉氏在后来又突然失宠，到她死的时候，乾隆甚至不愿意和她葬在一起，其中的原因真是让人琢磨不透。

1765年的春天，乾隆准备着他到南方巡游的事。以前他已经进行过三次南巡了，每次都能让他心情大好，所以这次他的兴致也非常高，刚过了元宵节，就匆匆忙忙地出发了。这次南巡和以前差不多，乾隆还是让皇太后和她一起去，并且带上了皇后以及一些嫔妃。

这次南巡在一开始时和以前那几次完全相同，一切都很顺利。在前进的路上，乾隆还不忘给皇后乌拉那拉氏过了一个生日。乌拉那拉氏仍旧是每天都会率领众位妃嫔，一起到皇太后那里去请安，还跟着乾隆一起欣赏各种美景，一起吃饭，玩得十分尽兴。

不过当他们到了杭州时，情况突然发生了改变。那时是闰二月，在十八日吃早饭时，一切还很正常，乾隆特意赏赐给皇后不少美味佳肴，以表示对她的关心。然而这天晚上吃晚饭时，皇后就不在场了，她似乎一下子失踪了。乾隆赏赐饭菜的单子上也只有皇贵妃的名字，没有皇后什么事了。

从那天以后，南巡的队伍里面就再也看不见皇后的身影了。根据清朝的历史记录，皇后是乾隆命额驸福隆安先一步送回北京去了，走的是水路。

扑朔迷离的失宠

皇后被提前送回了宫里，但是吃的用的和从前都没有什么区别，不过她使唤的太监变成了五个，有两个厨子给她做饭，另外的三个太监被调至西暖阁的膳房那里了。乾隆在4月25日返回北京。过了半个月以后，

他忽然下令将令贵妃魏氏晋升成皇贵妃。

如果看一下清朝的制度就会发现，皇宫里面最多设立一个皇贵妃，她的地位在皇后之下，属于权力仅次于皇后的人。乾隆将令贵妃晋升成皇贵妃，尽管没说将后宫的事物交给她管理，不过谁都能看出来，皇后已经失宠，乾隆是打算让她取代皇后的位置。

果然，几天之后，弘历派人拿走了乌拉那拉氏掌管的那四份夹纸册宝。这些东西包括一份皇后册宝、一份皇贵妃册宝、一份娴贵妃册宝以及一份娴妃册宝。清朝的皇宫里有这样的规矩，皇后可以使唤十二个宫女，而答应则可以使唤两个宫女。但是在1765年时，皇后的身边就只剩下两个宫女了，待遇竟然降到了和答应一个水平。仅从这一点就能判断，皇后在后宫中的地位一天不如一天了，再也不能得到乾隆的宠爱。乌拉那拉氏明白自己的处境，整天都流很多眼泪，却无法改变这种局面。

从统摄六宫的皇后，一下子变成无人理睬的人，享受的待遇也一落千丈，换了谁都无法忍受，因此乌拉那拉氏的情绪一直非常低迷。刚开始她还希望乾隆能看在这么多年夫妻的情分上，过来看看她，把她从苦海中解救出来。但是很快她就生病了，躺在床上孤独地面对冷冰冰的墙壁，怎么都等不到乾隆到来。她终于明白，乾隆再也不会来看她了。

1766年，乌拉那拉氏带着心中的绝望，离开了这个冰冷的世界，这时她49岁。

之前乌拉那拉氏得了很严重的病，然而乾隆却不肯去看她一眼，反倒离开皇宫，远远地避开了。到了后来，乌拉那拉氏的病越来越重，但乾隆却依旧不念旧情，直接躲到承德的避暑山庄去了。

很快乌拉那拉氏的死讯传来，乾隆知道以后，完全没有回京的意思。实际上乾隆前脚来到避暑山庄，乌拉那拉氏后脚就去世了。消息是过了一天才送达的，但是乾隆却一点也不伤心，连京城都不回。他派乌拉那拉氏生的十二皇子永瑾去北京处理皇后的事，自己则依旧在承德好吃好喝，还经常去打猎为乐。

本来按照以前的规矩，皇后去世了，就是国丧，必须全国上下一起举哀，举办一次隆重的葬礼。然而乾隆却在乌拉那拉氏死后马上就传下了一道圣旨，说皇后的丧事不按照皇后的礼仪来处理，而是用皇贵妃的礼仪。说是这样说，实际举办葬礼时，使用的礼仪连皇贵妃都比不上，完全没有隆重的感觉。按照清朝的惯例，皇贵妃去世以后，皇帝要五天不上朝，贵族以及官员、公主和命妇都要过来大声痛哭，然而这些礼节在乌拉那拉氏下葬时都没有。皇贵妃应该用怎样的棺椁下葬也是有规定的，但是乌拉那拉氏的棺椁却连皇贵妃的规格都不够。

本来皇后去世之后要葬到帝陵，或者是单独给皇后建造的陵寝，然而乌拉那拉氏则是葬在了妃园寝。即便如此，按照清朝下葬的规矩，如果妃嫔安葬在妃园寝，从皇贵妃到常在、答应，全部要有地宫及宝顶才行。但乌拉那拉氏下葬时却连这些东西也没有，她被埋进了纯惠皇贵妃所属的地宫里面，在死后也要寄人篱下。

更有意思的是，乌拉那拉氏作为一个皇后，她的棺椁是放在纯惠皇贵妃棺椁东边的。在陵墓当中，只有身份地位比较低的人才会处在东边，也就是说，活着的时候地位一直比纯惠皇贵妃高的乌拉那拉氏，竟然在去世以后排在了纯惠皇贵妃下面。

根据清朝的制度，皇后在去世以后，必须升祔太庙、奉先殿。但是乌拉那拉氏却没有享受到这样的待遇。清朝的陵寝制度规定，葬到妃园寝的人，从皇贵妃、贵妃到妃，都应该设置神牌，并供奉在园寝大殿的暖阁里面。只有嫔、贵人、常在以及答应才不设神牌。但是乌拉那拉氏这个皇后却没有神牌。

乌拉那拉氏的待遇之差可谓前所未有。在清朝，先不要说是皇贵妃、贵妃和妃子这些地位比较尊贵的人，就连地位一般的常在或者答应，去世以后在每年的清明和岁暮也会各进行一次祭祀活动。这些祭祀活动的规模是比较大的，供品非常多。但是乌拉那拉氏去世之后，却没有受到过任何形式的祭拜。

皇后从生前到死后都有这样的不公平待遇，很多官员都感到特别不满，因此有不少人为她打抱不平，然而却没有一个成功的。由此也可以

看出乾隆对她没有一丝一毫的怜悯之心。

乌拉那拉氏还没有被乾隆关进冷宫的时候，刑部右侍郎觉罗阿永阿便希望让乾隆收回废后的念头。然而一想到如果劝说未果，说不定会被乾隆怪罪，自己获罪没有什么关系但是不能给老母尽孝，却是最大的问题。阿永阿想到这里，一直犹犹豫豫的，下不了决心。母亲看他整天愁眉苦脸的，就问他怎么回事，当知道他的担忧之后，劝他说："你是皇家的大臣，现在想要劝谏皇帝，怎么能因为自己的母亲年老，就不尽忠了呢？你不用管我，该说什么就去说吧！"

阿永阿见母亲如此说，感动得泪流满面，终于下决心要按照母亲的话行事，去劝说乾隆。因此他和母亲诀别一番，便递上了奏折。乾隆读了阿永阿的折子以后，特别生气，认为他作为一个深受自己信任的大臣，竟然为了博取好名声，公然和自己对着干，真是胆大妄为。

乾隆立即将大臣们召集起来，对这件事进行商议。协办大学士、吏部尚书陈宏谋说："此若于臣宅中，亦无可奈何事。"兵部尚书托庸说："帝后即臣等之父母。父母失和，为人子者，何忍于其中辨是非也。"户部右侍郎钱汝诚说："阿永阿有母在堂，尽忠不能尽孝也。"本来乾隆将大臣们叫过来，是想让他们数落阿永阿一番，自己也好慷慨陈词，对阿永阿进行惩罚，没想到这帮人全都替阿永阿说话。乾隆心里特别尴尬，恼羞成怒，便顺着钱汝诚的话接了下去，说："钱陈群老病在家，汝为独子，何不归家尽孝也？"

这件事闹到最后，乾隆不顾众位大臣的劝阻，把阿永阿革职，还将以前赏给他的东西全都收了回来，并让他去遥远的黑龙江驻守，以赎清自己的罪过。就连本来没什么事的钱汝诚，也因为自己的一句话，被乾隆免了官。

乌拉那拉氏死后，对于她那简陋异常的丧事，也有大臣鸣不平。御史李玉鸣觉得这样给皇后办理丧事实在太不应该了，就给乾隆上了一道折子，说内务府给皇后办丧事没有按照以前的规矩，有很多地方都违背了惯例。比如，上坟和满月等事宜，每个衙门都要按照以前的规矩在一

第七章 死后没有葬礼的皇后——乌拉那拉氏

处集合，然而却没有人通知这件事，是不是因为事情太多，所以忘记了？

乾隆不是傻子，他马上就知道李玉鸣想说什么了，认为李玉鸣这是公然在向自己发出挑战，他说："其意不过以仿照皇贵妃之例犹以为未足，而又不敢明言，故为隐耀其辞，妄行渎扰，其居心诈悖，实不可问。"因此马上就传下旨意，把李玉鸣"革职锁拿，发往伊犁"。就这样，李玉鸣为皇后说了几句话，马上就由官员变成了苦力，被发配到边疆了。

官员们见乾隆处理与乌拉那拉氏有关的事宜时这样不容商量，而且惩罚那么严厉，谁也不敢再替她喊不公平了。

野史上怎么说

对于乌拉那拉氏的突然失宠，人们都感到有些摸不着头脑，于是便产生了各种各样的猜测。我们不知道事情的真相到底如何，不过可以先看看野史是怎样说的。

乾隆历来以风流著称，由于雍正皇帝给他留下了一个经济繁荣的国家，所以他有足够的资本去挥霍。乾隆知道现在人民的生活非常安定，经济方面条件也不需要他担心，因此每天想的就是怎么玩，怎么让自己开开心心的。

他整天都面对宫里的妃子们，所以已经非常厌倦了，总想去外面找找乐子。因此他有事没事就去江南玩，然后趁机找几个漂亮的江南女子。大臣们当然知道皇上心里想的是什么，因此总是从民间找一些美人与名妓，当做礼物献给乾隆。乾隆一看见美女就心花怒放，当然不会拒绝，因此他整天沉迷于女色当中，根本不管国家大事。

乌拉那拉氏出身名门，个性特别强，而且从小就受到过良好的教育。她读过很多书，也懂得很多道理，是个大家闺秀。对于乾隆的各种风流韵事，她当然早就知道了，有好几次都耐心劝说过乾隆，却没能让他把这个坏毛病改过来。

乌拉那拉氏打算趁着自己和乾隆一起出游的机会，对他进行监督，不让他像以前那样总是拈花惹草，等有机会再对他进行一番劝说。然而她的想法是一厢情愿的，乾隆根本不会受她的掌控。眼看着皇帝整天泡在女人堆里，乌拉那拉氏觉得这样下去后果会非常严重，皇帝的身体肯定经不起这样折腾。

于是，乌拉那拉氏作为皇后，觉得不能让乾隆再这样下去了，她应该履行皇后的职责，管一管皇帝的行为。所以，她决定不顾自己的安危，向乾隆进行一次死谏。

一天晚上，在准备充足以后，乌拉那拉氏手里拿着写好的奏章，来到了乾隆所在的御舟上。她看见船舱门外挂着火红的灯笼，明白这是乾隆宠幸后妃的信号，其他人一律不许进入。乌拉那拉氏是当今皇后，她有权利决定晚上由哪个妃嫔陪皇上睡觉，所以她知道今天根本就没有安排任何人给皇上侍寝。船上挂出了这样的红灯信号，说明乾隆正在与皇宫外面的女人待在一起，心里不由得升起一股怒气。

乌拉那拉氏把门外面的守卫喝退。因为他是皇后，没有人敢得罪她，所以守卫把路让开了。乌拉那拉氏没有通传，就直接撞进乾隆所在的船舱。她一进去，便看见乾隆正和一群身材苗条的尼姑在一起搂搂抱抱，玩得不亦乐乎。乌拉那拉氏立即大声呵斥一番，将那些尼姑赶到一边，将准备好的奏章高高举起，跪到地上，请求乾隆仔细看一看。

乾隆本来正高兴，忽然被皇后搅了局，心里非常生气，而且见她这样闯进来质问自己，面子上也过不去。他又羞又怒，看乌拉那拉氏跪在地上，还让自己看奏章，马上就把奏章夺了过来，连看也没看一眼，随手撕成了碎片，扔到一边。接着，乾隆对乌拉那拉氏进行了一番训斥，说她作为一个皇后，却不守本分，总是想管皇帝的事，而且总是吃醋，没有母仪天下的气度。

乌拉那拉氏见乾隆不理会自己的苦心，反而训斥自己，感到非常伤心，她既然已经走到这一步，也就不知道害怕了，竟然开始反驳乾隆，说："既然皇上您一点也不理会天下，不为这个国家着想，却愿意和尼姑鬼混在一起，不如我将自己的头发剪了，让皇上您高兴高兴！"说着，她就拿过旁边的剪刀，把自己的头发全都剪了下来。

乾隆本来虽然生气，但也没想把皇后怎么样，现在见她做出这种事来，顿时气得七窍生烟。他立即就传令，让侍卫们将乌拉那拉氏拖出去，接着就宣布废除乌拉那拉氏的皇后之位。

乌拉那拉氏从进宫到现在已经30多年了，她一直非常注意自己的言行，不想被别人抓住任何把柄，也害怕自己触犯了乾隆的禁忌，惹乾隆不高兴。她整天都小心翼翼地过日子，只为在险恶的后宫中生存下去。但是现在她已经累了，想要结束这种战战兢兢的日子。

虽然被乾隆废掉了，但是乌拉那拉氏一点也不觉得后悔，反而从心里感到一种平静。她再也不用整天担惊受怕了，可以随意做自己想做的事，过不看人脸色的生活。

野史上说，乌拉那拉氏后来到杭州城里的一个尼姑庵里当了尼姑，清晨的时候伴随着晨钟起来，晚上听到暮鼓便休息，整天吃斋念佛，常伴青灯左右。有时她会画几幅画，写两首诗，或者弹一弹琴，安闲地过完残生。

又过了很多年，乌拉那拉氏在尼姑庵中安静地去世。尽管这么多年她都不在皇宫中，还做了尼姑，不过她以前却是让人们尊敬的皇后，毕竟和乾隆做过那么久的夫妻。所以乾隆在她去世以后，用皇贵妃的礼节对待她的葬礼，还把她葬在了妃园寝。

皇后失宠之谜

乌拉那拉氏皇后去世的第二天，乾隆就在避暑山庄发出了一道圣旨，首次揭露了这位皇后是失宠的原因。他说：

皇后患上了"迹类疯迷"的病症，做了很多过分的事情，不可以在皇太后面前尽媳妇之道，因此才将她的丧失降格处理。表面上看来，皇帝能够做到如此宽容，已算得上仁至义尽，无可挑剔。可是，仔细看来，其中的疑点颇多：

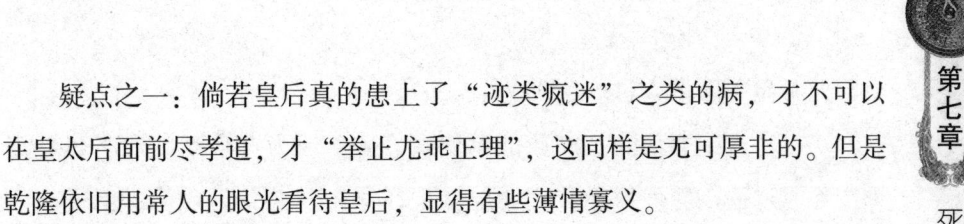

疑点之一：倘若皇后真的患上了"迹类疯迷"之类的病，才不可以在皇太后面前尽孝道，才"举止尤乖正理"，这同样是无可厚非的。但是乾隆依旧用常人的眼光看待皇后，显得有些薄情寡义。

疑点之二：既然皇后已经生病了，增加服侍的人的数量是理所应当的，但是乾隆反而减少了身边伺候的人，这是不符合常理的。

疑点之三：皇后生病，更加需要丈夫的关心和疼爱。可是事实却是，皇后生病，乾隆前往热河避暑，显得如此薄情寡义。

疑点之四：难道只是因为皇后生病，就收回四份宝册吗？

疑点之五：即使是患上了"迹类疯迷"病，丧仪就要降低等级吗？既然已经承认了她是皇后，为什么不可以葬入裕陵呢？即便是按照皇贵妃礼进行办理，为何慧贤、哲悯、淑嘉三位皇贵妃可以顺利葬入裕陵，身为皇后的乌拉那拉氏却不可以享受这样的待遇？

疑点之六：皇贵妃去世之后理应设置神牌，还会有大小祭祀，为什么这位皇后却没有？

通过以上六个疑点，很明显，乾隆的解释并不能让众人信服。那年在南巡的闰2月18日早膳的时候，皇后还是好好的，下午就被护送回京城，这说明是突发病。身体素质一向很好的皇后为什么会突然心性失常呢？她在皇太后面前是怎样失礼？又违背了孝道中的哪些言行？乾隆都避而不谈。

1778年7月，乾隆第三次诣盛京祭祖。在9月初的回銮途中，一位名叫金从善的锦县秀才在御道旁给了皇上一道奏本，奏本中共讲述了"立储"、"立后"、"纳谏"、"施德"这四件事，要知道，这些都是当时的敏感话题，众人避之不及。乾隆读完这道奏本之后被深深地刺痛了，他龙颜大怒，甚至为这件事发出了一道长长的谕旨，逐字加以批判。

在反驳"立后"一条时，他再一次谈到皇后失宠的原因，说："其后自获过愆，朕仍优容如故，乃至自行剪发，则国俗所最忌者，而彼竟悍然不顾，然朕仍曲予包含，不行废斥。"原来，所谓的皇后在皇太后前"不能恪尽孝道"、"尤乖正理"等，就是当着皇太后的面将头发剪掉了，也因此触犯了国之大忌。

实行活人殉葬仪式是满族的制度，后来，因为这项制度过于残忍而被废除，进而以剪发取而代之，也就是在皇帝及其父母死后，臣子和子女剪掉自己部分的头发，以示"殉死"。这是满族人的恶俗，在平时剪头发是最忌讳的事情。乌拉那拉氏在皇太后、皇上依然健在的时候，剪掉自己的头发，明显是要诅咒皇太后、皇上快点死。当然会引发乾隆的怒火。

要知道，出身名门的乌拉那拉氏受过高等的教育，端庄贤惠，深明大义，熟知各种礼仪，为什么会突然剪掉自己的头发呢？这就说明有一件比触犯国家大忌更严重的事情激怒了她，逼迫着她不得不剪掉自己的头发。这究竟是什么事情呢？关于这一点，乾隆只字未提。退一步说，即便说皇后患上了失心疯，在神志不清的情况下剪掉了自己的头发，也并非有意为之，还是可以被原谅的。所以说，乾隆对待这位陪伴自己30多年，为自己生儿育女的乌拉那拉氏不公平，着实不能令人信服。

皇后的陵墓之谜

康熙统治下的清朝，已经基本上完善了制度。按照当时丧葬制度的规定，如果皇后在皇帝之前去世，就应该葬入皇陵内，与皇帝合葬在一起；如果皇后死在皇帝之后，就要单独建造陵墓。

乌拉那拉氏是乾隆的第二位皇后，于公元1766年去世，按照常理来说，应该葬入裕陵。这也是有先例可循的。可是，结果并不是这样。而死在1748年的孝贤皇后及慧贤、哲悯、淑嘉这三个地位尊贵的皇贵妃，却一同葬入了裕陵地宫，石门还没有关闭，这说明是在等待皇上。《清实录》、《大清会典》等在清廷官修的史料中，也没有对她的安葬之地有任何介绍，在清廷档案中甚至没有任何关于她死后的记载。《昌瑞山万年统志》的清代马兰口总兵主编的清东陵专著，内容广泛、详实，可是这部书却没有关于这位皇后的任何记载。那么，这位皇后究竟葬在哪里了呢？

答案不为人知。

经过多方研究、调查，终于在《陵寝易知》中找到了这位皇后的下落。原来，她去世后葬在了裕陵妃园寝中，与纯惠皇贵妃合葬在了一起。这是一部东陵官员于公元1887年编著的书籍。在这本书中，还明确记载了"陵寝的规制和内葬人物"："谨按：皇贵妃园寝，中建宝城，奉安皇后、纯惠皇贵妃。宝城后，奉安皇贵妃、贵妃、妃、嫔、贵人、常在三十四位，均各券。"

一位堂堂大清皇后在去世之后竟然受到如此不公的待遇，而且档案与官书对此未曾提及只言片语，这不得不令人感到疑惑。

皇后陵墓之谜后续

在一份军纪档案中为乌拉那拉氏的失宠之谜，提供了一个全新的说法。1776年发生了一桩"严譄私拟奏折请立正宫案"，讲述的是山西省高平县严譄给皇上上了一道奏折，奏折中说："望皇上纳皇后（指乌拉那拉皇后），多蒙宠爱，贤美节烈，皇上已经年过五旬，却依旧操劳国事，如果还如从前那般宠幸，只怕会伤及龙体。"乾隆看过之后，龙颜大怒，立刻命令舒赫德、英联、阿贵等在京城秘密搜查、审问。不几日，又命令三法律司一同审理。经过严审之后，严譄招出了这样的供词：

乾隆三十年，皇帝南巡。在前往江南的路上，先护送皇后回到京城。我当时正在山西，就听说了这件事。人们都说皇上当时要册封一个江南的女子为妃，皇后不答应，在盛怒之下，将头发剪掉。这个事情大家口口相传。现在，时隔十年，我怎么还会记得是谁说的呢？后来，我在乾隆三十三年进京，又听说了皇后去世之后御史不颁诏。当时，我恰巧生病回家。三十六、七年间，我的妻儿都不幸去世，运势不好。想到人孰无死，如果不可以做点好事，留下一个千古英明，真的枉来人间走一遭。所以，那一年进京之后，心里妄想，我如果可以将皇后的事情奏请皇上，准行颁诏，不就可以名垂千古了吗？

从严谱的供词中不难看出，皇后之所以剪掉自己的头发，是因为想要阻止皇上册立一个妃子，而这位妃子很有可能就是当时的令贵妃。皇上想要册立令贵妃为皇贵妃，皇后不依，才发生了这种意想不到的惨剧。为什么说是令贵人而不是其他人呢？理由有三：

其一，在1756年到1766年这10年的时间里，令贵妃接连为皇上生下了4位皇子，2位皇女，其中就包括嘉庆皇帝永琰。10年的时间可以连续生下6个孩子，就足以证明皇上对她的宠爱。

其二，1765年，乌拉那拉氏年已经将近五旬，昔日的少女早已经人老珠黄，没有了往日风韵，但是，令贵妃当时才39岁，比皇后小9岁，年轻貌美的她自然比皇后更占优势。

其三，乾隆南巡回京之后十几天，就册封令贵妃为皇贵妃，而那时的皇后早已经被打入冷宫。皇后为什么这样反对册立令贵妃为皇贵妃呢？清代后妃制度，皇贵妃就只有一个，地位仅次于皇后，相当于后宫的二老板，而这位二老板还是一个风韵犹存的女人，这无疑对自己构成极大的威胁。所以，任何一位皇后在面对如此有力的竞争对手时，都会持反对票。或许只是乌拉那拉氏的行为过激吧。

人们常说，一日夫妻百日恩，乌拉那拉氏与皇帝三十年的夫妻情分，一旦一言不逊，也会遭遇如此严酷的惩罚，当真是"伴君如伴虎"啊！

依照常理而言，人死即空，生命已经终结，之前的恩恩怨怨、是是非非都应该随风消散了。可是谁又能想到，200多年之后，这一位不幸的皇后会再次遭受劫难。

裕陵妃园寝内总共安葬了乾隆皇帝的一位皇后、两位皇贵妃、5位贵妃、6位妃、6位嫔、12位贵人、4位常在，一共36个人。修建大宝顶一座，小宝顶34座，前后分为5排。每一座宝顶的下面都建有地宫，大宝顶的地宫里面安葬着乌拉那拉皇后与纯惠皇贵妃，其他的34个人各自安葬。大宝顶位于最前排的正中央，是这座陵寝中地位最尊贵的人。大宝顶的地宫内安葬人数最多，而且级别最高，其中随葬的珍宝也最丰富。因此这座地宫就变成了盗墓者的首选。

1929年11月，纯惠皇贵妃的地宫被盗。盗窃案发生之后，东陵守护大臣乐泰立刻向溥仪做了汇报，溥仪立刻派人到东陵了解事情的来龙去脉，之后又多次派遣担任过东陵守护大臣的镇国公载泽等人，坐汽车前往东陵，重新安葬了乌拉那拉皇后与纯惠皇贵妃，而且事后进行了妥善的处理。

1981年11月30日，清东陵文物保管所对纯惠皇贵妃的地宫再一次进行修葺。经证实，地宫内的确安葬了两个人，与《陵寝易知》中的记述之一致的。

第八章 神秘的异域妃子——容妃（香妃）

皇妃档案

☆姓名：伊帕尔罕

☆民族：维吾尔族

☆出生日期：1734年9月15日

☆逝世日期：1788年5月24日

☆配偶：乾隆皇帝弘历

☆子女：无

☆寝殿：宝月楼

☆陵墓：裕陵妃园寝

☆谥号：香妃

☆最为高兴的事：登宝月楼和皇上为她修建的具有维族风格的教堂

☆最伤心的事情：政治联姻，没能得到自己想要的自由生活

☆生平简历：

1718年，出生在新疆的叶尔羌。

1760年，和贵妃。

1762年，升为容嫔。

1768年6月，升为容妃，又名香妃。

1788年，去世，被送回家乡安葬。

人物简评

她是一个传奇的西域女子，有着维族女子特有的气质和容貌，得到皇上特别的宠爱。然而，无奈的她在联姻的生活中，得到了自己想要的东西，也失去了自己追求的梦想。

她想找个彼此相爱的人，在自己熟悉的大草原上尽情享受无拘无束的生活，但联姻后这个梦想离她越来越遥远，只能在梦里出现了。虽然联姻后，离开自己可爱又熟悉的家乡，没能陪在自己的父母身边。但是看见皇上对自己如此宠爱，在京城还给她修建了家乡的教堂，心里也些许安慰了。

生平故事

从和贵人晋封为香妃

1734年9月15日，伊帕尔罕出生于新疆的叶尔羌，一个和卓族的家庭里，被称为和卓氏。她是一个美丽而温柔的女子，性格开朗的她得到很多人的喜爱，被当地人称为是最美的神话。

香妃是一位美丽的回族姑娘，她的父亲是第二十九世回部台吉（首领）艾力和卓，哥哥是图尔都。当乾隆第二次平定准噶尔叛乱的时候，图尔都成功解除了准噶尔对大和卓木与小和卓木的围困。两年之后，小和卓木将遣派的副都统阿敏道害死了，自立为巴图尔汗，大和卓木盘踞在喀什噶尔，遥相呼应，大规模的武装反清运动就此拉开了序幕。

1757年，图尔都等不愿意归附分裂的部落，所以配合清军清剿，才平息了大和卓木、小和卓木的叛乱，立下了汗马功劳。1760年，图尔都等人被召进京城拜见皇帝，并被安排到西安门外和东四北六条居住，还把他们的家眷也都接到京城来，封图尔都等人为一等台吉，封艾力和卓为辅国公。

为了更好地拉笼图尔都等人，乾隆皇帝又把他27岁年轻漂亮的妹妹封为和贵人。很明显，这是统一新疆后的乾隆皇帝，在实施"因俗而制"的政治联姻。

传说和贵人在进宫的时候，一棵从南方移来、从未结果的荔枝树竟然奇迹般地在宫中结出了200多颗荔枝。这在当时都被称为是好预兆，再加上和贵人身上奇特的香味，得到了皇太后和乾隆皇帝的喜欢。然而她并不是特别喜欢皇帝及皇太后，入宫之前她就听说后宫中勾心斗角、尔虞我诈、争风吃醋的现象无处不在。虽然并不情愿，但她又有什么办法呢。

和贵人与其他嫔妃无法沟通，关系也不和睦，只是在烦闷的时候跟自己的影子谈心，完全不适应宫内的生活，感觉十分枯燥、乏味。她想，如果这一辈子就要在这深墙大院内生活，该是一件多么痛苦的事情。乾隆似乎看出了和贵人的心思，想方设法讨和贵人的欢心，但是日子一天天过去了，和贵人依旧没有改变。

于是，乾隆只好将和贵人与众位嫔妃隔开来住，将其安置在南海边的宝月楼。当然，宝月楼并非纯碎的中原建筑，虽然从外观上看与皇宫内的其他的建筑并无差别，但是内部的设计、装潢尽显回族气息。

不仅如此，在宝月楼的对面还修建了很多具有维族风格的房屋和教堂，这样一来，就可以让身处其中的和贵人感受到家乡的气息，以解思乡之苦。而且乾隆还经常到宝月楼去看望她，并以宝月楼为题写了不少诗歌。

和贵人在圆明园居住的时候，乾隆还派人将《古兰经》刻在圆明园的大理石墙壁上，仅仅是为了让她在做礼拜的时候更加方便。对于和贵人来说，她十分感谢乾隆为自己做的一切，可即便如此，她对于家乡的

思念之情也没有减轻，她盼望与自己的家人在一起，在维族找到一个心仪的对象，幸福地度过一生。而不是每天面对着这些亭台楼阁，度过凄凉的一生。

香妃在幽静而清冷的皇宫里，对那些进宫前的传闻一无所知。后宫妃子们为争宠而发生的血腥争斗的事每天都发生，可她并不知道女人争宠的意义，也不清楚争宠是一件非常残酷的事情。她把异域女人的气质发挥得很完美，再加上她神秘的气息也帮了她的忙，美丽让她获得了不少人抢都抢不来的机会，使她处于一种非常飘逸的境界，远离人世间那些琐碎的事。

一转眼，和贵人入宫已经三年了，而她也由贵人晋升为嫔，即为"容嫔"。有一年春天，乾隆开始第四次南巡，同行的除了皇太后、皇后、大学士傅恒之外，还有容嫔。可见，乾隆对她的宠爱。

公元1768年6月，皇太后又降旨将容嫔晋升为容妃。同年10月，35岁的容嫔被尹继善大学士、迈拉逊内阁学士受命持节册封为容妃。

公元1771年，乾隆命令容妃与其他的五位妃嫔一同东巡，一路上又是游览名胜，又是烧香拜佛，容妃的心情也慢慢好起来。此时，乾隆的乌拉那拉氏皇后已经去世四年了，从那时起，乾隆就决定不再立后。可是，公元1775年，皇贵妃也撒手人寰，这时的容妃在后宫的地位已是举足轻重。譬如，每一次赏赐哈密瓜的时候，乾隆总会将最好吃的花皮哈密瓜赏赐给她，可是其他的嫔妃就只能领到二等的青皮瓜。

公元1781年，在圆明园举办宴席，容妃坐在了首位的西边第一桌。这一年12月，乾隆在乾清宫大宴宾客，她又被荣升到了东边桌位的第二个，虽然此时的她已经48岁，可是依旧那样的风华绝代，宛如十七岁的少女一般。容妃在宫中的位置无人能够动摇，就连那些平日里喜欢在背后嚼舌根的嫔妃们，也开始对她有所忌惮。但是，作为容妃本人，似乎并不在意这一切，她所在意的是有谁可以真正地了解她。

香妃"香"的谣传

迄今为止,后人对香妃的传说和史料有了进一步的了解。但是在官方的文字记录中,并没有提到容妃就是"香妃",也没有关于容妃身上有什么异香的记载。那么传说中的香妃到底是怎么个样的"香",她的这种香到底又是从哪里而来的呢?相传,香妃的"香"有两种来源,一种是认为香妃在伊斯兰教中的教名是"希帕尔汗",翻译成汉语是"很香"的意思;另一种说法是,香妃与其他维吾尔族妇女一样,喜欢把沙枣花戴头上,她的"香"指的是沙枣花的香味。又有一些专家解释说,作为一个维吾尔族女子的香妃,她身上的气味肯定与汉族人或者满族人有所不一样,她到了宫里就开始受到乾隆的宠幸,于是别人就把她这种与众不同的味道说成香味。也有的人说,香妃从小是喝羊奶长大的,时间久了,她的身上就慢慢有了一种"奶膻味",然后到了中原就被说成是香味了。最令人不可思议的说法是,香妃的香气指的是狐臭的味。因为宫廷挑选秀女的要求非常严格,而身为皇帝的乾隆自然就从没有闻过这种奇怪的气味。于是他把香妃身上的这种特殊气味自认为是"异香",这也不是不可能。当然,倘若真的有人能证明香妃的香味就是狐臭的话,那这个人一定会被口水淹死的。

香妃的传说

一、香妃的身份和画像传说

香妃的最早历史记载是 1892 年萧雄的《西疆杂述诗》,其中有一首诗歌名叫《香娘娘庙》,其中就有一句是这样说的:"纷纷女伴谒香娘"。作者在诗歌中的注释为:"香娘娘,乾隆年间喀什噶尔人,因为出生带有体香,性格开朗。"这里仅仅是一笔带过,并没有详细讲述香妃的故事。而香妃的故事则是记录在 1904 年刊印的《王湘绮先生全集》第五卷中,

而武侠大师金庸先生巧妙地借用了香香公主的传说，在《书剑恩仇录》中将一个倾国倾城、纯洁无瑕的香公主塑造得淋漓尽致。而琼瑶《还珠格格》中塑造的含香，更是成为忠贞与美丽的化身，让香妃成为家喻户晓的人物。

虽然妇孺老少皆知香妃，可是在乾隆的后妃名单中，却寻不到"香妃"的半点痕迹，这就让人不得不怀疑香妃的真实性。可是，纵观清史，有四种不同版本的香妃画像一直在世间流传着，让人们觉得香妃似乎又是存在于世的。

第一种画像中的女子是身穿红色的旗装，腕戴深色的玉镯，面容十分清秀，神态悠然。这幅画像的人物很多人都相信她就是香妃，也有的人说《还珠格格》中的含香跟画中的香妃非常相似。实际上谁也不能证明这就是香妃的画像。

第二种画像中的女子，身着盔甲，昂首挺胸，英姿焕发。公元1914年，故宫古物陈列所从避暑山庄与沈阳故宫，调集了一批清朝时期的文物进行展览，在所展示的文物中就有这幅画像。而且，画像的下面还写有如此字样："香妃者，回部王妃也。美姿色，生而体有异香，不假熏沐，国人号之曰香妃。"但是，经过相关专家考证，这幅画像原本是没有任何文字说明的。只是画像送到故宫陈列所之后，这幅画像被民国时期的一位总长看见，就随口说了一句"这或许就是传说中的香妃娘娘吧"。于是便有了这幅画就是香妃娘娘的说法。

第三种画像，一个女子坐在一块石头上，她头戴着凉帽，身穿西式的长裙，右手扶着花篮，左手持着花铲。有的人说这幅创作的香妃画像，是宫廷画师郎世宁所画，但是郎世宁的所有作品都有明确的相关文字记录，画中也都会有落款和标志。而这幅既没有落款和标志的画，也找不到相关的文字记录，因此，说香妃就是画中的人物难免有些牵强。

第四种是一个女子的吉服半身像，这幅画像与前三种比起来是普遍的说法。著名清史大师孟森先生在《香妃考实》一文中提到，这幅画像来自于太仓陆夫人。她有一天来到东陵瞻仰，当她走到一处园寝时，守门人说这是香妃冢,她看到园子门口写的却是容妃园寝。她早就听说过关于香妃的不同传说,于是就用相机拍下了园寝中的小幅容妃遗像,也是我们如今所看到的这幅半身像。

关于香妃的四种画像中,只有第四种有清楚的相关记录。既然这幅画像就是容妃的像,孟森先生大胆猜测,传说中的香妃可能就是容妃。为此,他查阅了所有关于乾隆后妃的文字记录和相关实物,证明在乾隆的四十多位后妃中,只有容妃一个人是来自新疆。根据传说中的香妃也是从新疆来的,那么香妃也就是容妃了。关于容妃的家世,孟森先生认为她肯定是出自和卓家,而关于容妃什么时候入的宫,清代官修的史料中却没有明确的记载。孟森先生认为应该是在大小和卓叛乱之前,容妃入宫的。因为假若是在这之后,乾隆皇帝可能不会对她那般宠爱,甚至还专门为她修一座宝月楼了。

孟森先生提出的容妃就是香妃的说法,得到了史学家专家们的一致认可,可是也有人对容妃的身世产生了质疑。关于容妃的家世,一些人认为虽然容妃属于和卓一族,但是与大小和卓并非同出一枝。17世纪,白山派首领阿帕克是大小和卓的祖辈,而阿帕克和卓的弟弟喀喇玛特却是容妃的祖辈。因此,一些研究专家则认为容妃应是在大小和卓反叛之后才进宫的。当然,还有一些研究人员从故宫的档案中找到一些线索,公元1760年时乾隆册封其为"和贵人",对孟森先生的说法提供了有力的证据。

二、史料中的香妃传说

民间关于香妃的故事,口口相传。从乾隆时期流传下来的史资来看,在乾隆皇帝的后妃中,容妃的事迹的确与香妃极其相似。北大教授孟森先生是第一个大胆提出传说中的"香妃"的原型是容妃的人。抗战前夕,孟森先生在《香妃考实》一文中就提到了较为有利的证据:有人"于民国二三年间至东陵,瞻仰各陵寝;至一处,守者谓即香妃冢,据标题则容妃园寝也。"将这句话剖析开来,"民国二三年",那些守护东陵的人,原来是负责看守清皇陵的守墓者,守墓者说容妃就是香妃。不仅如此,

在赵尔巽的《清史稿》卷214"后妃列传"中也有如此记载:"容妃,和卓氏,回部台吉和札赉女。初入宫,号贵人。累进为妃——薨。"

通过这些史料记载,我们不难看出,历史上的确存在过容妃这个人。近年来,一些学者收集大量可靠的证据,这些证据都充分说明,传说中的"香妃",其实就是乾隆的回族妃子——容妃。有关于香妃的传说,其实是后人编造出来的故事。

在《香妃考实》一文中,孟森教授认为,"香妃"有可能是大、小和卓的妹妹或是女儿,但是现在看来,这类说法应该是一种因袭旧说的说法,有点牵强附会。为了进一步验证香妃的传说,有学者发表《"香妃"史料的新发现》一文,并且第一次公布了藏于故宫博物院中的清朝档案史料。在这个史料中,有一个重大的发现:即"香妃"的祖先并不属于阿帕克和卓支系,而是属于额赖玛特和卓支系的。经过考证这支家族,他与大、小和卓是同一个高祖,但并非是同一个曾祖。

1760年,乾隆帝让额色伊、玛木特、图尔都、额赖玛特以及和卓支系的其他人,一起陪同"香妃"进京,这些人都相应地受到了清朝皇帝的封衔。与此同时,乾隆帝为了让他们能在京城很好地居住,还下令在皇宫南城墙外的西长安街,建造了一处别致寓所。

在中国第一历史档案馆中,"香妃"是辅国公图尔都的同胞妹妹,可是图尔都与香妃的父亲,依据《西域同文志》与《西域图志》中的记录谱系表看,应该是"和卓"阿里。如此算来,额色伊是"香妃"的五叔,帕尔萨是她的六叔。当然,还有学者认为,帕尔萨才是"香妃"的父亲,但是,查阅清朝皇宫的内府档案,当时清廷册封帕尔萨的爵位以及财务都不多,而且在香妃去世之后帕尔萨也没有得到很厚重的遗物。如此看来,帕尔萨并非香妃的父亲,因为这并非一个国丈该有的礼遇。

不管是《清史稿·后妃列传》,还是现在出版的《二十六史辞典》,有关"香妃"的内容都明确写着"容妃"是"台吉和札赉之女","台吉"是一种封号,"和札赉"是伊斯兰教上层的称呼。"和卓"与"香妃"父亲的名字以及"阿里"两部分也是大有来头。其中,"卓"和

第八章 神秘的异域妃子——容妃(香妃)

"阿"合音为"札";"赉"是"里"的模糊读音。"和卓阿里"四字的快读音为"和札赉"。有学者把"赉"字误认为"麦",因此就解释"香妃"的身份。

到此为止,基本上可以确定"香妃"的父亲就是额赖玛特家族支系的和卓阿里,也就是和札赉。因为和卓阿里年纪轻轻就去世了,因此在大、小和卓叛变清朝的时候已经不存在了。当年,联合布鲁特武装牵制和打喀什叛军的"回部"武装的是"香妃"的五叔额色伊和胞兄图尔都。至于其他,表述已经不甚明确了。

三、香妃传说

相传,在我国新疆地区,维吾尔族首领的妻子长得十分漂亮,而且身上还有一股奇异的香味儿,所以人们都称她为香妃。

这件事情被远在京城的乾隆皇帝知道了,于是便派自己的属下将香妃给抢到了京城,做了自己的妃子。

香妃可是一个烈女子,被乾隆掳回北京之后,心中愤恨难平,她身上藏了锋利的匕首,想要趁着别人不注意,自杀殉情。可是,自从她进宫之后,乾隆便派人严格看守,她根本就没有下手的机会。乾隆想要让她做自己的妃子,谁知她抵死不从,谁要靠近,她便以死威胁。乾隆没有办法,眼睁睁地看着面前这个大美人,却没有办法靠近。乾隆也知道香妃的身上一直藏着匕首,为了防止她自杀,所以也不敢过于强迫她。可是,这样一来乾隆还不死心,思来想去也没有想出解决的办法,最后只好将其安置在宫中,还为其建造了一座宝月楼。

尽管这样,香妃还是不让乾隆靠近,不愿意做乾隆的妻子。这样耽搁了很长时间,就连乾隆的母亲皇太后都跟着着急上火。这香妃哄着不行,骂着也不行,不管你怎么做,香妃就是不从,这样耗下去也不是办法呀!于是,皇太后这边便拿定了主意。有一天,乾隆外出不在宫中,皇太后便让人把香妃召进自己的宫中,问道:"你已经来宫里不短时间了,你到底是从不从皇帝?"香妃回答依然是不从。皇太后说道:"如果不从的话,那么你只有死路一条!"香妃却笑着回答道:"自从我被你们

抢来的那天起，我就没想着要活着！"皇太后见香妃心意已决，为了乾隆着想，皇太后赐给了她一条白绸子，命人将香妃绞死了。

香妃死后，宝月楼也就没有了什么意义，后来宝月楼也更名为新华门。不过，直到今天，在西长安街的周边还有一些维吾尔族的同胞。在北京人的心里，他们还一直惦记着香妃，一代一代述说着香妃和宝月楼的故事。

太后处死香妃的原因，除了上面的理由之外，还有人说，是皇太后担心有朝一日香妃会对自己的儿子弘历不利，所以才将她处死。也有人说，是因为乾隆过分宠爱香妃，而使得后宫嫔妃嫉妒万分，所以才对太后进谗言，太后听信了谗言才把香妃杀害的。

香妃死了之后，乾隆心中非常的悲伤，最后以妃礼将香妃的棺椁送到了她的故乡安葬。这种说法，是清朝末期民间流传最为广泛的，在后来的戏曲说唱、诗歌小说中也都描绘了不少香妃的故事，绘声绘色，凄婉动人，这让香妃的传闻变得越加真实，很多人听后都潸然泪下。1914年，故宫浴德堂展出了一幅以《香妃戎装像》为题的清代女子戎装油画像，这也使得传说愈演愈烈。

一些人指出，关于香妃的故事仅仅是一个传说，这个人并不一定在历史上存在。乾隆皇帝的后宫一共四十几个人，其中，来自维吾尔族的就只有容妃一人。因此，一般情况下，人们会将容妃看作传说中的香妃，可事实上，容妃并不是强迫进宫的。

和卓氏的先祖为回教始祖派噶木巴尔，雍正十二年（1734）九月十五日出生，是和卓旗。乾隆二十五年（1760）二月，定边将军兆惠带兵出击回部，战乱平定之后，和卓氏亲属因为配合有功而被封赏，后来还去了京师定居，和卓氏也跟着家人一同来到了京师。后来，和卓氏被选进了皇宫，乾隆二十七年五月被册封为容嫔，乾隆三十三年六月，晋封为容妃，当时她35岁。

容妃进宫后，乾隆皇帝甚至喜欢，乾隆东巡、南巡都会把她带在身边，甚至特别允许，容妃在宫中可以穿本族的衣服，不必穿满族服饰，还聘请了回族厨子，为容妃做可口的家乡菜。可是，自从乾隆五十年开始，容妃因为身体原因就很少在宫内走动。公元1788年4月，容妃因病去世，终年55岁。可是，在档案与史籍中，都不存在容妃身体带有异香的记载，她的死也与太后无关。可见，容妃并没有香妃那样传奇的经历，也不是体含异香的传奇女子，那也就是说，容妃并不是香妃。

除此之外，相关的史料记载，乾隆建造宝月楼的目的并不是为了容妃，也不是为了香妃。为什么这样说呢？主要原因就在于，从宝月楼的建造时间看，那时香妃还没有入宫，他又怎么可能未卜先知，提前为香妃建造一座宝月楼呢？所以说，关于香妃的故事或许真的只是一个传说罢了。

不过，大部分史料依旧证明传说中的香妃就是容妃，史实究竟如何，后人也不为所知。

香妃名字的由来

众所周知，香妃是回族人，而香妃的姓名也与她生来就有异香有关系。可是，人真的可以不用香料便能够让身体自然分泌香味吗？根据人的生理特征，每个人通过人体的汗腺、皮脂腺，都会分泌出一些气味，而人五脏六腑之内的气体也会通过人的器官排出来，可以说，一个人一个味道，有些人的气味浓一些，有些人的气味则清淡一些。那么香妃身上的香味是不是也属于人体气味中的一种呢？这一点，大家是无从知道了。再说，平日里一些爱美、喜欢讲究的女孩子，经常会用一种"花草浴"或者是"奶浴"。有些女孩子还喜欢在身上搽抹一些具有特殊香气的高级脂粉等之类的香料。这样一来，沐浴、搽抹，身体自然就会散发出一种惹人注意的、沁人心脾的香味来。而香妃身上的香味是不是从这里得来的，这也是一个难解的谜题。

相反，香妃之所以得名为香妃，或许并不是因为身有异香的缘故，可能是因为香妃长相非常漂亮，秀色可餐，所以才美其名曰"香妃"，这种可能性是存在的。总的来说，香妃名字的由来，有很多种说法，到目前为止还没有一个确切的定论。

婚姻之谜

根据历史记载，公元1760年2月，香妃才进宫，那个时候她已经27岁了。在当时，女子结婚一般都是十几岁，清朝皇帝挑选秀女的时候，13岁以上的女子皆可以参选。多尔衮的母亲阿巴亥嫁给努尔哈赤的时候才12岁，孝庄文皇后和皇太极成婚的时候也不过13岁，孝康章皇后产下康熙的时候才15岁。可是，香妃入宫的时候就已经27岁了，有人便根据这一点推测，香妃在入宫之前肯定结过婚，而且时间还挺长。如果香妃入宫之前结过婚，那么她从前的丈夫又是谁？这一次的入宫，又是出于什么原因呢？如果是香妃的丈夫抛弃了香妃，那么抛弃的原因是什么？他们又是什么时候结的婚呢？这些，我们也都无从考证了。

当然，香妃在此之前或许并没有结过婚。在当时的那个年代，虽然早婚十分流行，但是也存在个别晚婚的现象。例如，叶赫部首领布扬古妹，因为长相出众，蕙质兰心，是当时数一数二的美人。或许正是因为她自身的美貌，再加上政治联姻的关系，一直到33岁才出嫁，这个年纪的女子不要说在古代属于晚婚了，就是生在现代也是大龄剩女了。再看香妃，她的美名已久，或许她就是第二个布扬古妹也不一定。当然，这些也都是猜测，要想真正了解，或许只有香妃本人知道了。

香妃葬地之谜

1785年，香妃的身体已大不如前，大部分的时间都在宫中静养。尽管如此，乾隆皇帝还是常常单独给她赏赐物品。1788年4月14日，他曾把十个春橘赏赐给香妃。几天后，55岁的香妃在圆明园去世。香妃没有孩子，传说性格开朗的她，与乾隆皇帝的小女儿固伦和孝公主脾气相投，她把小公主视为亲生女儿一样对待。香妃死后，乾隆就把她入宫近30年来所积攒的奇珍异宝都分别赠给了各位妃嫔、公主以及她娘家的人。由此，这位来自回疆的皇妃无意间就被很多人念起。

香妃去世以后，到底埋葬在哪里？据说金庸的《书剑恩仇录》提到，陈家洛来到芦苇丛中，找到香香公主的坟，并为她写下"香冢"二字，还给她写了词："浩浩愁，茫茫劫。短歌终，明月缺。郁郁佳城，中有碧血。碧亦有时尽，血亦有时灭。一缕香魂无断绝，是耶非耶？化为蝴蝶。"之后在坟前伫立良久的他才肯慢慢离去。实际上，在北京陶然亭公园里，以前确实有这样的石碑，石碑的正面就是以香冢二字为题，背面则就是陈家洛写的那首词。因此被很多人都说"香冢"就是香妃的坟墓。也有人说，石碑上的铭文是同治时御史张盛藻为曲妓蓓云所写的，并不是为香妃写的。另外，一个备受宠爱的皇妃，怎么可能会被随便地埋葬在芦苇丛中呢？因此推断，香妃和这座"香冢"没有任何关系。

第二种说法推断，香妃的墓地是在新疆喀什。传说香妃一直都希望自己死后能被葬在自己的故乡喀什。于是乾隆皇帝在她死后满足了她的愿望。如今，在喀什市东北郊区的浩罕村就有一片坟墓，据说香妃也被埋在其中。实际上，这些坟墓都是建于1640年，以前都被称作是"尊者之墓"或"和卓之墓"。后来，就有人传说香妃也埋葬在此，但就算是守墓的人也说不清到底香妃是哪一座坟墓。再后来，香妃的那座坟墓不但被人们明确指出了，甚至还把当年用来运载香妃遗体的驮轿也找出来了。于是香妃的墓在喀什的说法开始被传得沸沸扬扬。倘若香妃死后真的被埋葬此地，以她的地位而言，一定会有相关的记载，但是至今仍没有发现有关香妃被葬入此地的记录。关于所谓的香妃驮轿，有明确的文献记载，那是1856年被用来运送一位死在京城的维族男子的。因此香妃被埋葬在喀什的传说不攻自破。

第三种说法，也是最为可信的一种，因为它是来自清朝的官方记载。1788年，香妃去世后，她被葬入裕陵妃园寝。这些都可以从《大清会典》、《陵寝易知》等文献中查到，不仅可以查到明确的相关文字记录，

还可以找到关于香妃葬位的详细绘图。1979年9月，在对东陵进行修缮的清东陵文物保管所，发现了香妃地宫。虽然当时这座地宫已经遭到盗贼的损坏，工作人员还是找到了可靠的证据，这确实是香妃的墓。

第一，在棺椁的四面都用金水手写的阿拉伯文字，并看到"以真主的名义"的字样，这足以证明墓的主人是信奉伊斯兰教的。

第二，其中的一些物品上都刻有乾隆时期官员的名字，而这些官员的在任时间，和香妃的去世时间凑巧是吻合的。更值得一提的是，工作人员还发现了墓主人的头骨和一条长长的发辫，还发现了只有贵妃、皇贵妃、皇后等才可以佩戴的猫眼石。这些证据都加起来，就足以证明香妃就是这座墓的主人。

虽然能够证明这就是香妃的墓地，但还是有一个让所有人都疑惑的问题，就是在这座地棺里面只有外椁，没有内棺。在清朝统治时期，无论是皇帝、皇后还是嫔妃，去世之后都用内外两层的棺木，内面为棺，外面为椁，既然香妃是这座坟墓的主人，为什么只用一层椁呢？虽然地棺被发现的时候已经被损坏，而且外椁的侧面也被凿开了一个大洞，但如果可以从这个洞穴中将内棺取出来是不可能的，当然，还有一种可能，就是香妃入葬的时候只用了一层椁。相关专家说，在我国，那些信仰伊斯兰教的维吾尔族与回族人，在去世之后都不用棺材，只是将遗体包裹着放入棺木。或许是香妃在生前希望自己在去世之后，可以按照自己的民族的风俗下葬，于是采取了这样的方法。当然，这仅仅是一些专家学者们的看法，关于它的真实性还需要进一步考证。

艾窝窝的由来

艾窝窝源自维吾尔族，说到艾窝窝，还有一些关于香妃起源之谜。公元1758年，清朝政府平定了大、小卓的叛乱的时候，伊帕尔汉家庭因为与清军的完美合作，得到了乾隆的嘉奖，让全家奉诏进京。伊帕尔汗被乾隆召进宫之后，只有26岁，起初封为贵人，之后被册封为容妃。因为容妃貌美如花，全身上下散发着幽幽的香气，令人心旷神怡，所以倍受乾隆喜爱，所以才被称为香妃。

香妃是维吾尔族人，信仰伊斯兰教，为了讨香妃的欢心，乾隆还特别注意香妃日常的生活习惯。他还召进了一名叫努伊玛特的维吾尔族厨师，专程负责香妃的膳食，为香妃制作清真饭菜。也有相传，香妃在进宫之前，已经有丈夫了，进宫之后，因为思念自己的丈夫，香妃茶不思饭不想，整日以泪洗面，日渐消瘦。这下可是把乾隆急坏了。他立刻下令御膳房：如果谁能够做出香妃喜欢的食物，那么就赏银万两。这可是一个极大的诱惑，为了得到这一万两银子，厨师们真是想尽了各种办法，想尽名膳美食，各献绝技。最后，山珍海味做了几千个样子，可是香妃却连看都不看一眼。无奈之下，乾隆只好让维吾尔族人给香妃准备一些家乡的食物。

再说，自从香妃进宫之后，香妃的丈夫日夜思念妻子，非常想见妻子一面。于是便不远万里、爬山涉水从新疆赶到了京城，想尽一切办法想要和香妃联系。当他听说乾隆下旨让维吾尔族人为香妃做最好吃的家乡饭时，他也就明白了其中的原诿。他知道，这是他和香妃联系的最好机会。于是，便自动报名，做出了一种江米团。这种江米团食品的制作手法很是特殊，这是在家的时候，香妃的丈夫经常做给香妃吃的，其他人根本就没有见过，更别说吃过了。所以，只要香妃看到这个江米团食品，她肯定就会知道她的丈夫来了。

江米团做成后，便被太监送进了宫里，太监问香妃的丈夫："这道食物叫什么名字？"香妃的丈夫姓"艾买提"，于是便急中生智，为这道食物起名为："叫艾窝窝。"当宫女把艾窝窝呈到香妃的眼前时，香妃看了艾窝窝，顿时泪流满面，她知道是自己的丈夫来了。

乾隆得知香妃最喜欢吃艾窝窝的时候，心里很是高兴。于是便命令让这个做艾窝窝的人，每天做一些艾窝窝送到宫里来。由此开始，艾窝窝便出名了，成了一款非常有名的宫廷名食。很快，这一名食便传到了北京和新疆维吾尔族民间，深受人们的喜欢，尤其是北京人，他们还为艾窝窝编撰一首民谣："白黏江米入蒸锅，什锦馅儿粉面搓。浑似汤元不待煮，清真唤作艾窝窝。"春夏季节是艾窝窝的季节，每当到了春天，那么北京城内各家的清真小店，便会陆续添上这个品种，直到夏季末才结束。

第八章 神秘的异域妃子——容妃（香妃）

第九章

大智若愚的皇太后——慈安皇太后

皇妃档案

☆姓名：钮祜禄氏

☆民族：满族

☆出生日期：1837年08月12日

☆逝世日期：1881年04月08日

☆配偶：咸丰帝

☆子女：两个儿子，一个女儿

☆寝殿：钟粹宫

☆陵墓：定东陵

☆谥号：孝贞慈安裕庆和敬诚靖仪天祚圣显皇后

☆最为高兴的事：得到咸丰的宠爱

☆最伤心的事情：咸丰的离世

☆生平简历：

1837年8月12日，出生在广西。

1852年2月，诏封贞嫔。

1852年5月，诏晋贞贵妃。

1852年10月，立为皇后。

1861年7月，咸丰驾崩，同治即位，尊为太后。

1861年12月2日，偕慈禧太后御养心殿垂帘训政，时年25岁，世人称为东太后。

1862年4月上徽号：慈安皇太后。

1876年7月，四十慈庆，加徽号"昭和庄敬"四字，意为慈安端裕康庆昭和庄敬皇太后。

1881年4月8日，因病去世，终年45岁。

1881年5月，被称为孝贞慈安裕庆和敬仪天祚圣显皇后。

1881年11月8日，葬定东陵，祔太庙。

1908年4月，加上尊谥"诚靖"二字，全谥：孝贞慈安裕庆和敬诚靖仪天祚圣显皇后。

人物简评

她是一个大智若愚的女人，她是和慈禧并驾齐驱的皇太后，她不热衷于权势，却有着深明大义的理政头脑。她藏于后宫，不喜欢与人争斗，不喜欢至高无上的权势生活。她人在后宫，却能够掌控前朝的一切，就连慈禧也要敬她三分。她就是慈安皇太后。

生平故事

慈安入主中宫为后

人们总是将慈安和慈禧联系在一起，这东西宫太后在一起生活了大半辈子，共同掌控着清王朝的命运。只不过一个不喜政事，而另一个却是利欲熏心。慈安在世时，虽然她的政治才能并不比慈禧差，可是她却无心过问朝堂之事，凡事几乎都由慈禧做主。

虽然历史上将慈禧刻画成一个手段凌厉，对政事敏锐的女官人形象，不过和慈禧的执政谋略相比，慈安也绝不逊色。咸丰皇帝去世后，年纪6岁的同治登基。新皇年纪小，无法处理政事。于是朝中大权便决定在两位太后手里。东宫太后不喜过问朝中政事，所以致使朝中大权都落在了西宫太后慈禧的手里。即便是这样，慈禧对慈安也是敬畏的，每逢遇到大事或者是难解的问题时，慈禧都需要向慈安请教，征求慈安太后的意见。由此可见，慈安还是有一定政治手腕的。那么，历史上的慈安太后到底是怎样的一个人呢？

慈安家里世代为官，自幼就接受最好的教育，知书达理、温柔贤惠。

正是因为这样的出身条件，才让慈安有了入宫的机会。

公元1852年2月，慈安入宫，咸丰册封为贞嫔，并且赏赐给她家人大量的财物。刚刚进宫便被册封为嫔位，这可是很高的待遇了，放眼整个大清王朝，这种情况也并不多见。随后，慈安在之后的四个月里更是风光无限，一路晋封，坐上了皇后的宝座。晋升速度之快，令人咋舌。

和慈安同一时期进宫的还有兰贵人（就是慈禧）、丽贵人等人，她们都是一些年轻貌美的女子，能够从她们中间脱颖而出，却非易事。由此也可以看出，慈安这个人，不管是在气质容貌上，还是在人品修养上，都是高人一筹的，不然要论那么好色的咸丰帝来看，也不会给她皇后的位置。

慈安因何走向从政道路

关于慈安的外貌和人品，一些正史资料中倒没有太多的记载。倒是一些野史或者是个人著作中有所提及。有人说慈安是一位才华横溢的女子，对宫中礼法很是熟悉，冠绝六宫。也有些记载说，不管从品性、人品还是容貌德行上来说，慈安都是宫中之首，无人可与之匹及。慈安称得上封建社会下最具有代表性的妇女形象，德、容、言、工（四德）俱全，温、良、恭、俭皆备。咸丰帝对慈安也是称赞万分，说她气质脱俗、性情温顺、知礼践行等。

慈安进宫后，她谨遵宫中的礼法，从来不干涉朝政。不过，这也不代表着她对皇上的懒散、懈怠会袖手旁观，任由其发展。有记载说，英法联军侵略北京时，咸丰皇帝带着后宫一干嫔妃和朝中大臣匆匆赶往热河行宫，躲避灾难。面对这灾难，咸丰帝心中苦闷，却没有地方发泄，最后只能沉迷于享乐，将自己麻痹起来，而且还亲自写了"且乐道人"四个字，让人挂在自己的寝殿内。

慈安得知后，便找到咸丰帝，对其说道："天子日理万机，怎么还有时间娱乐呢？现在的局势很是不稳，作为皇上就更不应该这样啊。"咸丰听了之后，便又立刻命人将这四个字拿下来扔掉。咸丰帝对于慈安的话可谓是言听计从，这也表明了他对慈安皇后无比的尊敬和信任。

那个时候，清王朝面临内忧外患的处境，外有英法联军虎视眈眈，内有农民起义四处作乱。咸丰皇帝面对此番景象，心中自然是焦虑万分的，但是又苦于没有任何办法，所以也只好借酒浇愁，沉迷于玩了，想要麻醉自己，不理朝事。一有不顺心便对嫔妃和太监宫女们又打又骂，甚至有人还为此丢了性命。慈安非常理解咸丰的心情，但是作为一国之母，她又不能置百姓与国家不顾。所以，面对咸丰帝的此番做法，她也只能出面劝阻。

这些都是慈安太后处理后宫事务的一面，她贤淑有礼，处理得当。这个时候的慈安太后并没有参与到政事上来，她的权力只是用于后宫之事。不过，咸丰的突然驾崩，八大顾命权臣的傲慢无礼和专横，将这个不喜欢权力和政治的女人，逼到了大清王朝政权的核心地带。

公元1861年，咸丰帝突然去世。咸丰帝深知慈安的性格，所以在他临终之前，还为慈安做了一番打算。那个时候，慈安为皇后，慈禧则是贵妃。

这天，慈安像往常一样侍奉着咸丰帝，咸丰对慈安说："我今天的精神还不错，我得给你安排一件大事。"

"为我？"慈安皇后很是不解。她认为，皇上目前的情况已经不宜过多操劳，管理国家大事那也是身不由己的事情，何须再在自己身上费心思呢。于是她便说道："我能有什么事情，还需要皇上为我操心。难得一天的好精神，您还是好好休息吧！"

咸丰帝固执地说："这一次你不要拦着我，我一定要把这件事情办了，只有这样，我才能够安心养病。"说着，他又四下里看了看，见没有他人窥视，又继续低声说道："兰儿现在是越来越不像样子了！这一阵子我都是冷眼旁观，倒是认为肃顺的话还是有几分道理的。"

兰儿指的就是慈禧。慈禧和大臣肃顺历来不和，这些慈安都是看在眼里的。不过慈安认为，慈禧这般崇尚权力，无非就是想要给自己在宫

中买一个保障，这些都是人之常情，可以理解。如今，咸丰帝身体欠佳，名为在热河行宫修养，实则是避难，而朝中一切大事全都交由肃顺处理。

现在道路封锁，时局动荡，要想顺利将进贡物件运来热河，几乎是不可能的事情，这也就需要后宫嫔妃缩减开支、降低分例，只有这样，才有一线希望能够度过这一难关。而慈禧为了保住自己的地位，已经慢慢想要干预朝政。大臣肃顺不止一次的上奏咸丰皇帝，想要让其效仿汉武帝时期的钩弋夫人，只是当时咸丰帝并没有听进心里去。

钩弋夫人是汉武帝的宠妃。汉武帝晚年时期，他的宠妃相继去世，一时间后宫无人，很是寂寞。后来，为了排解心中的那份孤寂，汉武帝开始寄情于山水间，游览名山大川，看尽世间风景。

汉武帝59岁那年，他出游经过河间地区。在随队的人员中，有一个自称善于"望气"的人，说在河间地区有一位奇女子。汉武帝听后，心中顿时大振，立刻派遣人马前往河间，去寻找所谓的奇女子。官兵四处搜寻，最后便找到了一户赵姓人家中。

赵姓人家有一个女儿，这个女儿长得是闭月羞花、国色天香。只是，这个女儿小的时候曾经得过一场大病，这一病就是六年。好了之后，女儿的双手就再也挣不开了，一直是握拳状，不管是谁都无法将其打开。这件事被传得纷纷扬扬，惹人好奇。

汉武帝得知后，立刻传令召见。这赵氏女果然是生得眉目如画，丽质天生，只是两只手紧紧握着。汉武帝将这名女子唤道身前，想要尝试将她的手掰开，奇迹就这样发生了。这名女子的手竟然就这样张开了，好似原本就没有生过病一样。不过，有一些史学家认为，这很可能就是一场被蓄意安排的戏码，想要以此来讨汉武帝的欢心。

汉武帝亲自掰开了这名女子的手，心里自然也是惊诧不已，认为这就是上天为他准备的妃子。于是便将这名女子带回王宫，册封为婕妤，入住钩弋宫，所以人们才将她称为"钩弋夫人"。

后来，钩弋夫人便有了身孕。这也是一件非常奇怪的事情，钩弋夫人怀孕十四个月才产子的。如果当时钩弋夫人产下的是女孩的话，或许就不会有以后的悲剧了，只可惜钩弋夫人产下了一名皇子，取名为刘弗陵，故事还得再继续。

汉武帝晚期，朝中佞臣横行，政局混乱。后来，朝中奸臣江充逼得太子带兵造反，从而引发了宫廷政变。在这一场政变中，除了太子之外，昌邑王刘贺也被牵涉其中，失去了继承皇位的资格。这样，汉武帝还剩下两名有希望继承皇位的皇子，一名为燕王，一个则是广陵王。

燕王和广陵王资质平庸，并不受汉武帝喜欢，倒是他的小儿子刘弗陵虎头虎脑，聪颖异常，深得汉武帝的宠爱。汉武帝60多岁才有了刘弗陵这个儿子，老来得子，自是万分宠爱。再加上刘弗陵小时候很是聪明，怎么着都是能担起大事的人。所以，汉武帝便决定，要把皇位传给自己的小儿子。

想到此，汉武帝便命人画了一幅周公辅佐成王的图，并且让人悄悄送给了当时权倾朝野的霍光大将军，其中的意思也就不言而喻了。他是想要让霍光像周公一样辅佐小太子刘弗陵。这样一来，朝中大臣对于皇嗣人选也都心知肚明，只是没有人点破而已。做了这个决定之后不久，汉武帝便将最为宠爱的钩弋夫人下狱，当日便处死了。

汉武帝的这一做法，让当时所有的大臣都为之不解。既然汉武帝要把钩弋夫人的儿子立为太子，而钩弋夫人又是汉武帝最为宠爱的妃子，那么汉武帝到底是为什么非把钩弋夫人处死呢？

面对众位大臣的疑惑，汉武帝才说出了其中的缘由：从古至今，太年幼的皇帝无法把持朝政，最后大权都落在了他的母亲手里，进而惹得朝纲混乱、政治污秽。而我之所以将钩弋夫人就此处死，这也是为了提前将这个"祸害"清除掉。我这么做实则是为了天下百姓，我想天下人们也会理解我的。

这就是历史上有名的钩弋夫人案件。咸丰帝将这个故事讲给慈安皇后听。慈安是一个聪慧的人，听完之后也就明白了咸丰的意思，她怔怔地望着眼前的帝王，半会才说："皇上真的能够狠下心吗？"

咸丰无奈地点点头："如果今天换做是乾隆帝的话，我想他也会这么

做的。乾隆帝事事都是效仿汉武帝，虽然我并没有乾隆皇帝的果断英明，但是刚才说的那番话也是经过深思熟虑的，并不是因为肃顺一句话便能够动摇的。所以，我想，不管从哪方面说，只有效仿钩弋夫人，才能保证我大清江山万无一失啊。""算了吧！我们大清王朝的家法很严，将来肯定不会出现什么钩弋夫人的……"刚说到这里，慈安突然顿住了，这句话不明摆着说咸丰皇帝将不久于人世吗？这可是对咸丰皇帝的大不敬啊，搞不好是要掉脑袋的。

咸丰看着突然停住的慈安，他心里自然是明白，说道："事情已经到了今天这个地步，还有什么可忌讳的呢？"说完，便从自己的衣袋中拿出一封信，将它递给慈安皇后，并且示意她打开看看。慈安知道这封信非同小可，可又害怕里面有棘手的诏令，于是便推脱道："还是皇上您念吧，臣妾听着就是了。"

咸丰皇帝严肃地说："你不用害怕，赶快拿着，我不仅是为了你着想，更是为了我们大清的江山着想。万一真有那么一天，你一定要决断而行。我知道，这个担子很重，你担心自己挑不起来。不过，我也没有什么办法，你身为我大清的皇后，就要挑起这个担子啊。"

见咸丰这般郑重其事地说，慈安也不好再说些什么，只好从咸丰的手里接过了那封信。咸丰皇帝说道："你先打开看看，看完之后，我再给你详说。"

慈安掏出里面的信件，看完里面的内容后，泪水便情不自禁地掉下来。信里面大致的意思是这样的：

朕因为整日操劳国事，而身患重病，朕明白自己的时日已经不多了。不过幸好，我大清还有皇子，能够延续朕的基业，不会弃天下百姓于不顾。虽然说皇子还很年幼，但是朕已经选好了辅政大臣，在他们的辅佐下，朕也就放心了。

可是，在朕的心中，一直有件事情无法释怀，那就是产下皇子的懿贵妃（慈禧），慈禧是小皇子的母亲，他日肯定会母凭子贵，坐上太后这把交椅。可是，懿贵妃的为人品性朕实在信不过，朕百年之后，如果懿贵妃能够安分守己自然是好，不然皇后可以拿出朕的这封信，联合朝中大臣，将懿贵妃除去。凡是我大清的臣子，见到这封信就如看到朕一般，一定要谨遵信中号令。

咸丰皇帝的意思已经非常明显了。他把这道密令放在慈安皇后这里，一则是为了防止慈禧以后专权，耽误朝政，二则也算是给了慈安一道保命符。咸丰皇帝深知慈禧的心狠手辣，他担心日后会对慈安带来危害，所以才这般仔细小心，为她把后事安排周到。这让慈安非常感动，直哭不已。

咸丰皇帝说道："你不要哭了，但愿这张纸永不见天日，但是如若有一天真的应验我所说，还希望你不要犹豫。""是！"皇后答应道，"可是如果真有这么个时候，朝中的大臣我该信任谁呢？"

"嗯，这倒也是个问题。如果真到了那个时候，你千万不能大意，一定要找靠得住的大臣商议。比如说肃顺，他就可以依靠的。"

就这样，咸丰在临终之前，算是为大清，为慈安做了三件事情。

第一，册立载淳（同治）为皇位继承人。

第二，为同治精心挑选了以肃顺为首的八位辅政大臣。

第三，给慈安太后一枚"御赏"印章，又给了皇子载淳"同道堂"印章，因皇子年幼，所以其印章由生母慈禧掌管。咸丰命令，在起草圣旨的时候，凡事都要征求两位太后的意见，需要在圣旨上同时盖上两个印章，圣旨这才算是有效。

咸丰皇帝之所以这么做，就是为了平衡辅政大臣和两位太后之间的权力，让他们相互对持，无法一方独大。但是，这一安排在后来的实践中算是形同虚设，就是苦了咸丰帝的这番努力。因为这一设置，才诱发了很多的矛盾，最后导致"辛酉政变"。肃顺是咸丰帝极为看重的顾命大臣，深得他的信任和宠爱。但是，肃顺也是一个野心极大的臣子，他在朝中位高权重，一心想要依靠自己的地位，包揽朝中大权。再加上同治皇帝登基时还很年幼，肃顺根本就不把他放在眼里，行事嚣张、飞扬跋扈。

为了遏制肃顺的权利，东西宫太后联合恭亲王，发动了历史上有名的辛酉政变。

　　辛酉政变从表面上说是为了讨伐肃顺，事实上就是一场政权争夺战。辛酉政变的一方是咸丰帝亲自命名的八大辅政大臣，而另一方则是以东西宫太后和恭亲王为首的大清皇族。而慈禧就是辛酉政变的主要策划人，而恭亲王则是命令的执行者。慈安算是在其中起到了震慑作用。

　　虽然说慈禧在政事上比较活跃，但是慈安作为中宫之首，手里又拿着咸丰帝钦赐的印章，权利、地位和影响都远远大于慈禧太后。为了保住小皇帝的地位，遵守咸丰皇帝的嘱托，慈安才毫不犹豫地加入到慈禧阵营中，共同讨伐肃顺，防止辅政大臣专权。就这样，在东西宫太后的联手协作下，以肃顺为首的八大顾命大臣被彻底扳倒，这也就开启了东西宫太后共同执政的时代。当然，这也是慈禧权力的一个重要转折点。

大智若愚的慈安

　　垂帘听政，并不是皇宫中常见的一种执政手段，它只能适合于应急使用，也是从长远利益上所考虑的权宜之计。两个太后听政，可谓是历史头一遭，这一决定遭到了朝中大臣的强烈反对，但是念及皇帝年幼，再加上咸丰帝生前留下的遗旨，这倒也是最好的办法了。

　　消除了大臣的不满后，慈安心里又犯了嘀咕。在大清王朝有一个规定，那就是皇宫是一国之母，也是一宫之主。皇后的儿子就是最名正言顺的皇位继承人，是王朝的嫡长子，其他嫔妃妻妾所生的儿子都是庶子，地位无法和嫡子相提并论。皇帝可以有多个嫔妃妻妾，但是正宫的皇后只能是一个。如果说，皇后没有子嗣，那么皇帝就会挑选出最优秀的皇子让皇后扶养，过继给皇后做儿子，这样这个皇子才能够顺利继承皇位。皇后要担负起教养这个皇子的责任，而皇子的生母就比较惨了，不仅无法和儿子朝夕相处，甚至就连多看一眼都得不到允许。

　　可是现在，慈安慈禧生活在一个特殊时期。后宫出现了两位太后，而且这两位太后共同操控着大清朝政。如果再依照大清以往的规矩，由正宫娘娘独自抚养小皇帝的话，那么这两位太后肯定会出现分歧，这对大清是极其不利的。

不得不说，能够想到这一点，慈安太后却是不简单。面对这种情况，慈安太后立即下令将各个宫门关闭，而且还特别允准慈禧和自己一起住在养心殿中，共同抚养小皇帝。

慈安的这一做法，不仅破坏了老祖宗留下的规矩，还让出小皇帝一半的抚养权。对于慈安个人来说，这种做法对她极其不利，但是纵观大局，这一决定却是最好的选择。当然，对于慈禧来说，慈安的做法无疑是最合她心意的，这可是开朝第一大恩典啊。

究于这件事情，慈安是这么说的："我们两个孤寡妇人抚养一个孩子，如果不设防，很容易受到小人的挑拨，那么清王朝的江山也就守不住了。现在，我们二人住在同一间屋子，朝夕相见，坦诚相见，又怎么会给谗言钻空子呢？"如此一般，可以看出慈安的眼光、胸怀和气度。慈安这般对待慈禧，可并不代表她放弃了对小皇帝同治的抚养权。相反，她和往常一样，对同治关心之至，比他的新生母亲都要贴心。这也使得同治帝长大和慈安太后走得近些，和慈禧就显得疏远很多。

虽然说，平常情况下，慈安将朝政大权交给慈禧来处理，不过当遇到朝政大事的时候，最终的决定权还是在慈安的手中。而慈安确实有一定的理政才能：

一、重用贤良之辈，出现了"同治中兴"的盛况

慈安和慈禧都有各自的长处，她们相互配合，重用一大批贤能的汉族将领，例如曾国藩、李鸿章等，这也直接导致在同治年间，大清又出现了中兴盛况。

二、杀了慈禧的亲信安德海，朝野上下无不拍手称快

宦官安德海可是慈禧面前的大红人，把慈禧哄得是服服帖帖、高高兴兴的。在慈禧一生中，她最大的爱好就是看戏。安德海摸准她的喜好，命人在宫中为慈禧搭建了一座戏园子，而且还让一些梨园子弟常住在那

里，没日没夜的唱，深得慈禧的欢心。

慈禧听政之后，安德海也慢慢走进朝堂，手中的权力也是愈来愈大。除了东西宫太后外，朝中几乎没有敌手，就连同治皇帝见了他，也都对他礼让三分，嚣张至极。宫中的太监宫女更是将他捧到了天上，就好比他就是那掌权者一般。慈禧对他也是过分宠爱，高兴时，甚至还将咸丰帝的龙袍赐给了安德海，荒谬至极。

由此，安德海也越来越目无法纪，看不起恭亲王和同治帝。有一次，恭亲王前去向慈禧太后请安，顺便商议江南军务的事情。走到西宫门口，就看到了走在前面的安德海，可是安德海即便已经看到了恭亲王，竟然也不停下来行礼，而是大摇大摆地走在前面，任凭恭亲王在身后吹胡子瞪眼。

恭亲王气不过，想要找个机会，好好教训一下这个不知天高地厚的安德海。谁知，恭亲王还没有发火，安德海倒是向他示威了。恭亲王刚要进西宫殿请安，却被门口的太监拦了下来，说是太后现在有事，不能召见，让恭亲王在外等候。

这一等可就是一下午，太色已经晚了，也没有等到慈禧的传唤，恭亲王也只能返回府中。其实，这些都是那安德海捣的鬼。安德海看到恭亲王时，便想着要给他一个下马威，于是便吩咐左右的太监，不让恭亲王进殿。而慈禧从始至终，根本就不知道恭亲王前来请安的事儿。恭亲王知道后，心里更加痛恨安德海了，一直想要寻个机会将他除去。

时机来了。为了给太后购置龙衣，安德海竟然跑出宫去了。要知道，根据大清律法，太监是不允许出皇宫的。一经查出就地正法。可是这安德海在宫中作威作福惯了，早就忘了这些规定，再加上有慈禧的庇护，这才使得他胆大包天，目无法纪。这一次出宫，他不仅不知道收敛，而且还四处招摇，以慈禧太后的名义狐假虎威，骚扰地方，使得民众不得安宁。

随后，他还让人将两艘大船霸占，让人抓来了很多童男童女陪他玩乐，船上还插着各式各样的旗帜，很是嚣张。每到一处，那里的地方官员就需要给他找姿色上乘的歌妓，把她们送到船上，日日笙歌。他的这一次出行，耗费人力物力巨大，光是拉船的纤夫就有一百多个。声势浩大，惹得众多百姓都沿岸观看，就好比几道城墙一般。

在他出行的那段日子，正好赶上他的生日。这一天，安德海乘船来到德州边界，殊不知，这一次却是叫他有去无回了。安德海到达德州的消息被山东巡抚丁宝桢得知后，一边派人部署，抓捕安德海，一边快马加鞭将这个消息透漏给恭亲王。

恭亲王知道后，心里异常兴奋。他立刻进宫把这件事情上报给慈安太后和同治皇帝。在进宫之前，恭亲王还拟好了诛杀安德海的密旨。听完恭亲王的奏报后，慈安和同治皇帝非常震怒。慈安太后说："这个狗奴才，在宫中就一直为虎作伥，目无法纪，如今竟敢罔顾我大清朝的律法，私自出宫，祸害百姓，这怎么可以！国法家法都容不了这样的奴才，还请恭亲王秉公办理。"说着，便在圣旨上盖了自己的印章。

有了慈安太后的懿旨，恭亲王也就可以展开手脚，大干一场了。他回到府后，立刻着人将那密旨送往山东，要求将安德海就地处决。丁宝桢收到密旨后，当下便将这个为非作歹的安德海处死了。

三、为同治选后，立阿鲁特氏为皇后。

公元1872年，同治帝17岁，东西宫太后开始着手张罗同治帝的婚事。崇绮之女阿鲁特氏品性良好、容貌秀丽、贤惠端庄，是慈安太后的最佳人选；而慈禧太后则是相中了凤秀之女富察氏。两位太后出了分歧，都坚持己见，谁也不退让。无奈，只能将选后大权交给同治，让同治自己做决定。同治和慈安一样，比较喜欢阿鲁特氏，于是便立阿鲁特氏为后。从这件事情后，东西宫太后之间的裂痕也随之加深。

从这里也可以看出，慈安太后确实是一个大智若愚的人。从小事上看，她是得过且过，一般情况下不会参与，而在大事上，她却丝毫不含糊，和慈禧据理力争。不过，经过这件事情后，慈禧也已经意思到，自己要想牢固在朝中的地位，其最大的威胁就是慈安了。

误毁遗诏

  同治也是一个短命的人，年纪轻轻便得了不治之症，没多久就离世了。随后，慈禧决定立醇亲王奕譞的儿子载湉为下一任皇帝，也就是光绪皇帝。

  光绪皇帝从小就对慈安太后比较亲近，这样一来，慈安身边走了同治，又来了一个光绪，这让慈禧很是不高兴。有一次，光绪带领朝中重臣和两位太后前往东陵祭奠，因为咸丰皇帝在世时，慈安为皇后，而慈禧只是一个嫔妃，虽然现在二人都贵为太后，但是实际上慈安的地位要远高于慈禧的。可是慈禧却不这么认为，在她看来，现在她和慈安一样都是太后，地位应该是平等的。所以在祭祀的时候，慈禧和慈安站在了同一行列。慈安见后，心中不悦，让她向后退一些，可是慈禧不停，二人几乎在皇陵争吵起来。

  后来，冷静之后的慈安想，自己犯不着因为这个事情而在众人面前大吵大闹，这不仅有损自己的名声，而且也是对先帝的大不敬。所以最后她权衡利弊之下，只能选择忍气吞声。慈禧回到宫中后，心里也非常生气。她想，上一次诛杀小安子，要不是有慈安背后撑腰，就算给恭亲王十个胆子，他也不敢。如今，要想巩固自己的地位，看来得先除去慈安才行，到时候恭亲王也就成不了什么大气候。可是，话又说回来，慈安的手中可是有一道密旨，那可关乎自己的性命，慈禧并不敢轻举妄动。

  据说，咸丰皇帝给了慈安密旨后，慈安便将其收了起来，并没有想过会有用到它的那一天，只是后来，慈禧越老越过分时，她才让人把密诏取出来，警告慈禧，让她收敛一二。受到这样的警告，慈禧心里自然是有点畏惧的。从那之后，慈禧便改变了对慈安的态度，对她很是亲近。想着要把那诏书拿过来，这样自己才算是高枕无忧了。为了达到这一目的，慈禧可没少花费功夫。

  从东陵回来之后，慈禧便想法设法地对付慈安，想要把她手里的那道保命符毁掉，只是一直没有想出好的计策。有一次，慈安太后得了风寒，御医想了很多办法，都没有起到什么效果，于是慈安太后便不再服药，谁知道过了几天，慈安的风寒就这么好了。

后来，慈安和慈禧聊天的时候，提起了那次风寒，并且说："上一次患了风寒，吃了很多药都没好，倒是把药停了，它反而就好了。"慈禧听了之后，只是摇头笑笑，并没有说什么。慈安看到这番情景，心里有点疑惑。忽然，慈安看到慈禧的胳膊上缠着厚厚的绷带，于是便问其原因。慈禧答道：前些日子见姐姐身体不舒服，所以在熬制汤汁的时候，从胳膊上割下来一块肉和药一起熬制，希望能够让姐姐的病快点好起来。

听完慈禧这番话，慈安是感动万分。她拉着慈禧的手说："妹妹可真是重情重义的好人，我真想不到为何先帝要怀疑你呢？"说着，便从寝宫中拿出咸丰帝留下的那份诏书，当着慈禧的面将其烧掉了。而这一举动正是合了慈禧的意。从那之后，慈禧的行为愈发放肆，就连对慈安也不是那么尊敬了。慈安这才觉得上了慈禧的当，可惜后悔晚矣，只能眼睁睁看着慈禧横行朝政之上。

慈安死亡之谜

公元1881年04月08日，慈安太后离世，终年45岁。关于慈安太后的死，清朝廷对外声称是因病去世，但是在民间却认为是慈禧害死的慈安，这种说法流传很广。慈安的离世，众位大臣也都感到非常意外。因为慈安太后的身体一向很好，怎么可能突然去世呢？而且不管从哪方面看，慈安太后的死都透漏着蹊跷。

根据大清王朝的惯例，太后皇上在临终之前，都会召见朝中大臣，让他们见自己最后一面，并且当众嘱托后事。可是，慈安死了大半天，学士翁同龢才从两位下人口中得知慈安太后离世的消息。这意思也就是说，这时候的翁同龢还没有接到宫中正式的通知。

朝中各大臣听闻慈安病重的消息后，便匆匆赶往皇宫。走进慈安的

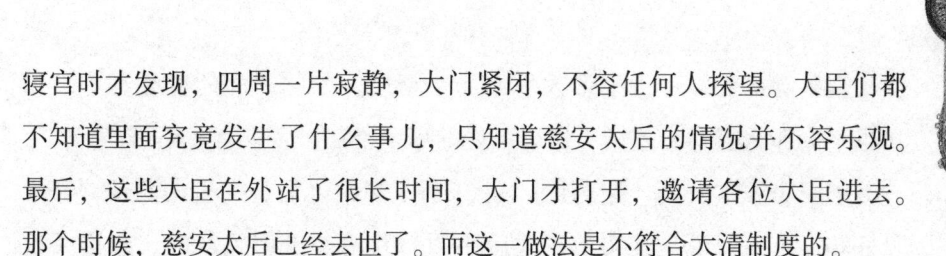

寝宫时才发现，四周一片寂静，大门紧闭，不容任何人探望。大臣们都不知道里面究竟发生了什么事儿，只知道慈安太后的情况并不容乐观。最后，这些大臣在外站了很长时间，大门才打开，邀请各位大臣进去。那个时候，慈安太后已经去世了。而这一做法是不符合大清制度的。

关于慈禧害死说，其中也有三种猜测。

第一种，根据野史记载，慈安是吃了慈禧送来的糕点后，中毒身亡的。

慈安平日里喜欢吃些小糕点，所以她身边的宫女总会时刻端着一个点心盒，里面装着各式各样的点心，等到休息的时候，慈安便吃点点心打发时间。慈安的这一喜好被慈禧知道后，便决定投其所好。

有一天，慈禧端着一碟点心过来，对慈安说，宫中新来了一位厨师，他做的点心非常精致爽口，特意邀请慈安一起品尝。那点心甜而不腻、入口即化，慈安一高兴也就多吃了几块。吃完之后，慈安还和朝中大臣商议了一会政事，并没有什么异常之处。有大臣曾经回忆说：当初慈安太后并没有什么异常的反应，只是脸色好像有些红，犹如醉酒一般，当时也没有人在意，谁知过了几个时辰，便听到慈安太后突然离世的消息。

第二种说法则是源于太监李莲英的自述，说慈安太后是被慈禧送的一碗汤给毒死的。

众所周知，皇室中人的饭食都有两个专门的传膳太监负责，由他们把饭菜送过来，然后再由摆膳太监将其摆放在桌子上，请皇帝妃子享用。为了除去慈安太后，保证万无一失，李莲英提前把两个心腹安插在慈安身边，做了传膳太监。半个月之后，慈禧将这两名太监叫到自己宫中，给了他们两包毒药，让他们放在慈安用膳的参汤里，并且还命令李莲英从旁监督。

就这样，慈安太后服用了参汤后，不出几个时辰便驾鹤归去了。之后，那两位传膳太监也消失不见了。

不过，根据正史记载，皇帝、妃子等人在用膳之前，都有专门的银器和试毒太监。用银器试一下菜肴有毒无毒，然后再让试毒太监一一品尝，直到确认无毒后，皇帝太后们才会享用。如此严谨的就餐程序，相比也不会那么容易出差错，所以上述的那个说法，多少有些不可信。

第三个版本就是"错药说"。慈安得了风寒之后，一直用药却一直未见好转。有人便说，其实慈安太后用的药并不是治理风寒的。慈禧太后为了尽早将慈安除去，便命令侍奉的御医，给慈安开了其他的药，最后不仅慈安的风寒没治好，还使得其病情加重，失了性命。

民间猜测之两宫太后的仇恨

同治时期，慈安和慈禧共同掌控着朝政大权。不过，慈安一向不喜欢参与政事，所以朝堂事务几乎都是由慈禧在把持。按理说，慈安并没有碍着慈禧的执政之路，那么慈禧又为何非得置慈安于死地呢？除了我们知道的立后争议、安德海事件、东陵事件外，她们二人之间还有什么深仇大恨呢？

第一，慈禧曾经遭慈安训斥，为了报复，才害了慈安的性命

据史料记载，慈禧还是兰贵人时，咸丰皇帝便对她百般宠爱，日夜宿在她的宫中，夜夜笙歌，不理朝政。有一天，咸丰还在睡梦中时，就听到外面一阵嘈杂。原来是慈安皇后拿着先祖的训示来到兰贵人宫中，要当众念给咸丰听。

咸丰急忙起来制止道："爱妃勿念，朕现在马上去上朝，马上就去，千万别念。"说完，便在太监宫女的一番装扮下，上朝去了。之后，慈安又命人将慈禧带到自己的坤宁宫问话，并且还想要以魅惑皇帝之由杖责兰贵人。幸好咸丰让人传来一道圣旨，说是兰贵人已经身怀龙种，不宜受皮肉之苦。这样，才让兰贵人险险逃过一劫。也就是从这个时候起，兰贵人便恨透了慈安，一直想着要报仇雪恨。所以她成为太后后，才想方设法的将慈安除掉。

第二，慈禧曾经被慈安捉奸在床，所以她才伺机报复

咸丰去世，慈安和慈禧也就成了东西宫太后。慈禧喜欢看戏，那时

有一个姓金的戏子很得慈禧的宠爱，经常出入慈禧宫中，不受任何限制。有一次，慈禧久病不愈，慈安便带人前去探望，谁知道却撞破了慈禧和这位戏子的奸情。慈安很是气愤，当众对慈禧训斥了一番，又处死了这位金姓伶人。最后只不过碍于大清的颜面，才没有处置慈禧。这样的丑事被慈安撞见，还杀了她最为喜爱的戏子，慈禧怎会甘心呢？

第三，慈安训斥了慈禧身边的太监，二人心生间隙

有一次，慈安路过某一个大殿，突然看见慈禧身边的太监正在和一个宫人争论什么，而对于慈安的到来，这个小太监更是像没看见一样，继续和宫人争执，非常没有礼数。慈安责罚了这位太监后，又找到慈禧，训斥她教导不严，管理手下不善。这让慈禧非常愤怒，嫉恨难平，所以才暗自加害慈安。

第四，大太监李莲英的挑拨

咸丰帝去世的时候，慈禧还非常年轻，忍受不了闺中寂寞，于是便让大太监李莲英日日陪伴在自己身边，就好比一对夫妻一般。慈安也早就听说了这件事，只是没有真凭实据，也只能睁只眼闭只眼，得过且过了。

有一天，慈安前去慈禧宫中探视，却撞见李莲英和慈禧二人正双双坐在床上，二人姿势暧昧，很是不雅。慈安见后，便拿出祖宗家法，狠狠教训了李莲英，之后便气匆匆地返回东宫。李莲英仗着慈禧的喜爱，哪会受得了这份气，于是便百般挑拨慈禧和慈安之间的关系，让慈禧对慈安恨之入骨，最终才痛下杀手。

不过，上述的种种猜测也不能完全当真，毕竟人们对这位霸占皇权的慈禧深恶痛绝，而对那位贤惠端庄的慈安太后深表同情。其中的言词不免夹杂了一些个人情绪，所以不能太当真。慈安太后去世后，慈禧便真正成了大清王朝的主人，成了政治舞台的核心。

葬陵之谜

公元1908年，慈禧太后去世，葬入清东陵。只要去过清东陵的人，

心里都会有一个疑问：人们称之为西太后的慈禧却是葬在了东边，而成为东太后的慈安却是葬在了西边，这到底是什么原因呢？

要想弄清楚其中的缘由，我们就要先了解一下东西宫太后的由来。东西宫太后事实上就是根据她们居所的方位而定的。慈安太后住在紫禁城东六宫的钟粹宫，所以人们称其为东宫太后，而慈禧太后居住在紫禁城西六宫中的长春宫，由此也被人称之为西宫太后了。

而根据清王朝的入葬制度来说，皇后去世后，她的陵墓要建在皇帝陵墓的东面，而慈安和慈禧又同是宫中太后，后期的地位可以说不分上下，所以她们死后，陵寝都安葬在咸丰皇帝的东面。不过，因为咸丰皇帝的皇后只有慈安一个，所以慈安的陵墓自然是要靠咸丰陵墓近一些，而慈禧的陵墓则是远一些。这样也就使得东宫太后葬在了西面，而西宫太后却是葬在了东面。

第十章

背后掌握大权的女人——慈禧

皇妃档案

☆姓名：叶赫那拉·杏贞

☆民族：满族

☆出生日期：1835年11月29日

☆逝世日期：1908年11月15日

☆配偶：咸丰帝

☆子女：同治帝

☆寝殿：储秀宫

☆陵墓：定东陵

☆谥号：孝钦慈禧端佑康颐昭豫庄诚寿恭钦献崇熙配天兴圣显皇

☆最为高兴的事：垂帘听政

☆最伤心的事情：李鸿章去世

☆生平简历：

公元1835年11月29，慈禧出生于北京。

公元1852年5月，18岁的慈禧选为兰贵人。

公元1856年，慈禧产下皇子载淳，也就是后来的同治帝。

公元1857年，慈禧为懿贵妃。

公元1861年，咸丰去世，载淳继位，慈禧被尊为圣母皇太后；同年九月，慈禧垂帘听政。

公元1874年，同治驾崩，光绪继位，慈禧继续听政。

公元1894年，慈禧六十大寿，甲午战争失败。

公元1908年11月15日，慈禧去世，葬于定东陵。

人物简评

她是一个女子，也是生活在封建社会中，被人们冠以千古罪人的皇太后。她对权力有着几近变态的欲望和执着，是历史上少有的几位掌权女性。有人说她是一个杰出的政治家，也有人说她是一个卖国求荣的卖国贼。她手段毒辣干练，实施独裁政权，肃清政敌，对自己的亲生儿子都不留任何情面。她签订了很多丧权辱国的条约，毁了国家很多奇珍异宝，园林花木。在她周围充斥着指责、谩骂和诅咒，不过对于这样一个女人，你读懂了多少呢！

生平故事

册封为兰贵人

1835年11月29日，兰儿出生在北京的一个小胡同里，她的父母似乎并没有想到，在二十几年的时间里，这个女儿会给他们带来什么样的变化。更让人想不到的是，这个女婴的出生竟然和大清朝的命运紧紧联系在一起，颠覆了整个大清王朝，加快了大清灭亡的速度。她就是历史上有名的叶赫那拉氏——慈禧皇太后。

1852年5月，一阵急促地脚步声打破了清晨的宁静，有一队人马护送着12乘轿子走了进来，帘子低垂，谁也看不清帘内的光景。

这时，轿子的主人似乎不甘寂寞，撑开轿帘想要看看外面的世界，这是一张绝美精致的脸庞，似乎连护送的侍卫看得都有些出神了。这位少女并没有什么怯意，十分的大胆，她打量着周围的一切，眼里有一些笑意。

不久，几名宫廷侍卫将轿子打开，迎出了轿子的主人，这时人们才看清，轿里面竟然是一个个天生丽质的可人儿，她们是这一届的秀女。这位少女定了定心神，跟着一起的几名女子，被安排在一间厢房内等候传召。厢房的后面有一个小园子，园子内有一个小池塘，有一片翠竹林，旁边还盛开着几株月季，很是漂亮。

池塘的水波映出了几位女子的模样，少女看着水中的自己，竟然有种顾影自怜的感觉。

没多久，少女便和其他秀女一起被传进了一间很是华丽的宫殿，分批侍立。突然有人高声喊道："皇上皇后驾到！"少女跟一起三跪九叩，行拜见大礼。

咸丰皇帝走到案几旁坐下，并道："都起来吧！"

少女站起身来，看向皇上的位置。皇上模样还算俊俏，脸色有点苍白，并不如想象中的那般冷酷和威严。就在少女打量皇上的时候，皇上也朝她看了过来，因为她实在是大胆，竟然没有丝毫顾及，这也让她和其他女子显得那么与众不同。

走来了几名宫女，给每一个秀女递上了一个小盘。这是清朝选秀的规矩，皇上手中有两只荷包，他喜欢哪一个，就将荷包放在哪个人的盘子里，将成为皇上的妃嫔。

少女环顾了一下周围的几名秀女，她们都低着头，一副很羞怯的样子。只有她，还是那样的毫不在意。皇上的目光也一直停在她的身上，她对皇上也是嫣然一笑。

皇帝拿起一个荷包，朝着少女走来，将荷包放进少女的盘子里。没有被选中的秀女都被侍从领走，剩下四名被选中了的秀女。少女站着，见她黑发如丝，目光秋水，贝齿如雪，眉似柳叶，肤如凝脂。皇上的目光再次留在少女的身上。

被询问少女是叶赫那拉氏，名唤玉兰，小名兰儿。皇上就将她册封为兰贵人。

如今，兰儿已经成了兰贵人。这一次的四名秀女分别被册封为贞嫔、云嫔、丽贵人和兰贵人。

册封仪式完毕之后，兰贵人跟着宫女来到了储秀宫，这是后宫中的西六宫之一。

兰贵人天生丽质，生性活泼，很得咸丰皇帝的疼爱，有一段日子，咸丰皇帝几乎夜夜留宿储秀宫，专宠盛极一时。

产下皇子

兰贵人进宫两年内，盛宠不断，因而也遭到后宫其他妃子的不满和嫉妒，皇后是最为不高兴的一个，可是咸丰皇帝每日都沉迷于兰贵人的宫中，她们也不能拿兰贵人怎么样。

无奈，皇后只得一方面发动各个妃子和大臣劝说皇帝要注意身体，要勤于政事，一方面则是寻找机会给兰贵人点颜色看看。

这天早上，皇后命令心腹太监拿着祖训，带领着几个侍卫直奔向兰贵人的储秀宫。储秀宫外非常的安静，除了几个日常打扫的秀女外，就不见其他的人影。

皇后看到这番景象，心中的怒火更盛，正要进入宫中的时候，突然有一个太监拦住了她的去路。太监说："皇后娘娘，皇上昨天晚上有传话……"

没等太监说完，皇后就一声训斥："滚开，别挡路！"

太监见皇后这般生气，也只能悻悻地躲在一边，皇后走进宫中，跪在地上，手里拿着祖训，朗声说道："皇上，臣妾已经将祖训请了出来，还请皇上仔细聆听！"

这一句话就像平地炸雷一样，惊得皇上和兰贵人一跃而起，皇上急忙说道："皇后不要念祖训了，朕马上起床上朝听政。"

咸丰皇帝急匆匆地穿戴完毕后，就直接去上朝了。

皇后看到后，心里的怒火总算是消了一些，她将祖训收起来，对跪在地上的兰贵人说道:"你我都是皇上的妃子,应该替皇上分忧才是,而你自从来到后宫后,整日迷惑皇上,让皇上不理朝政,你难道想让皇上背负昏君的骂名吗?"

兰贵人听了之后,哭哭啼啼地请求皇后责罚。皇后也没有再说什么,只是让随侍的太监把兰贵人带到了坤宁宫。

坤宁宫是皇后的住所,同时也是皇后行驶自身权力的地方。皇帝身边的一个太监看到这样的情况,急忙偷偷地溜了出去,朝着皇上上朝的地方跑去。

咸丰皇帝听说之后,心里很是着急,急忙写了一道手谕,让太监拿着手谕前往坤宁宫。

坤宁宫内,兰贵人跪在地上,没有说一句话。皇后慢吞吞地说道:"祖宗的家法在那里,你也不要怪本宫。"刚要行刑的时候,突然门外传来太监的叫喊声:"皇上有旨。"

皇后一听,心知不好,但也只能和所有人一起跪下来接旨。太监道:"皇上有旨,兰贵人身怀有孕,特赦兰贵人免于责罚。"皇后一听,惊呆了,她吃惊的并不是皇上及时的圣旨,而是兰贵人身怀有孕这件事情。本来兰贵人就专宠一身,这有了身孕,往后还了得。不过,也没有办法,最终只能遵循皇上的意思,免除对兰贵人的责罚,并让她在宫中好好养胎。

1854年2月23日,大地还处在一片冰封的状态,整个京城都笼罩在萧条的气氛中。而此时的紫禁城却是灯火通明,每个人的脸上都挂着喜色,储秀宫更是人来人往,忙个不停。

在人们焦急的等待中,兰贵人的儿子出世了,这也是咸丰皇帝唯一的一位皇子,取名为载淳。

咸丰皇帝知道这个消息后,急匆匆带人赶往储秀宫。这位皇子的出世,让压在咸丰皇帝心头多年的大石头总算卸了下来,他等了这么多年,终于盼到了能够继承江山的儿子。

载淳满月那天,太监拿着咸丰皇帝的圣旨来到了储秀宫,宣旨因兰

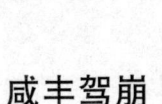

贵人产下龙子功不可没，即日起，将兰贵人册封为懿贵妃。

就这样，兰儿用了短短两年的时候，便从兰贵人变为懿贵妃。

咸丰驾崩

英法联军于1860年秋天向北京进攻，闻名于世的圆明园遭到了破坏。咸丰帝带领肃顺、大臣和后妃逃到热河行宫。北京这个烂摊子，甩给了咸丰的弟弟恭亲王奕䜣。

一天，咸丰帝在批阅奏折的时候，突然感到头昏脑涨，无法再批阅下去。于是便让在身边伺候的懿贵妃代笔。懿贵妃刚开始的时候还有所推迟，后来见皇上执意如此，也就没有再说什么，而是坐到案侧，有模有样的批阅起奏折来。

批着批着，就看到了恭亲王的奏折，懿贵妃呈给咸丰帝。咸丰帝看了之后心里有些犹豫了。原来奏折上是说恭亲王想要来热河行宫拜见皇上，而这恭亲王奕䜣也是他的心病啊！

咸丰和奕䜣是同父异母的兄弟，咸丰出生不久，他的母亲便去世了，是奕䜣的母亲将他们拉扯长大的。道光皇帝在位时，就对奕䜣非常的疼爱。奕䜣自小身体素质就好，而咸丰则是体弱多病，不如奕䜣那么活脱。就这样，在咸丰的心底，他对这个弟弟还是多有嫉妒的。

虽然最后皇位还是由咸丰继承，但是中间也经历了诸多波折，使得两兄弟之间有了无法解开的心结。

从那之后，咸丰帝和奕䜣不和多年，奕䜣的生母静太妃去世后，奕䜣曾经多次请求咸丰将其册封为静太后，但是咸丰一直没有答应。这也使得二人的关系越来越差。甚至二人都不愿意再看到对方的存在。

如今，奕䜣想要来热河，这件事情引起了他的警觉，他知道奕䜣的才华一直是在他之上的。后来他又想到，奕䜣曾经对自己的皇位造成了威胁，如今自己身体日渐下滑，儿子才五六岁，那么奕䜣会不会威胁到儿子的皇位呢？想到这里，他更坚定了心里的念头，绝对不能让奕䜣来热河。

随后，咸丰还询问了懿贵妃的意见，懿贵妃认为这也是人之常情，并没有什么不妥之处。

咸丰心里很是烦躁，他突然想到了肃顺，肃顺虽然是个粗鲁之人，但是他处理事情的方法却是让咸丰非常的赏识。于是，他让人传召肃顺，想要问问肃顺的看法。

过了一会儿，肃顺来到了咸丰的书房。给皇上行过礼后，便坐在了书案侧边的椅子上，并看到了皇上日渐苍老的脸。

肃顺看到皇上这般模样就装模作样的说一些安慰皇上的话，咸丰听后心里倒是宽慰了很多。于是就便把奕䜣的奏折递给了肃顺。

肃顺看完之后有些惊讶，其实肃顺原本就有专权的野心，而阻挡他当政的两大障碍就是能力出众的奕䜣和经常帮助皇上批阅奏折的懿贵妃。不过，肃顺可不能让自己的野心暴露出来，于是他就不动声色地说："皇上，臣认为恭亲王是皇上的亲弟弟，他来探望也是人之常情，恐怕不好拒绝呀！不过，表面上臣觉得理所应当，可是私下里却感觉并不简单啊，皇上还是小心为好。"这句话正好说到了咸丰的心坎里。

接着肃顺又问道："皇上，您每天这样操劳，奏折批阅可有人代劳？"咸丰说都是懿贵妃在帮朕。

肃顺见时机到了，就以此挑拨他和懿贵妃，先是拿历代贵妃专权的教训来说给皇上听，后又翻出懿贵妃的姓氏来大做文章。起初皇上不以为然，到后来听到关于懿贵妃姓氏的话时不由得心中一震，那个关于懿贵妃姓氏的诅咒。

随后在皇上一筹莫展时，肃顺就趁机献计。他说："皇上可以效仿汉武帝处置钩戈夫人之法。"

咸丰自然听说过这个故事，汉武帝七十岁的时候，钩弋夫人产下了皇子弗陵，汉武帝想立弗陵为太子，可是又害怕自己时日不多，担心钩戈夫人会因此而干涉朝政。所以在他临死之前下了诏书，自己去世后，要让钩戈夫人殉葬。

想到这，咸丰就立即拿起笔，写下了遗诏。

懿贵妃在储秀宫呆得出神，自打那一日她同意了奕䜣来探望皇上之后，皇上就没有再召见她，这使得她心里非常不安。这时候，懿贵妃最喜欢的小太监安德海急急忙忙来到她面前。懿贵妃见状就让其他的人都退下了。

安德海把肃顺和皇上之间密谈的事都告诉了懿贵妃！懿贵妃听了以后，全身发凉，过了一会，她说道："与其这样坐以待毙，倒不如来个鱼死网破！"

不过，现在皇上已经对她起了防范之心，她不可能求助于皇上了。但是皇后却一直对肃顺专权很是不满，如果能和皇后联合，也未尝不可。要想联合，还得需要时机啊！

几天后，安德海给懿贵妃带来了两个消息。

一个是，肃顺趁着皇上不在的时候，居然坐到龙椅上，还问随从自己像不像皇帝。

再者就是，一个小太监打碎了肃顺的一个和田羊脂玉杯，后来小太监用胶粘合，递到肃顺跟前，小内监突然惊叫一声，玉杯掉在了地上，变为碎片，小太监急忙跪在地上说："刚才奴才看到主子鼻孔冒出两道黄气，像是龙脉，所以失手打碎了玉杯，还请责罚。"肃顺听了很是高兴，当然不会计较玉杯的事情。

这两件事情随便哪一件都可以将他置于死地。于是懿贵妃就把这两件事情报告给了皇后，二人商量之后，决定联合恭亲王，除去肃顺。

有了皇后的支持，懿贵妃的心总算安定下来。这几天，咸丰皇帝心中又不淡定了，原本以为解决了懿贵妃的事情，就可以高枕无忧了，可是皇后却将那两件事情告诉给皇上，皇上听了，心里能不着急吗！他一直在这种矛盾中挣扎着，肃顺想要专权到底是真是假？

就这样，外有帝国侵略，内有专权危机，这让原本身体有恙的咸丰帝变得更加虚弱了。不久，他便卧床不起了。

某日清晨，早早便有太监来传召，皇后心里隐隐不安。当她看到床上那个病入膏肓的咸丰帝时，就再也不能自控，伤心地哭了。皇帝一边安慰皇后，一边将他的心事全盘托出。他告诉皇后，宫中你要提防两个人，一个是肃顺，一个是懿贵妃。并且赐予她专权，如果懿贵妃要图谋，皇后就有便宜行事之权。

两天之后，咸丰皇帝颁布圣旨，自己死后，由载淳继承王位，并册封载垣、匡源、端华、肃顺、穆荫、杜瀚、景寿、焦佑瀛为辅政大臣，由他们八人辅佐新君。

将这一切都安排妥当之后，一天早上，咸丰皇帝在宫女的搀扶下走出屋外，看到庭前的花儿开得正好，月季、芍药开得很是娇艳，这让咸丰的心里十分高兴。他感觉自己的身体似乎又恢复了生机，全身舒畅，身体也变得柔软。

1861年7月17日深夜，咸丰帝在睡梦中离去。咸丰帝的死，代表着一个时代的结束，一场阴谋的开始。

辛酉政变

咸丰去世之后，朝中的各大势力都处于绷紧的状态，都想在最短的时间里，掌握大权。

次日懿贵妃和皇后召见了肃顺，肃顺进宫之后，架势也变得很嚣张，似乎不再把懿贵妃和皇后放在眼里了。期间皇后对肃顺赐茶，肃顺担心茶中有毒一直忧心忡忡，但见后来懿贵妃喝的和自己一样时，他才敢放心酌饮。

其实，这次皇后和懿贵妃召见肃顺就是想要给他个下马威，让肃顺之后，皇帝虽然不在了但是她这个皇后还是在的。

几天后，在肃顺等大臣的辅佐下，新皇发布诏书，尊奉先帝之后为皇太后，住东宫；尊封先帝懿贵妃为皇太后，住西宫。人们将她们分别称之为东宫太后和西宫太后。

而这西宫太后就是慈禧，东宫太后则是慈安。

一日，肃顺听到下人来报，说是慈禧太后将自己最宠爱的太监安德海赶走了，肃顺很是吃惊。这安德海可是太后最喜欢的，突然将他赶走，事情必有异常。不过后来又听说是因为安德海在照顾小皇子的时候，不小心把小皇子摔伤了，两位太后一气之下便将他赶走了。这样想来，倒也是人之常情。

半个月后，恭亲王送上一封奏折，要求赴热河叩拜梓宫。肃顺看到这个折子后，心里的警觉立刻提高了很多：恭亲王也要有所行动了。

肃顺十分纳闷，二十多天之前，恭亲王被命令在京都处理事务，但是这个时候他过来究竟是想做什么。难道说他在朝中有内应？肃顺想了想这应该是必然的。现今西太后的妹妹身在京城，一旦他们利用这层关系让两宫的太后和恭亲王联合起来，那对自己的形势是相当不利，于是他召集自己的党羽商量对策。

肃顺这边商量对策的时候，西太后也没干坐着。这个时候，她去找了醇郡王，先皇的亲弟弟，也就是慈禧的妹夫。

醇郡王告诉皇后安德海已经将这边的情况告诉给了恭亲王，他要来热河了。

没过多久，恭亲王身披孝衣，面色悲痛，朝着咸丰灵堂飞奔而去。奕䜣跪在咸丰灵前，痛苦出声。

这个时候，突然有人喊道："辅政大臣到！"

原来是八大臣到了，奕䜣赶忙整理一下衣服，站起身来前去迎接。

双方见面后，奕䜣抢先行礼，一番虚情假意的寒暄后，忽然又有宫人来报，说两宫太后想邀请恭亲王前去问话。肃顺听了之后，心里又警觉起来，他抬头看着奕䜣。

奕䜣假装为难将问题转到肃顺前面，肃顺也不好说什么，只能让两宫太后传旨，然后恭亲王前去。

奕䜣刚要离开，礼部侍郎杜翰说："自古以来，叔嫂就要懂得避嫌，现在先皇驾崩，太后服丧，这个时候恐怕不适合见面吧，希望恭亲王慎重。"

奕䜣听了，只好留下来。

又过了一会儿，两宫太后又派人传话道："恭亲王乃是先皇的亲弟弟，况且醇郡王与福晋也正在太后那里闲聊，当然能够前去一叙，外人不得多言。"

就这样，肃顺这一帮大臣也无话可说。奕䜣也跟随下人来到了东宫，两宫太后将他迎进去之后，关上了宫门。

过了好一阵子，奕䜣说："肃顺独夫，按理应该千刀万剐，不过目前还要请两位太后暂且忍让一下。依臣看来，太后可以扶灵归京，然后再找机会处置肃顺一党。"

两宫太后问道："为什么要扶灵归京？"

奕䜣说："还请太后放心，回到了京城，所有的事情就好办了。要想办法阻止八大臣联合，对他们分而治之，更不能让他们挟天子以令诸侯，所以在扶灵归京的时候，也要带着新皇一起才行。"就这样，三人商定好了接下来的计谋。

这个时候，肃顺也将自己的几位同僚刚刚送走，他哪里知道，他的命运就在刚才已经被决定了。

旋即，董元醇的一封奏折，打破了皇宫里面的平静，使得众位大臣和后宫嫔妃人心惶惶、坐立不安。

董元醇是山东道监察御史，官位居中，不大不小，在平时，根本就不会有人注意到他。他上奏，希望两位太后能够垂帘听政，亲自辅佐新皇处理朝政，并且主张废除辅臣制度。这一份奏折好比一块大石击在平静的湖面上，惹得朝野上下众说纷纭。而这个董元醇，也成了人们谈论的中心。

可是，辅臣制度从元朝建立以来，一直流传至今，这个制度的拥护者可不在少数。咸丰皇帝驾崩之后，八大辅臣在朝中可谓是呼风唤雨，权倾天下，又有谁敢这样光明正大的和他们对着干呢？这个董元醇到底是做什么的，他背后又有谁呢？没错，在董元醇的背后正是两宫太后和恭亲王奕䜣。

这一份奏折虽然没有起到很明显的效果，不过却是投石问路的一招好棋，结果令慈禧和慈安都非常高兴，因为关于董元醇的意见，朝中有一半人是支持的，看到了扳倒肃顺也并不是不可能的。

一天，两宫太后传下懿旨，宣八位辅政大臣前往宫中议事。

慈安太后向八大辅臣询问了他们对山东道监察御史董元醇奏章的看法，其中有个叫载垣的，对此他非常不屑地说道："小小一个监察御史，能有什么高远见解，自从我大清朝建立以来，就没有'垂帘听政'这个说法，真是荒谬至极，还用说吗。"这使得一旁的小皇帝吓了一跳，连忙钻进慈安的怀里。

慈禧听后非常满意，但是假装很生气。这让一旁的肃顺非常气愤，他反驳的语气非常冲，以至于吓哭了5岁的小皇帝。肃顺见此显得不知所措。最后慈安摆摆手，让他们都退下了。

两个月之后，咸丰已经去世几十天了，可灵柩却一直放在热河这个避暑胜地。

九月，宫内传出懿旨，让肃顺等人前去问话。

慈安说："先皇驾崩已经两个月的时间了，新皇应继承大统，还要请诸位大臣早做安排，尽快返京。"

肃顺没办法反驳，于是便说："太后说的是，只不过皇上还小，恐怕难以胜任。"

慈安依然很温和地说："那么其他大人也是这样认为的？"

肃顺一听，知道说错话了，于是说道："太后息怒，臣等尽快商议，定下回京事宜。"

九月底，在肃顺的安排下，载垣和端华负责护送太后和新帝回京，而肃顺则是要护送先皇灵柩返京。

回京后的第二天，两宫太后便将奕䜣等众位大臣召来，当场宣布了肃顺等人的种种劣行，并下旨革去他们的官爵，随时捉拿听审。

而此时的肃顺正在护送灵柩回宫的路上，对于宫里的事情全然不知。一日，肃顺走进一间驿站，正要更衣休息时，忽然听到外面一阵吵闹声，他刚一开门，便被一拥而上的士兵捆成了肉饼子，士兵押着肃顺来到了醇郡王面前。郡王说道："辅臣这几天过得好吗？本王在这里等候多时了。"

肃顺非常愤怒他觉得自己是先皇亲自任命的辅政大臣，你们这群虾兵蟹将居然敢这样对我。

郡王似乎看出了他的心思便说："两天前，太后已经革去了你们的官职，你现在并不是什么辅政大臣了。"说着，出太后的诏书，念给肃顺听。

将肃顺拿下之后，两宫太后和她们的亲信也都松了一口气。不过接下来她们该如何处置这八位辅政大臣呢？

于是，太后的众多亲信又聚在一起，商量处理办法。慈安太后说道："肃顺等人是先皇亲自任命的辅政大臣，我们如果将他们处死，岂不是违背了祖上的旨意。"

恭亲王奕䜣说："无论如何，都不能放过肃顺，我们可以定他们一个矫诏之罪，说他们假传圣旨，先皇根本就没有封他们为辅政大臣。"

10月初六，两宫太后传旨：肃顺等八大臣，愧对先帝隆恩，矫诏欺君，自封为辅政大臣，蒙骗天下，罪不可赦，即日处死。

就这样，一代权臣稀里糊涂成了刀下亡魂。肃顺死后，两宫太后又命令载垣、端华自尽，并将剩余辅政大臣全部治罪，其家属亲眷或流放，或监禁，牵连数百人。

这一事件，历史上称之为辛酉政变。

慈禧的掌权之路

除去了辅政大臣，慈安和慈禧的心思转移到至高无上的皇权上，将赌注压在了恭亲王奕䜣的头上，赋予了他很多的权力，让他一时无人能匹及。奕䜣和众位大臣商量了让两位太后垂帘听政的议题。众大臣当然明白奕䜣的话外之音，再加上他的权势滔天，所以并没有多加反对。两位太后垂帘听政，是慈禧掌权的开始。

此后，因奕䜣和慈禧在重建圆明园的问题上起了冲突，而使得慈禧怀恨在心，想要将奕䜣这个绊脚石除去。接着，慈禧宠爱的太监安德海因为私自试穿龙袍，而被慈安太后和同治帝赐死，这就更加加剧了慈禧心中的不满：自己的亲生儿子竟然联合外人对付自己。

同治皇帝18岁时，也就是1873年，正是他立后亲政的年份。慈禧为他挑选了一位皇后，目的是想通过皇后来掌握同治的动态，怎奈皇后和皇上是一心的。慈禧的作为皇后都会一字不差讲给同治听，这让同治对他更加的防备。

慈禧偷偷跟在皇后的后面，听到她和同治的对话，慈禧非常生气，怒气冲冲地进去对皇后一顿暴打，狠狠呵斥了同治帝。

同治对慈禧又惧又怕，最后只好出宫一躲，这一躲不要紧，同治在外面留恋上了烟花场所，还惹得一身病。同治想到自己后继无人，便偷偷写下遗诏，让孚郡王之子载澍为继承者，并将此遗诏交给了李鸿藻。

李鸿藻可是一个两面派，这边出了同治宫，那边就到了慈禧的宫殿，并且将诏书告诉给慈禧，慈禧一怒之下，将同治害死。同治驾崩后，慈禧便立醇亲王之子载湉为下一届的储君。

被慈禧太后扶上皇位以后，又一次开始垂帘听政。几个月后，俄国出兵伊犁，对新疆南路地区进行骚扰，帝国北疆告急。

慈禧急忙召集各位大臣商量对策。

李鸿章说道："太后，俄国人侵犯我朝边界，依臣来看，还是议和为好。"

慈禧听了，点点头。这时，两江总督左宗棠反对道："此事绝不能议和。新疆南路是一个富饶之地，俄罗斯早就觊觎已久。近些年，我大清朝割地赔款之事愈演愈烈，总不能将祖宗的江山这么白白葬送了呀？臣愿意带兵出征，保卫我大清疆土！"

慈禧早就被洋人吓破了胆，对于出兵一事更是不敢想。最后只能挥手退朝，容以后再议。慈禧刚回到寝宫，便听有人禀报，左宗棠带着一具棺材求见。慈禧知道他定是为了抗俄之事而来。左宗棠抱着必死的决心，请求慈禧发兵新疆，无奈，慈禧最后只能出兵伊犁，任左宗棠为将领。

得到命令之后，左宗棠就开始谋划出兵的事宜。两年后，左宗棠收复了新疆南路四城。捷报频频传入京城，朝野上下沉浸在一片喜气的气氛中，慈禧脸上的忧愁也没有了。这一次大战，俄军战败，并主动提出议和。

1880年，清朝收复伊犁。

外患平定，慈禧理应高兴才是，可是看着东宫慈安太后，她还真是高兴不起来。

其实，慈禧和慈安之间本来就有芥蒂，只是因为肃顺的事，两个人才能联合起来，把肃顺拉下台，一直到后来相安无事。慈安是个喜欢安静的人，她一般情况下就不会参与朝政，只是慈安的执政手段和慈禧完全不一样，这让慈禧心中非常不舒服，因此她一直在想办法除掉慈安，让自己成为一个真正的掌权者。但是慈禧知道慈安的手里有一道先皇御赐的诏书，随时都能夺走自己的性命，因此想要除去慈安，除非把诏书销毁。

一天，慈安生病了，慈禧让人给她送了点肉汤。

慈安喝完之后，感觉肉汤很是鲜美，于是问道："这碗肉汤很好喝，是什么食材做成的？"小太监支吾了半天，说道："这是用西太后手臂上的肉熬制而成的。"

慈安听后很是震惊，立刻前往慈禧的寝宫。只见慈禧躺在床上，手臂上还缠着厚厚的绷带，面色苍白，慈安心中很是感动。这一感动之下，慈安便将先皇的遗诏拿出来，当众烧掉。

自从遗诏烧掉之后，慈禧便无所惧怕，对慈安也没有了往日的尊敬，这让慈安追悔莫及。

后来，慈禧请慈安吃糕点，慈安吃完半日后，就感觉身体不舒服，不过也没有在意，三天之后便一命呜呼了。从此之后，慈禧独断朝政的日子正式开始。

1883年，中法战争爆发。1885年，中法战争结束，清政府损失惨重。而这一年，慈禧的颐和园也正在建造中。5月9日，慈禧将醇亲王召来，说："中法战争现在终于结束了。我们要做几件事。李鸿章准备建立学堂，聘请德国人为教师，你怎么看呢？"

醇亲王说："这可是好事儿啊。"

慈禧说："行，那就批准了！"

就这样，过了两年之后，光绪帝年满18，也到了亲政选后的日子了。

经过一番挑选后，皇后的人选只剩下了五个人。除了慈禧的侄女外，还有两对姐妹花。慈禧内侄女叶赫那拉氏领头，其次就是德馨家的两姐妹，最后则是长叙家的两姐妹。在慈禧的一手操办下，最终的皇后落在了叶赫那拉氏家族。

婚后，光绪帝亲理朝政。慈禧住进了颐和园。虽然光绪帝已经独掌朝政，但是慈禧对他的看管可是一刻也没有放松，只要有重大事宜，慈禧必须亲自过目，而且光绪帝还要经常去颐和园请安。

光绪亲政的第五年，也就是1894年6月23日早上，大批从海上来的日本军队对中国的船只发动了攻击。听到这个消息之后，光绪帝宣布对日本开战。中日甲午战争爆发。

战争开始以后，接二连三的坏消息传来，首先，日本于8月3日，占领朝鲜的全境。两天以后，中日黄海激战，5个小时之后，清朝政府的4艘船被日军击沉，600多名官兵壮烈牺牲。

李鸿章看到自己一手创办的北洋军损失惨重，于是便决定"避战保船"，下令北洋水师放弃制海权，最后作茧自缚，被困在了海港内。

清政府的软弱，使得日本更加猖狂嚣张。

就这样，李鸿章被任命为议和全权大臣，和日本代表人物伊藤博文在马关谈判。

1895年3月，中日签订了马关条约。条约内容有：割让辽东半岛、台澎列岛给日本；赔偿日本军费三亿两白银；承认朝鲜自主独立；开放苏州、沙市、重庆、杭州和长沙为商埠。

1898年3月，光绪皇帝正在批阅奏章的时候，他的老师翁同龢求见，并交给光绪帝一卷书，也正是从这个时候开始，一场轰轰烈烈的戊戌变法活动开始了。

朝中很多官员都反对戊戌变法，因此并不顺利，让光绪帝和戊戌变法的支持者感到安心的事，在颐和园养老的慈禧并没有什么动静。这使得光绪帝非常纳闷，因为这不像是慈禧的作风啊！

四月的某一天，光绪帝前往颐和园给慈禧请安，慈禧看着光绪帝，嘘寒问暖一番，但似乎是话中有话。直到慈禧说"最近有很多人对你的老师翁同龢很是不满，这件事情你听说了吗？"这才使得光绪帝心里沉淀了下来，虽然是第一次听说。但至少让皇帝知道自己的母亲安好。这次戊戌变法的主要实施者和策划者就是翁同龢，是个非常大的功臣。也是他将康有为引荐到光绪皇帝面前的。如果没有他，这场戊戌变法也就不会出现。何况翁同龢德高望重，光绪正要委以要职。慈禧却说出了这样的话，干扰的意味非常明显。

慈禧瞄了光绪一眼，拿起桌子上的奏折，扔在光绪帝眼前说："这些都是大臣弹劾翁同龢的折子，这种人不经允许，竟敢擅自用权，你竟然还重用他？"

光绪低头不说话，他心里明白，慈禧这些只是"莫须有"的罪名罢了。看来慈禧对于朝政大权并没有放下，她还是想要掌握手中的。光绪帝最后还是依照慈禧的意思，将翁同龢革了职，并对荣禄加以重用，任命他为直隶总督兼北洋通商大臣，并且还给予了他很高的军权。荣禄一时之间，权倾朝野。

1898年7月29日，戊戌六君子之一的杨锐正在军机处值班，忽然听到太监传旨，命他即刻进宫拜见光绪帝。

杨锐立马放下工作，跟着传旨的太监，来到了光绪帝的御书房——养心殿。

光绪看到杨锐进来后，便将身边的所有人都遣走了，他神情紧张地

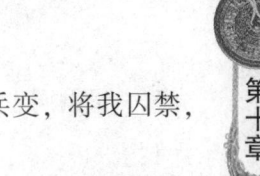

说:"我刚才已经得到消息。慈禧太后决定九月份发动兵变,将我囚禁,再次实施垂帘听政。"

杨锐听完之后,脸色苍白,不知道该说什么。

光绪帝又说道:"我现在在公众没有任何的依靠,就像是一叶扁舟所有的希望就要靠康有为等大臣们,你们一定得想办法救我出去。现如今,宫廷内外都是慈禧的人,我们压根就没有办法走出宫门,所以我来找你,是想你能够和康有为梁启超等人联系,让他们想办法把我接出去,希望你们不要辜负我!"

接着,光绪帝又赠给杨锐一条玉带,诏书便藏在这条玉带内,他命令杨锐出宫之后,将玉带交给康有为等人。

宫外,康有为看到杨锐垂头丧气地走出来,便询问何事。于是杨锐又将光绪帝的话告诉给了康有为。康有为立即叫来戊戌变法的主要人物商议对策。

要想救光绪,就必须找一个和荣禄有着相同兵权的人才能够胜任此任务。现下,众人商量之后决定,袁世凯是最佳合适的人选。他曾经对于戊戌变法也非常同情,如果能够说服他,那么光绪帝也就有救了。而前去游说的任务,便交给了谭嗣同。

谭嗣同连夜赶到天津,拜见了袁世凯。袁世凯对于光绪帝要遭囚禁的事情深表同情,并表示一定会杀了荣禄这条狗。

慈禧太后带着一行队伍从颐和园回来了,被从睡梦当中惊醒的光绪帝痴痴地坐在床上,嘴里嘟囔着,"这下朕的位置肯定保不住了。"

光绪其实不知道,袁世凯在把谭嗣同送走以后,就把这件事秘密告诉了慈禧,而且说光绪帝命令他带兵围困颐和园,并且处死太后。光绪帝极力地辩解。慈禧没有耐心听他任何的解释,于是手一挥说:"你每天就知道变法,连最基本的孝道都没有了,我看大清朝非毁在你手中。"

次日,光绪帝就昭告天下,慈禧第三次垂帘听政,光绪帝则被慈禧囚禁在了瀛台,除了特大庆典的时候,他才会出现在重臣面前。

光绪被囚后,康有为和梁启超逃出北京,杨深秀、杨锐、林旭、刘光第、谭嗣同、康广仁等六人则被斩首于菜市口，历史上尊称为"戊戌六君子"。

1898年，64岁的慈禧，重新掌握了政权。但这一次慈禧并没有那么好过。洋人步步紧逼，国土不断地沦丧，这让她承受着巨大的压力，也使她的统治地位受到了严重威胁。

慈禧现在急需要一股力量来打击外来的洋鬼子，这时候，义和团运动应运而生。

义和团运动起于山东，它的出现正好符合慈禧的需要。慈禧想要做一次渔翁，想着义和团和八国联军两败俱伤的时候，她来个渔翁获利。不过，慈禧看着义和团的势力越来越大，她的心里又不淡定了，她不再为义和团提供武器，因为害怕他们会危及自己的江山。就这样，在清政府和外敌的双重夹击下，义和团运动失败了。

随即，八国联军侵入北京，烧杀抢掠、无恶不作。七月底，慈禧带人逃亡。她一边逃，一边派人和八国联军议和，而李鸿章则又成了议和的主要人物。1901年9月，对于八国联军的苛刻要求，慈禧全部答应，进而签订了丧权辱国的《辛丑条约》。

条约签订之后，慈禧又返回北京，重新站到清朝统治者的位置。

戊戌变法自从失败以后，光绪帝一直都被慈禧囚禁在瀛台，每天对着杂草、枯树、清水唉声叹气。这位可怜的皇帝于1908年11月14日，在瀛台病死，享年38岁。

光绪驾崩后，慈禧又将年仅3岁的溥仪扶植上位，这是慈禧扶持的第三位傀儡帝王。溥仪上位后的第二天，慈禧驾崩。她不知道，她苦心经营了48年的清王朝，就在他死后不久，被武昌起义一声炮响，彻底地瓦解了。

盗墓风波

孙殿英是河南永城县孙家庄人，军阀战争时期，孙殿英在国民革命

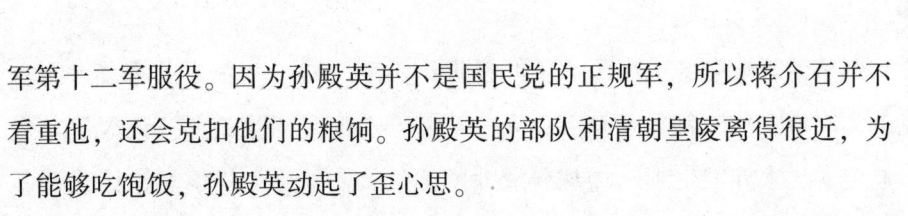

军第十二军服役。因为孙殿英并不是国民党的正规军,所以蒋介石并不看重他,还会克扣他们的粮饷。孙殿英的部队和清朝皇陵离得很近,为了能够吃饱饭,孙殿英动起了歪心思。

慈禧的定东陵是孙殿英的第一个目标。为此,他找来了姜石匠咨询墓口的问题,这个人曾经参与过皇陵的修建,所以对于墓陵的出口很是熟悉。

要说这姜石匠也是一个有福之人,古时候,修建皇陵的人最终都会被集体处死,而他却活了下来,这里面可是有一个传奇故事的。

听说,慈禧在下葬的时候,负责封闭墓道的石匠一共有八十一个,姜石匠就是其中一个,他们心理都明白,这是他们最后一次修筑皇陵了。那时候姜石匠只有四十多岁,前几天又新添一个儿子,现如今还没来及看儿子一眼,就要一命呜呼了,心里真的不是滋味儿。

这天,当他在干活时,一不小心被一块大石头砸晕了。监工的都以为他死了,所以急忙派人将他仍在野山坡,免得玷污了慈禧的陵墓。也正是这样,他才算捡回了一条命。

起初姜石匠并不愿意将慈禧的墓口说出来,只是后来孙殿英用他的儿子来威胁,无奈他说出了墓口的位置。

士兵们拿着灯笼,胆战心惊地走进慈禧的墓室,刚一进去,他们就惊呆了。只见那供桌上到处都是闪闪发光的珠宝。士兵们一拥而上,将珠宝抢了个精光。随后,他们还打开了慈禧的棺材,把里面的珠宝也洗劫一空。

很多官兵因为争夺宝物而自相残杀,死于慈禧的墓穴内。就连慈禧的残骸也被扒了出来,变得支离破碎,失了原形。想那慈禧生前的奢侈华丽,如果知道这番景象,心中不知作何感想。

叶赫那拉氏的起源之说

对叶赫那拉氏的起源,每个人的看法都是不一样的,但是他们的后代都坚信着最早的一个故事：叶赫那拉氏家族是一个很大的家族，元末明初时期，他们就在叶赫河建立了叶赫城。当时，叶赫那拉氏家族和爱新觉罗氏家族发生了一场规模较大的战争。发生这个战争的原因是爱新觉罗氏家族的头领为了让叶赫那拉氏臣服，于是用手指着大地说："我们是大地上最尊贵的金子（爱新觉罗就是金子的意思）！"叶赫那拉氏的部落首领听了以后，大笑一番，他用手指着天上的太阳说道："金子有什么了不起，我们姓它！"后来，叶赫那拉氏家族一鼓作气将爱新觉罗打败了，称了当时东北较大的一支部落。

史料记载：在满族姓氏中，叶赫那拉氏是为大姓，也是起源较早的一种姓氏。叶赫那拉氏的始祖最初是蒙古人，他们到了扈伦部，并逐渐发展起来。那拉有爱的意思，又因为这个姓氏所建立的城市位于叶赫的河边。因此，其名叫做叶赫那拉氏。在满族姓氏中，叶赫那拉氏是八大姓氏之一。并且先后出过许多文豪武将，比如，历来被誉为"清初学人第一"的满族杰出文人纳兰性德，他就姓叶赫那拉。但真正使叶赫那拉声名鹊起的，当属叶赫那拉氏的三位皇后。

如果仔细研究叶赫那拉氏的历史就能发现，他们和爱新觉罗世世代代都有着血统之亲。努尔哈赤是叶赫那拉氏所生，就是说，他是叶赫那拉氏家的姑爷。包括努尔哈赤的儿子皇太极也是叶赫那拉氏所生。大清朝的时候，也曾经有这样的说法——说叶赫那拉氏家族世世代代都是美女。努尔哈赤的皇后，也就是皇太极的母亲，是大清的意义上的皇后孝慈高皇后。

孝慈是什么人呢？她就是叶赫部长杨吉砮之女，在她十四岁那年，作为建州的女真和叶赫女真结盟的条件，也就是孝慈要嫁给努尔哈赤。接着，孝慈和努尔哈赤子一起生活了十五年，为他生下皇太极一子。在她二十九岁那年，孝慈因病去世了。随后她被皇太极追谥为太祖高皇后。孝慈在和努尔哈赤一起生活的十五年间，也正是努尔哈赤大展宏图的时期。这时候，她的丈夫积极向外扩张，统一了女真各部，并且收降一部纳娶一妃，是个非常辉煌的时期。

努尔哈赤用了三十六年的时间来统一蒙古与东北其他各部。之后，才向叶赫那拉氏宣战的！为何会宣战呢？原因只有一个：叶赫那拉的可汗是他的亲舅舅，而各个守关的将领都是他的表哥、表弟。当时，努尔哈赤率领千军万马，包围了叶赫城。明智的努尔哈赤并没有马上宣战，而是在城前跪了三天三夜，他请求叶赫那拉氏投降，以便团结起来，共同对付明朝政权。可是，叶赫那拉家族是个顽固派，他们坚决不同意。在万不得已的情况下，努尔哈赤下了一道令，凡是自愿投降的，一律封赏为高官厚禄；凡是敢于反抗的，无论是谁，一律尸首分家。

在这种情况下，努尔哈赤向叶赫那拉宣战了。经过激烈的战斗，努尔哈赤的士兵最终杀进城去，叶赫那拉氏的士兵死了好几万人。而那些被包围的叶赫那拉首领也纷纷自杀，他们宁死不降。到最后，老一代的前辈都死了，剩下的都是一些年轻的，这些人见大势已去，大势所趋，于是向努尔哈赤投降。

也因为这个故事，所以一直都流传着叶赫那拉氏和爱新觉罗的世仇。宫里不管后妃还是秀女，都相信叶赫那拉氏的传说。其实，就是这样荒诞的无稽之谈，不但太宗的生母是叶赫那拉氏，连高宗乾隆的顺妃，也都出自叶赫那拉氏。但，真正让叶赫那拉氏家族名扬天下的，不是别人，正是慈禧皇太后！

慈禧的身世传说

慈禧于1835年出生在满洲镶蓝旗的一个官宦世家。传说，慈禧的曾祖父叫做吉朗阿，曾经在户部担任员外郎，因银两亏空的原因，患抑郁离开了人世。其祖父的名字为景瑞，在刑部山东司担任郎中。1847年，因为景瑞没有按时赔偿父亲吉朗阿在户部任职时期所亏空的银两所以被革职。他的外祖父叫做惠显，在陕西的归化城担任副都统。父亲叫做惠徵，在吏部担任笔帖式，这个职位就相当于人事部的秘书，是个八品的文官，后来有升迁。

清宫档案《内阁京察册》（清政府对京官三年一次的考察记录）中记载：慈禧的父亲惠徵，1831年时任笔帖式，1834年经过考察，被定为吏部二等笔帖式。1839年时任八品笔帖式。1843年再次考察，被任命为吏部一等笔帖式。1846年调任吏部文选司主事。1848年、1849年由于考察成绩皆为一等，因此受到皇帝接见，最后，被外放道府一级的官职。同年四月，担任山西归绥道。1852年，调任安徽的道员。

只是慈禧太后，因她的特殊地位、身份、影响与作用，因此对她的身世，出现了多种说法。尤其是慈禧的出生地，真可谓众说纷纭。主要有以下说法：

有的人说是甘肃兰州；有的人说是浙江乍浦；有的人说是内蒙古呼和浩特；也有人说是安徽芜湖；有的人说是山西长治；还有人说是北京。

对于慈禧的出生地，这么多的说法，那么到底哪个出生地更具有权威性呢？根据慈禧的父亲惠徵担任过甘肃布政使衙门的笔帖式一职，有的人会这样认为，慈禧是于甘肃兰州出生的。相传，慈禧出生当年他的父亲惠徵住过兰州的八旗马坊门。但是，专家对此进行了查阅。在文献和档案中发现，虽然惠徵担任过笔帖式，但是地点确是在北京的吏部衙门，并不是兰州的布政使衙门。

根据慈禧的父亲惠徵在浙江乍浦做官，有的人这样的认为，在一篇《史界新发现——慈禧生于浙江乍浦》的文章中说：慈禧的父亲惠徵，曾在1835～1838年之间，在浙江的乍浦担任过正六品的武官骁骑校，而慈禧正是在这个时间段里出生的。所以，她的出生地应该是浙江乍浦。文章里说道：现今乍浦的老人脑海当中仍然流传着有关慈禧幼年的传说。但是，按照当时的规定，京官每年都要进行一次考核。

因此，有的学者为了验证这一说法，查阅了清朝考核官员的档案记载：这个时候的惠徵被朝廷考核为吏部二等笔帖式，三年之后，惠徵又被作为吏部笔帖式进行考试。由此可见，惠徵这时候在北京担任吏部笔帖式一职，是为了八品文官，所以这种说法非常值得人们怀疑。

根据慈禧父亲惠徵在安徽的徽宁池广太道做过道员，因此说慈禧出

生在芜湖。慈禧既然是生长在南方，那么她就比较善于演唱江南的小曲。也正因为这样，她得到了咸丰皇帝的宠幸。对于此，有很多小说和影视作品就是这么说的。但是，我们也不能仅仅就凭慈禧会唱南方小曲，就认定她出生于南方。

据史料记载：惠徵在徽宁池做广太道员，其时间是1852年。而慈禧已在1851年进入宫廷，并且被封为兰贵人；并且在档案中还保留着兰贵人受到赏赐的赏单。可见，慈禧不可能生于安徽芜湖。

根据慈禧的父亲惠徵在山西归绥做过道员，有的人认为，慈禧应该出生于内蒙古呼和浩特。慈禧的父亲惠徵当年担任山西的归绥道道员，道署在归化城（今呼和浩特市）。传说，在呼和浩特市有一条街的名字叫做落凤街，慈禧当时就出生在落凤街的道员住宅中，神佑有人说慈禧小时候常常到规划城的河边玩耍。

在1849年，惠徵担任山西的归绥道道员的时候，慈禧已经有十五岁了，所以，慈禧是不可能出生于归化城的。但是，慈禧有可能是跟随父亲惠徵在归化城中居住过。

慈禧出生在山西长治。这种说法就认为慈禧不是满洲人，他的生父也不是惠徵。山西长治当地传说：慈禧应该是陕西省潞安府（今长治市）即长治县西坡村王增昌的女儿，她的小名叫做王小慊，她四岁的那年因为家境贫寒，被卖给了上秦村宋四元家，改姓为宋名龄娥。到十一岁的时候，宋家遭到了不幸，她又被转卖给潞安府（今长治市）的知府惠徵做丫头。

有一次，惠徵的夫人发现龄娥的两个脚分别长了一个瘊子，就认为她有福相，而且将来一定会大富大贵，于是就将她收为义女，并且改为叶赫那拉氏，取名为玉兰。再后来，玉兰有幸被选进宫中，成了兰贵妃。对于这点，专家也经过考证，这段时间当中，惠徵并没有担任潞安府的知府。既然说惠徵没有在山西的潞安府做过官，那么慈禧怎么回在潞安被卖到惠徵家里呢？

说北京有关慈禧的出生地，那么她的直系后裔叶赫那拉·根正觉得：

"其他的说法中的女子，有可能是那个地区出过的某些宫女，但不一定是慈禧。所以，将这些事往她身上说，是因为慈禧的名声太大。1835年11月，慈禧出生于北京的西四牌楼劈柴胡同，这是她家的老宅，她是卯时生的，她出生之后，叶赫那拉家请了几个保姆，几个嬷嬷和几个管家，都有详细地记载。"

总的来说，不管慈禧生长在哪里，有一点都不能否认的是，她的家世是官宦家族。从小她就聪慧伶俐，和普通的孩子比较，能够看到她难得的谋略和远见。据慈禧的曾孙回忆说：慈禧十四岁的时候，她的家中发生了一件大事，慈禧的曾祖父吉郎阿曾经在道光行政务时期担任过清户部的外郎，主要就是负责中央的金库。但是，在吉郎阿卸任的十几年之后，在朝廷查账的时候，却查到了库银亏空几十万两。

道光在接到了大臣的奏报之后，十分气愤，他下旨，不管谁，也不论什么时期，但凡在银库工作过的人员都要一查到底。但是，经过反复的调查，什么结果都没有查到。道光为了查清楚，就下令从亏损的那年查起，一直到现在。所以，所有的工作人员都来平摊这些银两的亏空，那些去世的人，就由他的儿子或者孙子来偿还。

当时，慈禧的曾祖早就去世了，朝廷就把她的祖父抓了起来。出事之后，慈禧家里顿时就乱了套。当时慈禧的小名叫做兰儿。年少的兰儿比家里任何一个人都表现的镇静，她劝父亲惠徵，把家里仅有的一点银两也拿出来，交给朝廷，然后让父亲带着她去和亲戚朋友借了一些银两。但是她并没有让父亲把这些银两都交给朝廷，她告诉父亲，这些银两自有用处，最后她对父亲说，这些银两能找朝中的官员让他们通融一下。

因为慈禧的祖父景瑞曾经担任过刑部员外郎，所以能够认识很多的政府官员，而且关系也非常不错，她的父亲担任安徽的后补道台时，有很多的关系。在女儿的指点下，惠徵打通了上下关系。很快就将她的祖父给救了出来。与此同时，她也受到了当时她所接触的那些满族的贵族，尤其是她父母的偏爱。由此可见，慈禧确实是一个具有远见、谋略和胆识的女子。她身上的这些特质，也使得她后来在政治风云当中呼风唤雨。

慈禧和光绪的母子情

众所周知，光绪皇帝并不是慈禧太后的亲生儿子，而是慈禧太后妹妹的儿子，也就是说慈禧只是光绪的姨母。在很多史料记载中，我们都认为光绪很讨厌慈禧，甚至根本不喜欢这个总爱干预朝政的名义上的母亲。事实真的如此吗？

我们在一个名叫《翁文恭日记》的书中发现了一些与我们印象中两人关系相悖的记载。这本书里主要讲的是光绪皇帝小时候发生的一件事。当时太后大病，光绪皇帝每天晚上都会向天祈求，希望能够保佑太后，让太后早日康复。甚至拿出了准备好的小刀，准们用自己的肝脏来为太后治病。幸好当时值班的侍卫看到了，把这个冲动的小皇上给拦了下来，不过光绪还是割伤了自己。而这一年，这个小皇帝只有10岁。太后听到这个消息之后并没有被感动。

当然这个故事并没有指出当时的太后是东太后慈安，还是西太后慈禧。我们都知道，光绪帝喜欢慈安太后而畏惧慈禧太后，因此很多人都认为光绪帝割肝要救的对象是慈安，而不是慈禧。不错，慈安太后确实是在光绪10岁的时候去世的，但是慈禧在这一年也生了一场大病，并且因此两年都没有怎么上朝，甚至贴出告示，广征天下名医，来为她治病。当时慈禧的病情十分严重，包括李鸿章在内的很多人都认为慈禧在这一年肯定会一命呜呼。在李鸿章的信件中就曾提到过，慈禧太后的病情很不乐观，恐怕将要不久于人世了。但是在此前，慈安太后的身体一直很健康，没想到后来慈安太后突然病倒，第二天就去世了。当很多人听说太后去世的消息时，一度认为故去的是西太后慈禧。由此我们不难发现，光绪割肝救的人就是慈禧太后。

事实上，光绪与慈禧感情很深，特别是在光绪小的时候，经常会把慈禧当成自己的母亲对待。光绪是个感性的皇帝，对人十分真诚，不管是对珍妃，还是后来的翁同和，我们都能看出这个皇帝为人真诚的一面。

不过，后来母子二人的关系就变得冷漠了。据说，有一次，慈禧生病了，光绪皇帝就在慈禧的病床前服侍。慈禧想要试探一下光绪就开玩笑地对他说："我的病看来是痊愈不了了。不过，我曾听别人说起过，这种药如果能够用人肉煎汤服用，病情肯定能好。"说完之后，慈禧一直满怀希望地盯着光绪看。可是光绪帝听完之后，什么也没说，一直默默地低着头，仿佛什么也没有听见。由此看来，光绪帝此时已经对慈禧感到的厌烦，甚至连假装表示一下也不愿意，但又很畏惧慈禧，所以只好用沉默来表达自己的不满。

皇上没有表示可是伤透了慈禧的心，而此时正好是太监李莲英讨好主子的好机会。当时佛经上说，儿子为父母治病，将自己大腿上的肉割下来熬药，父母就能痊愈。可是如果不慎，在腿上割下一块肉之后，很可能这条腿就废了。李莲英可不会傻傻地在自己大腿上毫不留情地割上一刀，而是用小刀轻轻地在自己腿上划了一个小口子，流了一点血，蹭破了一点皮，然后就端着搀着自己血的药上慈禧那里邀功去了。虽然慈禧表面上是个强大的女人，但是内心还是希望能够有人来关心自己的。而李莲英的这个举动，正好戳中了慈禧的软肋，让慈禧十分感动，当然也受到了一点惊吓，想想也是掺着血的药真的喝下去，还真是需要一点挑战呢！

慈禧在感动李莲英的做法之余，也常常在叹息。这个叹息的对象当然不是李莲英这个诺才，而是光绪帝。想想光绪帝曾经在10岁的时候不顾自己的生命危险要割肝救母，而如今他却连做做样子也不愿意了。

还有一些书籍中记载，称这件事正是慈禧与光绪关系紧张的导火索。从此慈禧因为割肉的事情与光绪帝反目成仇。后来慈禧又因为害怕自己权利的丢失，将朝中一个个忠臣良将推上了断头台，让光绪帝成为了一个名符其实的光杆皇帝。最后她又与外臣相串通，逼光绪退位，并将其幽禁起来。在临死之前，也不忘拉上光绪帝，喂光绪帝喝下毒药，成为了让后人唾弃的一个女人。

第十一章

不受慈禧喜欢的皇后——阿鲁特氏

皇妃档案

☆姓名：阿鲁特小枝

☆民族：蒙古正蓝旗

☆出生日期：公元 1854 年 7 月 1 日

☆逝世日期：公元 1975 年 3 月 27 日

☆配偶：同治帝载淳

☆子女：无

☆寝殿：储秀宫

☆陵墓：惠陵

☆谥号：孝哲嘉顺淑慎贤明恭端宪天彰圣毅皇后

☆最为高兴的事：被选立为皇后，得到慈安太后和丈夫的疼爱

☆最伤心的事情：夫君早死

☆生平简历：

公元 1854 年 7 月 1，出生于蒙古正蓝旗。

公元 1872 年 3 月 11 日，册封为皇后，同年十月与载淳完婚。

公元 1874 年 12 月，同治帝驾崩，被封为嘉顺皇后。

公元 1875 年 3 月 27 日，去世，同年五月上谥曰孝哲嘉顺淑慎贤明宪天彰圣毅皇后，九月暂安于梓宫隆福寺。

公元 1879 年 4 月 17 日，与同治帝合葬于惠陵，升祔太庙。

公元 1909 年，被宣统帝谥为：孝哲嘉顺淑慎贤明恭端宪天彰圣毅皇后。

人物简评

她是一个优雅的才女，出身于书香门第又是官宦家族的她，为人纯朴，心地善良正直。她的才华得到很多人的称赞，之后被同治帝选立为皇后。与同治帝结婚后，他们相敬如宾，举案齐眉，非常相爱。只可惜慈禧太后喜欢惠妃并不喜欢阿鲁特氏。最后她在失去心爱的丈夫后，终于再也受不了慈禧的折磨和虐待，带着腹中的胎儿也跟随丈夫而去了。这么年轻有才、美而有德的女子，而且还是受人尊敬的皇后，连儿女都没有被生下来就被逼得无路可走，她的痴情和悲惨的生活，又有多少人能理解呢！

生平故事

状元的女儿

阿鲁特氏出生于公元1854年，生长在一个世代官宦的家族，隶属于蒙古正蓝旗，比同治帝还大2岁。她的父亲崇绮不但非常端正儒雅，而且才华横溢，文学造诣也相当高。出身于这样文化家庭的孝哲皇后，从小就耳濡目染，再加上父亲孜孜不倦的教导，文化修养水平自然也高。

赛尚阿是她的祖父，公元1816年，他的祖父幸运中举，按照当时的科举制度，立即升至"大学士"头衔。而且好运还不停，很快，到了道光年间的时候，他的祖父官升至兵部尚书，同时兼职刑部尚书。这样看来，他的祖父在当时还是有一定的地位的。公元1851年，太平天国运动爆发。赛尚阿被派以钦差大臣的身份进入广西镇压太平军。由于太平军的强势攻击，一直从广西打到湖南，赛尚阿因此被革职。

自从她的祖父赛尚阿被革职以后，不幸就降临她的家庭。公元1848年，其父虽然中举了，但是受赛尚阿牵连，原先的职务就被罢免了，之前他的职务主要负责工部事宜，也算是一个不错的工作，只是可惜了。不过，好事注定多磨。在同治三年时，崇绮又继续参加科举考试，居然夺得清代唯一的一个"蒙古状元"，也是清代满洲、蒙古以汉文获翰林院编修的第一个人，让满蒙的才子，都为他感到骄傲。关于父亲夺得状元的事，里面还有一段惊人的插曲。年幼时，阿鲁特氏就听见家人提过，当时考官的评分结果出来后，慈禧很纠结把状元的称号给一个蒙古人。

虽然入关后没多久就开设了八旗科举，只要是旗人，无论是满八旗，还是蒙八旗都有资格参加。然而那只是乡试，到殿试后，都是"满不点元"。所谓的"满不点元"就是说在科举考试中，状元这个光辉的荣誉只能留给汉人，并且其后的榜眼、探花都是给汉人的，在这三名之后，满人才能排位。之所以用这样的制度，关键是为了拉拢汉族的人才。名为同治三年的殿试，实际是两宫太后做主的。

正当慈禧愁眉未展的时候，大学士瑞常等人给她排忧解难，他们都觉得：既然都是科举取士，就应"但凭文字，何论满汉"，慈禧没想到最后还是崇绮获得金榜题名，并担任翰林院修撰。

阿鲁特氏在她在父亲的熏陶下，还写得一手非常漂亮的书法，特别是用左手写字，得到大家一致的好评。

册封为后

据记载，公元1853年就已没有了选秀女的制度，当同治十一年时，是该17岁的同治皇帝完婚的阶段。于是同治的嫡母慈安太后与生母慈禧太后想了一个办法，把满朝文武官员待家的闺中女子都认真仔细地筛选了一遍。

同治皇帝一后三妃，经筛选之后皇后的人选分别是：慈安皇太后喜

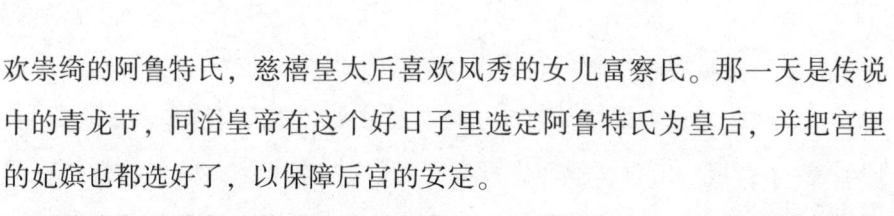

欢崇绮的阿鲁特氏，慈禧皇太后喜欢凤秀的女儿富察氏。那一天是传说中的青龙节，同治皇帝在这个好日子里选定阿鲁特氏为皇后，并把宫里的妃嫔也都选好了，以保障后宫的安定。

慈禧太后看中了凤秀的女儿富察氏，据说她还有一个更深层的意思：凤秀女更年轻，没什么阅历，容易受人控制，说不定将来可以乖乖地听自己的话。所以，慈禧坚持以凤秀之女为皇后。而慈安皇太后看中的是状元崇绮的女儿，两位太后意见不同，各持己见，谁也不让谁，最后还是决定尊重同治自己的选择。没想到青春年少的同治，也懂选择皇后理应是以德为先，再加上他最敬重的慈安皇太后也喜欢崇绮的女儿，最终他选定了蒙古正蓝旗崇绮的女儿阿鲁特氏。比皇帝大两岁的阿鲁特氏，就这样被同治选定为皇后。被封为瑜嫔的是知府崇龄的女儿赫舍里氏，被封为慧妃的是刑部江西司员外凤秀的女儿富察氏，被封为贵人的是主事罗霖的女儿西林觉罗氏。

第二天一大早，两宫太后就向全国颁发了懿旨："……翰林院侍讲崇绮之女阿鲁特氏，淑慎端庄，著立为皇后，特谕。"

慈禧太后开始后悔了，当初她就不该听大臣们的意见，应该坚持"满不点元"的政策，就不应该在殿试中去点崇绮为状元，否则阿鲁特氏就没有进宫的资格，更没有被选为皇后的机会。可是木已成舟，说出去的话怎么可能收得回，慈禧只有暗自恨阿鲁特氏，并想着以后也不会让她好过的。

据统计，在公元1646年到公元1904年的258年中，朝廷一共举行科举殿试的就有112科，其中取中状元的有114位（也有的书说113科，状元是113位）。然而在这114位状元中，只有崇绮状元的女儿非常有幸地坐着凤舆。被堂堂正正、大大方方地抬进大清的大门，分别穿过天安门、端门、午门，然后被抬进了坤宁宫，跟大清入关后的第八代皇帝同治帝完婚，成为真正的母仪天下的中宫皇后。之后还被封为"嘉顺皇后"。

不过这次封的皇后比较特别，自从公元1658年康熙皇帝与赫舍里氏结婚之后的200多年里，就很少有与在位皇帝结婚的女子，大部分都是在死后追封为皇后。而阿鲁特氏是 200 多年后第一位与在位的皇帝大婚的女子。因此，这个婚礼受到各方的重视，大家都认为这是一个好兆头。俗话说："行家一出手，就知有没有。"这次，皇家举办的婚礼自然不同于普通人。它浩大而且隆重，当时的全城百姓也算大开眼界了，锣鼓喧天，花团锦簇，从没见如此奢华的婚礼。

就拿阿鲁特氏娘家所接收的彩礼来说，据清宫档案《新整内务府·礼仪》载，此次送给皇后家的彩礼分别有：文马 10 匹（鞍辔俱全）、甲胄 10 副、各色缎 100 匹、各色布 200 匹。

黄金 200 两、银 10000 两、金茶桶 1 个、银茶桶 2 个、银盆 2 面、各色缎 1000 匹、文马 20 匹（全副鞍辔）、闲马 40 匹、驮甲 20 副。同时赐给皇后父母的有如下礼物：黄金 100 两、银 5000 两、金茶桶 1 个、银茶桶 1 个、银盆 1 面、各色缎 500 匹、各色布 1000 匹、甲胄 1 副、鞍辔 6 副、弓 1 张、矢 1 箙、冬夏朝衣各 1 袭、冬夏衣各 1 袭、貂裘各 1 领、上等玲珑带 1 束。赐给皇后弟：各色缎 40 匹、各色布 100 匹、马 2 匹、鞍辔 2 副。赐给一起跟随的人银 400 两。

因此，阿鲁特氏的豪华婚礼耗资惊人，如果你有心计算，就算是拿起计算器都未必算的清楚。据专业人士分析，把那些彩礼换成今天的大银，总共约 900 多亿元人民币！据有人分析统计，按如今的银价计算，大约为人民币 900 多亿元。

"一人得道，鸡犬升天"，这话虽然说的难听，不过很适合现在阿鲁特氏家的状况。自从她与皇帝结婚后，她的整个家族也都沾着皇后的光，特别是她父亲崇绮受益匪浅。不但被封为三等承恩公，而且官运亨通，先后担任内阁学士、户部侍郎、吏部侍郎等职。

皇后的生活

阿鲁特氏皇后与同治结婚后，夫妻俩举案齐眉，相敬如宾，恩爱有加，让旁人都羡煞不已。她还通过作以一名女性特有的温柔和对同治的爱，耐心逐渐感化他。同治出于对妻子满满的爱，果然对政事也加倍用心。使得结婚后的同治成熟了不少，并不再像以前那样贪玩了，这主要都是妻子的功劳。

阿鲁特氏和同治还经常在一起吟诗赏文，皇后把她的才华发挥得淋漓尽致，同治因此更加宠爱她了，更为她端庄贤淑的气质所吸引，他俩的感情也非常融洽。

如此才华横溢的人，当然也少不了称赞阿鲁特氏才华的诗，其中有一首就是：

咏同治皇后

蕙质兰心秀并如，花钿回忆定情初。殉瑜颜色能倾国，负却宫中左手书。

殉、瑜是指珣妃阿鲁特氏和瑜妃赫舍里氏。意思是说珣、瑜二妃虽然貌美如花，但她们的文才却比不上用左手写字的中宫皇后。孝哲皇后自幼习书达理，读书聪颖。端静婉肃的她对著名的唐诗都能"背诵如流"，平常的她"气度端凝，不苟言笑"，"曾无亵容狎语"，大家都被她的雍容端雅所倾倒，说她把母仪天下的气质发挥到极致。

尽管阿鲁特氏非常的优秀，但是也没有得到婆婆慈禧的喜欢，不仅如此，有时候，慈禧对她非打即骂，很是苛刻，这种生活从她当上皇后便开始了。

慈禧万万没料到儿子偏偏不看重家世，而看重德才兼备、出身于书香门第的阿鲁特氏。皇上的选择让阿鲁特氏受宠若惊，却让慈禧非常气愤，从此她就迁怒于无辜的阿鲁特氏了。

每当慈禧看到同治与阿鲁特氏那么相爱，婚后生活十分滋润的时候，就觉得心里堵得慌，因为她不是自己选定的皇后，自然心里会不愉快。于是，她处处找皇后的茬，处处针对皇后也就是很自然的事了。

性格正直的阿鲁特氏本来就不善逢迎，所以也讨不到慈禧的半点好话。她觉得自己是堂堂正正从大清门迎娶的皇后，只要行得端，做得正，没必去要阿谀奉承，溜须拍马。有时实在忍不下去了，还会故意顶撞，

215

以至婆媳的矛盾更深。

阿鲁特氏身边的人劝她要先讨得慈禧欢心，只有和皇太后的关系搞好了才能稳坐自己的位子，否则对她非常不利。阿鲁特氏则表示："敬则可，则不可。我乃奉天地祖宗之命，由大清门迎入者，非轻易能动摇也。"

世上没有不透风的墙，这话很快传到慈禧的耳朵里了。慈禧是通过选秀才进入皇宫的，最忌讳的就是有人提从大清门而入，因为大清门是她心头永久的伤痛。慈禧勃然大怒，觉得她是故意轻视自己，因此对阿鲁特氏"更切齿痛恨，由是有死之之心矣"。

慈禧看见同治帝没怎么到慧妃宫中去，慧妃遭到皇帝的冷落，非常不满，于是对同治说："慧妃很是贤惠，虽然只是妃位，也要多加眷顾才是。皇后比较年轻，对宫中的礼节不是很熟悉，需要时刻学习。皇帝不能经常去中宫，免得妨碍了政务。"慈禧如此严重地干扰他们夫妻的幸福生活。但是同治帝不得不听慈禧的话，可又不想亲近他不喜爱的慧妃，为了不为难阿鲁特氏，于是干脆就独居乾清宫。以此来给慈禧下马威，殊不知，这样还会牵扯到皇后，慈禧肯定会拿这事怪罪皇后没有尽到皇后应有的职责。新婚的阿鲁特氏独居宫中，本来就没有什么知心的朋友可谈心，在失去心爱丈夫的陪伴，形单影吊，于是整天闷闷不乐。还好有慈安经常将她召到钟粹宫，和她谈谈心聊聊家常，百般安慰。同治帝非常敬重皇后，皇后也非常爱自己的夫君。只要阿鲁特氏一见到皇上，必笑脸相迎，却被慈禧说皇后是"狐媚以惑主"。

倔强的同治皇帝决定独居乾清宫，他以为就能减少婆媳之间的恩怨，但是事实却相反。在乾清宫的日子多了，去承乾宫的日子就少了。慈禧这人虽然嘴上不说，但是心里不高兴啊，这不是不把自己放在眼里嘛！而这都是因为阿鲁特氏来了才导致的，所以她就没有给阿鲁特氏好脸色看。不仅如此，还在话语间拐弯抹角的责备阿鲁特氏。阿鲁特氏本来就觉得委屈，现在被慈禧压着更是委屈。但她毕竟是皇后，不能随便发火，也不能随便找个人来敞开心扉诉说自己的苦恼。因此，她只有选择接受

并且忍受。另一方面，她就指望同治帝这边能够好一点。因此，每次同治来看她的时候，她都不忘劝说同治不要与慈禧反着干，不要惹慈禧不开心，不然慈禧的那座火山最终会喷发到自己的身上。

被逼至死

慈禧太后和阿鲁特氏两个人刚一开始就互看不顺眼。慈禧太后是个众所周知的戏迷，而且还特别喜欢看黄色戏剧。阿鲁特氏奉命陪同看戏，看到一些淫秽剧情的时候，她便将头扭转过去，不愿意再看。慈禧太后将此看作是阿鲁特氏故意给她难堪，对她训斥了几次，阿鲁特氏还是不听。时间久了，二人的怨恨也是越结越深。

后来，同治生病了，阿鲁特氏心中非常着急，但又不敢去前去侍奉，慈禧就责怪她"妖婢无夫妇情"。同治病情很严重时，阿鲁特氏偷偷去看望，并且为同治帝亲自擦拭脓血，慈禧又谩骂道"妖婢，此时尔犹狐媚，必欲死尔夫耶？"阿鲁特氏非常为难，不管她怎么做，都不能讨慈禧的喜欢。根据《崇陵传信录》记载，有一次，阿鲁特氏前去看望同治帝，她哭着对同治帝诉说自己在宫中的凄惨生活和慈禧虐待的苦楚。同治帝安慰她说："你暂时忍耐一下，一定会有出头的时候。"夫妻俩的这番话正好被跟着来到慈禧听到了，慈禧非常生气，她闯进皇上的寝宫，抓住阿鲁特氏的头发，一边打，一边骂，还命令太监大杖伺候。同治帝当时卧病在床，有心无力，只能看着自己心爱的女人遭到侮辱，心中又生气又害怕，最后竟然昏了过去。这样，慈禧才算是放过了阿鲁特氏。崇彝所写的《道咸以来朝野杂记》记载：有一次，慈禧想要废除阿鲁特氏的皇后之位。于是，便召见咸丰帝的五弟惇亲王奕䜣前来商议。惇亲王说："想要废除皇后，不是从大清门进入的人并不能废除从大清门进来的人，奴才不能从命。"惇亲王的这句话是讽刺慈禧并不是皇后出身，所以也就没有权力废除阿鲁特氏。慈禧听完惇亲王的话，也只能放弃了废后的念头，也由此对惇亲王怀恨在心。

不久，同治重病而死，慈禧立同治的兄弟光绪为帝。阿鲁特氏的日子也越来越难过了，以前好歹还有一个靠山，现在靠山没了，今后的日子可怎么办好。

其实，同治皇帝的死和慈禧太后的残暴是分不开的。可是慈禧却把统治皇帝的死全部都归结在皇后阿鲁特氏的身上。而且还当着太监宫女的面，对阿鲁特氏大加凌辱。阿鲁特氏每日以泪洗面，眼睛都哭肿了。

在同治去世后，阿鲁特氏才发现自己已有了身孕，她想保住同治唯一的骨肉。慈禧知道后，怕阿鲁特氏万一生个阿哥，影响她垂帘听政，于是她就派人断了阿鲁特氏的进食。

之后，光绪皇帝即位，这时候阿鲁特氏在皇宫中可以说的上是一个多余的人了，这无形中把阿鲁特氏逼上了绝境。公元1875年，阿鲁特氏死于储秀宫。

清朝的官方说法是阿鲁特氏因为同治帝去世过度伤心而死。不过，据说，阿鲁特氏身体还好，虽然有点憔悴，但也不至于要命的地步。历史上关于阿鲁特氏的死因有各种说法，像什么吸食鸦片、吞金啊，不管是哪种说法，她都不是被别人杀死的，而是自己走上了绝路。

夫妻同穴　　惨遭被盗

1875年，朝廷才开始建造同治帝的坟墓，那一年，阿鲁特氏也去世了，所以她的遗体只能和同治帝的遗体放在一起，被暂时搁置在东陵的隆福寺，这一放就是三年。

根据以往的朝政制度，新皇登基之后，就要选择自己以后的墓地，好派人建筑。不过同治帝在位13年，生前并没有提及陵寝的事情。直到同治帝去世后，等着入葬，慈禧才选定东陵和西陵为同治帝选址建陵。经过众位大臣的考察和衡量，最后决定在东陵的双山峪和西陵的九龙峪二地选择一处。慈禧随后又召见了相度大臣，仔细询问了关于陵址的情况，由恭亲王奕䜣做了回奏。奕䜣回奏说："以理，则九龙峪固佳；以情，则臣下不敢言。"奕䜣所说的"理"，指的就是乾隆时期所规定的"昭穆相建"制度。根据这个制度，东陵已经有了咸丰帝，那同治帝就应该葬在西陵。奕䜣所说的"情"主要指的是咸丰和同治之间的父子之情。咸丰帝的定陵和慈禧的菩陀峪都是在东陵，如果从这里考虑，让儿子陪伴在自己的身边，那么同治帝更应该葬在东陵。奕䜣说得比较圆滑，而且又善于辞令。在他心中，是比较倾向于东陵的，但是嘴上又没有说出来，只是让慈禧自己选择，害怕自己担当破坏"昭穆相建"制度的罪名。慈禧是何等的精明，她早就听出了奕䜣的话外音，于是当机立断，将东陵的双山峪定为惠陵陵址，作为同治帝的陵寝。随后，又任命左都御史魁龄、户部侍郎荣禄、醇亲王奕譞、署理工部侍郎翁同龢为承修大臣，在公元1875年3月12日午时破土，8月开始修建，经过长达三年的施工，到公元1878年9月，惠陵、惠妃园寝及八旗、内务府衙署、礼部、营房等工一律竣工。惠陵规制虽然和清帝陵相比，要略逊一筹，但是它所使用的木料都是坚硬名贵的楠木，所以惠陵也有"铜梁铁柱"的称号。

经钦天监择吉，定于公元1879年3月26日将同治帝和孝哲皇后葬入惠陵地宫。3月21日，光绪帝依照两宫皇太后的懿旨，从京城出发，前往东陵参加同治帝、孝哲皇后的奉安大典。23日，光绪帝一行到达了东陵的隆福寺，并且在那里住了下来。24日辰刻，同治帝和孝哲皇后的梓宫从隆福寺暂安处迁移到了惠陵。光绪帝行跪拜礼，由间道到惠陵，敬视方城、明楼、地宫后，于申刻跪迎同治帝、孝哲皇后梓宫到惠陵，两具梓宫都停放在隆恩殿内。3月25日，光绪帝在同治帝、孝哲皇后的梓宫前行过奠礼之后，奉命移两梓宫于方城前芦殿内，将此安置在龙辀车上。26日卯刻，孝哲皇后梓宫跟随同治帝的梓宫一起葬进地宫。同治帝的梓宫安奉在棺床的正中央，而孝哲皇后的梓宫则是被安奉在同治帝的左边，二者都是棺头朝北，棺尾朝南。同治帝、孝哲皇后的谥册、谥宝于梓宫入葬前分别安放在地宫左右册宝石座上。所有大臣退出地宫之后，敦宜皇贵妃等后宫嫔妃进入地宫敬拜同治帝和孝哲皇后的梓宫。跟着敦宜皇贵妃进入地宫的有珣妃、瑨嫔西林觉罗氏、瑜妃赫舍里氏。她们要和自己的丈夫告别。这四位遗孀，同治帝去世的时候，最大的只有19岁，最小的只有16岁，花季般的年龄就要在宫中开始几十年漫长的寡居生活。敦宜皇贵妃等从地宫中出来后，在石祭台前奠拜如仪。将地宫大门关闭，大葬礼成。

公元1928年7月，东陵陵墓被盗案震惊中外，孙殿英偷偷挖掘了乾隆帝的裕陵地宫和慈禧陵地宫。公元1945年8月，日本投降期间，一些土匪和不法分子趁着时局动荡、政权交替的混乱之机，制造了东陵的第二次大盗案。这一次被盗的陵寝主要有康熙的景陵、咸丰的定陵、同治的惠陵和慈安陵。被盗陵寝非常多，损失非常严重。

公元1946年4月22日《世界日报》曾对这一事件有过简单记载。记载说是在1945年的12月份，"清三陵被盗，第一为同治的惠陵，里面有两口棺材。一个是同治帝，还有一个是皇后，两具尸体都仿似活人一般。金棺前面的供桌上有一枚同治的翠印、一枚金表。金棺内外有无尽的珠宝、玉翠、金属等物品，金子大约有二十多斤重。"

另外公元1946年5月29日的《华北日报》上也对此有所记载。说是在公元1945年11月份的时候，"盗犯奉了司令的命令，召集人员挖掘惠陵，用炸药将惠陵的门炸开，第一层有四个架子，分列两旁。一边有皇帝皇后的翠印各一枚，一边则是当时出版的书籍和印刷板之类的物品。第二、三层没有放置任何东西。第四层则是有两口棺材，将棺材劈开之后，从棺内取出一方墨匣，有半斤多重；有一个八卦，重四两金；还有一个四周镶嵌着白珠的金表，朝珠白绺各两串；一个扳指，一个金火盆、一支翠烟袋。从棺内还有一顶凤冠，一对白玉镯和一对金镯，一串翡翠、珍珠、玛瑙以及木质朝珠，一件九连环，一件凤凰簪子等，还有很多零散的物品没有办法一一统计。"

上述的所有随葬品都被盗走了。当时的东陵根本就无人看管，到了公元1952年，东陵成立了文物保管所，这时才将东陵的盗墓口全部封上。因为洞口长期开放，所以当地的百姓很多都去里面看过。据说：惠陵地宫里的那位娘娘尸体一点儿也没有腐烂，就像活人一样。不过她全

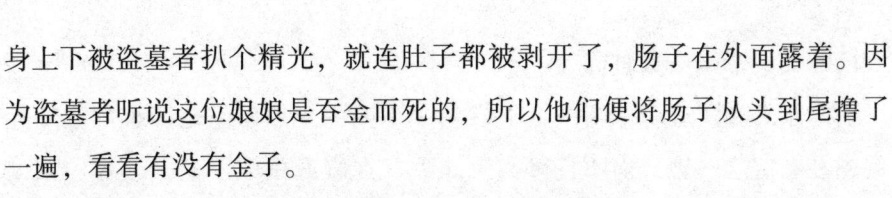

身上下被盗墓者扒个精光，就连肚子都被剥开了，肠子在外面露着。因为盗墓者听说这位娘娘是吞金而死的，所以他们便将肠子从头到尾撸了一遍，看看有没有金子。

阿鲁特氏和同治皇帝生前的幸福生活遭到慈禧的干涉，没多少时间在一起，死后终于可以安心地在一起长眠了。却不曾想，还遭到如此劫难。

父亲的遗事

阿鲁特氏死后，她的家族逐渐没落，但是这种变化是慢慢地，悄悄地。

一开始的时候，她的父亲在她死后并没有被罢免，而是继续做他的官，并在短短几年内，升到了户部尚书。

公元1885年起，崇绮在朝中的地位日益上升，他曾经任职过吏部尚书、武英殿总裁、考试阅卷大臣等职位。

公元1898年，戊戌变法，慈禧帝将光绪帝囚禁，并开始寻找新的继承人。

第二年，慈禧决定册封端郡王载漪的儿子溥仪为"大阿哥"，将他作为同治的继承人。

公元1899年为乙亥年，历史上称之为"乙亥立储"。崇绮因为很得慈禧的喜欢，慈禧便任命他去弘德殿做师傅，教育未来的皇上溥仪读书。公元1900年的元旦，慈禧想要将光绪废除，让溥仪继承王位。

光绪帝所实施的"戊戌变法"虽然没有成功，但是却赢得了很多开明人士的共鸣。各国公都处于各自利益的关系，并不希望慈禧立溥仪为皇上。迫于外界的压力，慈禧立溥仪的计划宣布失败。

公元1900年，山东爆发了义和团运动，义和团打着"扶清灭洋"的口号，抵制列强的侵略。于是慈禧便决定利用这次机会，想要给洋人一个教训。于是，义和团没有正规的武器，那么慈禧就为他们提供，让义和团和英美帝国主义对抗。

对于义和团运动，朝中上下有两个不同的观点，但是传统的崇绮始终站在慈禧这一边，而不论外人怎么说。在官海中混了这么多年，崇绮知道此时没有退路，要想前进只能紧紧跟着慈禧。再加上溥仪没有按照预期继位，这对他来说也是一个打击，毕竟他是同治帝的岳父，是溥仪名义上的外祖父。

随后，义和团在慈禧的扶植下，义和团的势力不断壮大，慈禧又担心义和团的势力过于膨胀，会威胁到自己的统治。于是她又转过头来和八国联军一起对付义和团。最后，义和团运动在清政府内外夹击下失败了。

公元1900年8月，八国联军长驱直入北京，慈禧太后带着一拨人狼狈逃离紫禁城，奔向西安。在逃跑之前，慈禧这只老狐狸让崇绮在北京收拾自己留下来的烂摊子。崇绮无奈，另一方面传统的忠义之情又在心中作怪，于是他顽强地与洋人战斗，但还是失败了。同时，洋人的残暴也让崇绮彻底绝望，他留下了遗书后毅然自尽了！

阿鲁特氏家族自此也走向了灭亡。

第十二章 被人害死的妃子——珍妃

皇妃档案

☆姓名：他他拉氏

☆民族：满族

☆出生日期：公元 1876 年 2 月 27 日

☆逝世日期：公元 1900 年 7 月 21 日

☆配偶：光绪帝

☆子女：无

☆寝殿：景仁宫

☆陵墓：崇陵妃园寝

☆谥号：恪顺皇贵妃

☆最为高兴的事：深受光绪帝的喜爱

☆最伤心的事情：遭到了慈禧的厌恶

☆生平简历：

公元 1876 年 2 月 27 日，他他拉氏出生，是礼部左侍郎长叙的女儿。

公元 1889 年 2 月，他他拉氏入宫。

公元 1889 年 10 月，他他拉氏封为珍嫔。

公元 1894 年 4 月，封为珍妃。

公元 1894 年 10 月降为贵人。

公元 1900 年 7 月 21 日：珍妃去世。

人物简评

有人说她是悲情的末代皇妃,有人说她是被慈禧嫉恨在心的维新变法支持者。她被幽禁于冷宫,最后被逼死于井下。她向往自由,不谙于阴谋,可是却最终被围墙所困,终老于此。她和光绪帝的爱情故事让后人哀叹不已,她的人生更是引发了很多唏嘘。不过,对于珍妃,我们又真正了解多少呢。

生平故事

珍妃入宫

故宫小院的一个角落里,有一口井名为"珍妃井"。珍妃井便是光绪帝最为宠爱的妃子珍妃的葬身之地。这位薄命妃子和光绪帝之间的凄美爱情被人们所熟知,不过对于她日常生活中的细节,人们却是知之甚少。

公元1876年2月27日,珍妃出生在他他拉氏家族,她的父亲是礼部左侍郎长叙。公元1889年,珍妃13岁,她和15岁的姐姐一起选入宫中,分别被封为珍嫔和瑾嫔。入宫五年后,慈禧大寿,举国同庆,二人便又得以晋为妃位。人们将她称之为珍妃。

珍妃虽然只是光绪的侧妃,但是她得到的宠爱要远远高于当时的皇后——慈禧太后的亲侄女隆裕皇后。传说中,珍妃貌美如花,光绪帝对其十分宠爱。当时的宫中,慈禧权势遮天,对光绪帝更是百般挟制,不过这却丝毫没有影响到光绪帝和珍妃之间的感情。戊戌变法失败之后,慈禧命人将二人分开囚禁,这也阻止不了他们思念的心情,总会想方设法地和对方见面。

关于珍妃进宫的事情，历史学家们有不同的猜测。

其一，光绪帝是想要将珍妃封为皇后的，可是由于慈禧太后的干涉，最后才委屈封为珍嫔。传说，光绪帝选后的时候，珍妃家中给予了她很高的期待，因为不管是从外表上来看，还是从优雅谈吐上来说，珍妃都是其中的佼佼者。并且，为了让珍妃顺利登上后位，珍妃的父亲还大力收买慈禧身边得宠的太监李莲英。在选后当天，光绪帝面前站了几十名秀女，而容貌出众的珍妃一下子吸引了光绪帝的目光。光绪帝拿着手中的如意，想要将它交在珍妃的手中，可是在选后之前，慈禧早就已经吩咐过，后位一定是她侄女隆裕的。李莲英见此，便将光绪引到了隆裕的面前，督促光绪将玉如意递给了隆裕。随后，李莲英又在慈禧面前将珍妃姐妹夸得天花乱坠，最终慈禧听从李莲英的建议，让珍妃姐妹入宫。皇后人选是慈禧内定的人，李莲英也没有办法去改变什么，不过李莲英既然接受了珍妃家里那么多的好处，他自然也会多帮着点，也算是给珍妃父亲一个交代。幸好，只有皇后人选是慈禧最为关心的，对于选妃倒没有干涉多少。

还有一种说法和上述说法却是大相径庭。珍妃原本是当不了妃子的，只不过因为慈禧的干涉，才让珍妃进了宫。在最后入选的五位秀女中，光绪喜欢上的是江西巡抚德馨的两个美貌女儿，而慈禧坚持立自己的侄女为皇后，后来又害怕德馨女儿入宫之后会和皇后争宠，所以才又将珍妃姐妹二人接进了宫。

如今，对于光绪帝选后的情节，后人也只能从一些史书记载上得知一二了，不过有一点可以肯定，那就是不管后人将珍妃渲染得多么美丽，实际上的珍妃却并不是什么绝代佳人。虽然说珍妃在光绪单薄的后宫中是最美丽的一个，但是放在满族小姐里面，她也只能称得上是中上姿容。

受宠

与珍妃一同进宫的，还有隆裕、瑾妃。在当时，隆裕的地位远高于珍妃、瑾妃二人。但光绪为何偏偏喜欢珍妃呢？

原来是这么回事：光绪皇帝的身体并不正常，患有"天阉"病，用现在的话来说就是阳痿。不过，这种病比较私密，只要他自己不说，别人是很难知道的。按照封建规矩，皇帝大婚的时候都会有人在婚房听房。据宫里的一个小太监说，当时慈禧就吩咐四位年纪大并且有点地位的王妃去听房，纸最终包不住火，结果光绪这事就露馅了。而隆裕皇后对光绪直言，有点看不起光绪，光绪自然就不喜欢隆裕了。另一个妃子瑾妃性格老实巴交的，平时比较沉闷，对光绪皇帝心里也有点不满，就和隆裕皇后走得比较近。宫中本来就没几个妃子，这样一来，珍妃就显得与众不同了。

珍妃当时年纪较小，就十七八岁，正处于花样年华。她与宫中的其他妃子不同，性格活泼开朗，还有点小聪明，脑子也比较灵光，可以说是"人见人爱，花见花开，车见车爆胎"可爱无敌的女子。这点在冰冷的紫禁城中显得那么格格不入，不过，光绪帝就好这一口。光绪帝每天早上4点左右就上朝，中午大概12点就退朝，算起来，上朝时间长达七八个小时，跟我们一天的上班时间差不多，而且他还得起这么早，批的都是国家大事，可以说，比我们辛苦。在光绪皇帝上朝期间，珍妃也没闲着，她变着法子讨光绪帝的欢心。为了能让光绪帝开心，她甚至不顾自己的形象，也不顾封建的礼仪，把自己乔装打扮成宫女、太监等。而且，她从小就比较擅长琴棋书画，而与之相比的瑾妃却没有什么才能，因此光绪帝很欣赏珍妃。而还有一点比较重要的是，珍妃年纪小，对男女之事不在乎，这正好让光绪皇帝钻了空子，不会让光绪帝难堪。因此，光绪帝十分宠爱珍妃。两人整天黏在一块，一起吃饭，一起下棋，一起玩耍……

光绪退朝以后，经常去珍妃的景仁宫。当时，作为一朝天子的光绪，在政治上并不是十分如意，他受到以慈禧为首的顽固派的压制，无法独掌政权；在生活上，经常受到慈禧太后严密控制和虐待，心中烦闷，而如今能有珍妃陪伴，光绪的心中自然高兴。同珍妃在一起，使他忘却了

第十二章 被人害死的妃子——珍妃

227

来自政治上和生活上的烦恼。史料记载"德宗尤宠爱之，与皇后不甚亲睦"。

光绪在大婚后，专宠珍妃，在这时，作为慈禧的内侄女隆裕皇后失宠后，醋意大发，由妒心生恨。时间一长，隆裕的怨毒也是愈积愈深，渐渐地，她怀恨珍妃的心几乎超过怀恨光绪的心了。隆裕自己也知道无法再掩饰，而且觉得无须掩饰。因此，她几乎在每个人的面前都诅咒过珍妃。当她们每日早上一起到太后宫里请安时，隆裕皇后从不瞧珍妃一眼，只当她的眼前没这个人。隆裕为了泄私愤，常在慈禧面前说珍妃的坏话，打她的小报告。

但是，在刚开始的时候，珍妃和慈禧的关系还算融洽。因为珍妃心灵手巧，无论是写字还是画画，她的技艺都提高得极快，就连非常挑剔的慈禧太后也常夸奖她。心情好、兴致高的时候，慈禧太后还亲自向珍妃传授她的写大字诀窍。当她发现珍妃写出来的大字看起来既漂亮又端庄时，于是干脆让珍妃代自己书写"福"、"寿"斗方，并将这些字赏给讨字的王公大臣们。慈禧太后喜欢珍妃这个小丫头的精明能干，她认为，小丫头还真有点像自己年轻的时候。

在后宫中，给慈禧太后要请安、磕头，是后妃们必做的功课。但在做这项功课时，要做得符合规矩却不是那么容易。后妃们在请安和磕头时，一般都要穿双花盆底鞋，头戴殿子，耳朵垂上要戴着坠子，迈着丁字步，走一步请一个安。在请安时，头上戴的殿子、耳朵上戴的坠子摆动的弧度要适度，既不能不摆动，又不能乱摆动。在叩头时，要求就更高了，主要是头不能叩得太偏，也不能太正。在这一点上，隆裕皇后就掌握得不是很好，不是不摆，就是乱摆，不是太偏，就是太正。然而珍妃却能做得很好，不仅分寸掌握得恰到好处，而且还点儿俏皮、活泼，并且透着一股机灵劲儿。

除了上述的请安和磕头外，珍妃还经常随敦宜皇贵妃、瑜妃等人，或是随隆裕皇后、瑾妃等人，一同陪慈禧太后去中南海、北海、圆明园、颐和园、静宜园（北京香山公园）等处游玩。在满目葱郁的山坡上、波光粼粼的水上，珍妃所具有的活泼开朗性格总会时不时地流露出来，呈现在慈禧太妃和后妃们的面前，对于这一点，慈禧太后自然也看在眼里。

在生活中，珍妃也能同慈禧太后和平相处。每逢佳节，珍妃会与隆裕皇后、瑾妃等人向慈禧太后道喜，同时会送一些小礼物。对此，慈禧太后也会有所表示，她会赏赐给她们一些钱物。在元旦的早晨，珍妃准备向慈禧太后进献寓有平安之义的苹果和象征长寿不老的青果及莲子等物，并且要跪着递上，讲几句代表新春祝福的话。之后，珍妃再分别向光绪皇帝、隆裕皇后跪着递过如意，以此来道一声新喜。慈禧太后自然不会忘了给予赏赐。过端午节时，慈禧太后赏赐给珍妃二匹大卷纱，二件小卷漳纱、宫纱和兼丝葛等，并且还有二百两白银。除夕时，慈禧太后又赏赐给珍妃红缎子、平金荷包，这里面装的压岁钱是一锭小银裸，另外赏了二百两白银及衣物等。

虽然珍妃很受光绪帝喜爱，但是也许如传闻所讲，光绪帝自己身体有问题，因此虽然两人天天睡在一起，但是珍妃还是没有怀孕。在宫中呆久了，珍妃也知道了宫中的一些潜规则。母凭子贵，要想在后宫中找到自己的立足之地，首先要生个儿子，这样自己老了也有个依靠。而且慈禧不就是生了个同治才有这么大的权力嘛！可是，眼下看来，生儿子并不是一件简单的事情，于是她决定通过一些不寻常的手段来实现自己的这个梦想。当时的人们毕竟是受封建思想的毒害比较深，即使性格开放的珍妃也不例外。于是，她就把自己的心事和几个还值得信任的太监商量了一下。那些太监更是知道后宫的规矩，他们想，这么做也是在帮助自己啊。珍妃以后要是发达了，肯定少不了自己的好处，珍妃要是没地位了，那么自己在宫中也别想过个安宁的日子了。于是，他们积极响应珍妃的号召，并想出一个好办法，就是用传统的"送子观音庙"求子。

这个方法虽然好，可是有点不符合现实啊。毕竟这里不是普普通通的地方，想什么时候进就什么时候进，想什么时候出就什么时候出。这里是紫禁城，门口都有带刀的门卫站着，自己这么走出去先不说这些门卫会拿自己怎么样，光是想想慈禧和隆裕瑾妃那些人就够让自己受的了。

要知道，隆裕和瑾妃肯定不会眼睁睁的看着珍妃去求子，她们自己都没怀上呢，可不能让比自己小的珍妃就怀上了，那以后还不珍妃骑在自己的头上了。所以，她们必定会想法子陷害珍妃。

经过三思之后，珍妃认为自己还是不要亲自去，但是她又求子心切啊！幸运的是，庙里有个规矩，最好还是亲自去烧香，显得真诚。不过，如果真的有其他原因或生病不能过来的，可以找人代替。于是珍妃找了一个年纪大的人又不错值得信赖的太监去菩萨面前帮自己烧香。

这个太监知道这事不是平常的拜佛烧香，而是关系到以后的皇家血脉，所以他把这事看的很重，做起来也小心翼翼，不敢有丝毫怠慢。首先，按照求子的规矩，他在大街上买了香烛，赶紧跑向观音庙。观音庙前既有泥巴做成的男孩，也有女孩，不过那时候封建思想浓厚，人们大多是选择男孩。那个太监自然也是选了男孩，选定了泥制的男孩后，他就乖乖地跪在观音前面，在心里真诚的祈祷："大慈大悲的观世音菩萨啊，我是宫里的一个小太监，我的主子就是被当今的皇帝深深宠着的珍妃。因为皇宫规矩比较多，所以主子不能亲自来拜访您，让我来代她拜访您。我的主子是个好人，她年纪不太，才17岁，心地善良，就没做过什么恶事，而且而深得皇帝的恩宠。对宫里的太监、宫女都很慷慨。现在她想要生一个小男孩，希望救苦救难的观世音菩萨能够大发慈悲，赐给我家主子一个皇子，今后稳坐大清的江山，保我大清的安定！小太监今天在这里就给你磕头了！"说完这席话，这个太监就使劲的磕头，边磕头还边祈祷："求菩萨显灵！求菩萨显灵！赐福珍妃主子一个太子！珍妃主子以后一定会对您感激不尽的！求菩萨显灵！……"

祈祷完了之后，这个太监终于回到了皇宫。在宫中，珍妃正着急的等着他，看到他回来了，珍妃很高兴。随后太监把手中的泥孩子秘密交给珍妃，说珍妃要是天天带着身边，太阳出来的时候把娃娃放在怀里，月亮出来的时候，就把娃娃放在枕头边上，最终就会灵验是。

不过，这个太监所说的最终可是让珍妃久等了。因为，直到珍妃死，都没有怀孕的迹象，更别提是生孩子了！当然，这些现在看来都只是历史的笑谈而已。

珍妃为何喜爱男装

在历史记载中，珍妃非常喜欢以男装打扮，这又是因为什么呢？根据一个宫中的太监说："因为他（珍妃）的装饰不施脂粉，不喜女服，不挽发髻，不穿秀履，而以男子服为尚。"意思就是说，珍妃的性格很像男孩子，身上也没有其他妃子的脂粉气，所以才特别钟爱男装。其实这句话读起来更是像道听途说，而并非见过珍妃本人。

而和慈禧、珍妃有过十几年接触的宫女何荣儿对于珍妃穿男装的问题，又是如何看待的呢。"根据宫廷制度，一般情况下，帝王处理政事的屋子，是严禁嫔妃入内的。"何荣儿说，珍妃并不是喜欢穿男装，而是因为穿男装可以光明正大的陪在皇上的身边。穿上男装就可以进入皇帝的书房，可以给皇帝磨墨，也可以和皇上谈古论今，可以和皇上读书下棋，也可以和皇帝咏诗作画，但唯独不能讨论政事。珍妃穿男装可是最为得宠的待遇，这是别人求都求不来的。珍妃能够穿着男装陪在光绪皇帝的身边，这可是羡煞了多少人啊。所以，在戊戌变法之前，珍妃便是经常这样打扮的。她换好男装之后，便听候光绪皇帝的召唤。

不过，因为宫女见到皇上后都要回避，所以关于何荣尔的说法也不能全然相信。不然的话，为什么就没有其他的皇帝让妃子换上男装，陪着自己呢？

1930年《故宫周刊》"珍妃专号"记载了一段话，这是珍妃的贴身侍女所说的："珍妃喜欢穿男装，而且还经常和光绪皇帝换着衣服穿，并且认为这是一件很好玩的事情。"这样一来，问题又来了。光绪皇帝和珍妃互换服装，珍妃着男装，光绪皇帝着女装，那么这两个人到底是谁有问题呢？

而隆裕皇后也说过一段话："光绪皇帝经常和珍妃一起玩，他们两人的花样太多了，我也是听宫里的下人们私自聊天才得知的。当时，宫中琐事繁忙，我哪还有心思管这些事情。不过，随着传言越来越多，这些事情你不想听也能够钻进你的耳朵。至于后来所发生的一些事情，简直是胡闹。我心中的光绪皇帝是很喜欢玩的，而珍妃也喜欢玩，不过要是这么玩下去，不仅皇族的脸面尽失，更不足以服众啊！"

珍妃穿着男装在皇宫里面四处乱跑，这是众所周知的事情，但是隆裕皇后却是听下人说起才知道这件事。这又是为什么呢？而太监宫女们所传的应该也是珍妃和光绪皇帝互换衣服的事情。由此也可以看出，珍妃之所以会穿男装，是光绪皇帝的主意，而并非珍妃本人的爱好。

不过珍妃的出现，确实让光绪皇帝打破了传统的祖制。为了能够和珍妃朝夕相处、形影不离，他便和珍妃商议，把珍妃扮成男人的样子。这样一来，光绪就不用每天在宠幸单子上点名画押了。珍妃原本就是一个思想很开放的人，既然光绪皇帝都这么说了，那么她也就这么做了。

古时候，皇帝宠幸妃子，是需要在宠幸簿上点名画押的，而光绪皇帝让珍妃穿男装，就是为了省去这一环节，就连太监小德张也是这么认为的。

小德张是谁呢？小德张只是当时宫里的一个小太监，按理说，这种小人物是很难见到皇上的，更别提与皇上正常交流了。可是，他又是怎么知道这回事呢？就是有天大的本领，这耳朵也偷听不来呀！

这事呢，还得从头说起。当时光绪与珍妃换衣服穿的事情很快传到了老狐狸慈禧的耳朵里，慈禧听说了这个事情，当然是不肯罢休了，一国皇帝，穿成女装，成何体统！这不是在丢皇家的颜面吗！丢皇家的颜面就是丢我的颜面，就是没把我这个太后放在眼里。这么一想，慈禧当然少不了问罪这两个人。

问罪的时候，慈禧首先就把珍妃狠狠的教训了一番，之后，教训越来越重，站在一旁的光绪帝站不住了，他赶紧向慈禧解释事情的缘由，他说是自己让珍妃这么做的，与珍妃无关，他只是想省去在本子上点名的事。这样一来就不用每天都要自己去点名了。

这个解释不得不让我们生疑：虽然光绪你不麻烦了，可是珍妃还很麻烦呀，她还得换两趟衣服，到头来还是麻烦啊！谁没事去找麻烦啊，所以，我们可以推测其实珍妃穿男装并不是个人癖好，而是纯粹的想引起光绪的注意而已。就像小孩子想让大人注意自己，总会做一些出格的事情，比如吃泥沙等。不管怎么说，珍妃当时只有17岁，还是个天真无邪的少女，没有经历很多事，在狭小而又复杂的皇宫中，皇帝喜欢看自己这么穿自己就这么穿了。

这样，每天和皇帝卿卿我我，惹得后宫嫉妒一片。而慈禧得知这件事情后，便说："珍妃心里的花花点子太多，扰得光绪皇帝根本就不理国事了。"而在光绪看到珍妃的去世后，追其缘由也是因为自己，所以珍妃去世后，光绪皇帝念念不忘，对她衷情不二，或许就是有这样的因素存在吧。

其实，珍妃是一个很爱美的女孩，有一位宫人曾经说过"以前朝鲜是中国的属国，朝鲜每年都会给中国进贡一大批珠宝。有一次，朝鲜给我朝进贡了上好的珍珠，而珍妃是一个爱美的人，她不知道用了什么法子，挑选了一颗又大又圆的珍珠，让人做成了簪子，每日戴在头上。"

公元1930年《故宫周刊》也记录了一名宫女的言语：珍妃的照片，是公元1895年到公元1896年之间所拍摄的。她所穿的衣服，粉色的长袍，月白镶宽边的背心，这是光绪二十一年中最为时髦的打扮，也是宫中的另类。每天早上，珍妃前往慈禧太后那里请安之后，便立刻回到景仁宫，根据自己的喜好任意装束，而且还用各种姿势拍照，这张照片便是摄于南海等。有这段话也可以看出，珍妃是一个爱时髦、好打扮的女孩子。那么由此一来，珍妃喜好穿男装的原因并不是出于珍妃的身上，而是出于光绪皇帝的身上。

卖官受罚风波

珍妃入宫之后，几乎得到了光绪帝的专宠。除了自身的容貌外，珍妃幼时的成长环境也和他人不一样，这或许也是吸引光绪帝的一个原因。

233

珍妃的伯父长善是广州将军，珍妃和姐姐小的时候就跟着伯父在广州生活，直到10岁那年才返回北京。广东是一座口岸城市，经常和西方资本主义世界接触较多，而广州本地人的思想较于其他地方也比较先进开放。在那里长大的珍妃也受了很大的影响。与此同时，伯父所结交的一些名人雅士，也让珍妃有了很大的见识。珍妃和在封建家庭中长大的孩子不同，她聪明机灵，活泼开朗，对于新事物的接受能力比较强，更不是安于现状，喜欢挑战，有很强的叛逆精神。这些特点对于处在阴霾下的光绪帝来说，很是珍贵。光绪帝对于这来之不易的幸福很珍惜，所以他就会想尽一切办法去宠爱这位妃子。

珍妃日常的时候居住在景仁宫，有时候也会和光绪帝一起住在养心殿。光绪帝召见珍妃，一般都选"走宫"，在光绪帝处理朝政的时候将她宣过来。根据清朝制度，皇上在处理政务的时候，甚至是处理政务的房子都不允许后宫妃子进入的。所以，走宫的妃子一般都是皇帝最为宠爱的人，走宫在当时也被看成是妃子的一种地位和荣誉。珍妃在"走宫"的时候，总喜欢女扮男装，身穿长袍马褂，将头发梳成一个辫子放置脑后，头上带着一顶圆形的小帽，脚上穿着一双粉底宫靴，整个就是一翩翩少年。珍妃到达养心殿之后，要给光绪帝研磨倒茶，两人有时候会谈论诗词书画，有时也会下棋解闷。这样的待遇，在光绪帝统治时期也只有珍妃一人了。

传说，有一天珍妃想要试穿一下光绪帝的龙袍，如果放在其他人身上，光是这句话就要掉脑袋的。不过，光绪帝对珍妃是宠爱到了极点，听说珍妃要试穿龙袍，二话不说便将龙袍披在珍妃身上。这件事情被隆裕皇后知道了，内心是又惊又气，当下就将这件事情告诉给了慈禧。不过，那时慈禧对珍妃还是比较宽容的，只是象征性的训示了一番也就没有多加追究。戊戌变法之前，对于光绪帝和珍妃之间的感情，慈禧并不反对，甚至有的时候还会给他们二人制造机会。据说，有一年慈禧去避暑的时候，还将皇后和瑾妃带去，留下珍妃陪着光绪帝，让他们过了好一段逍遥的日子。

不过，好景不长。因为照相机的缘故，珍妃将慈禧惹怒了。晚清时期，照相技术已经流传到了中国。那个时候，人们将照相技术看成是妖术，是能够抓走人们心魄的，所以对此非常排斥。不过，珍妃对于照相却是情有独钟，她还专程令人买来了照相机，四处拍照，她换上各种各样的衣服，摆出很多种姿势，自己在宫中拍得不亦乐乎。

不仅这样，珍妃还会教给他人如何照相，还让一个太监在宫外开了家照相馆。不过这件事情被慈禧太后知道了，慈禧太后非常生气，派人封了照相馆，将那个太监打死了。或许有人的会感到非常奇怪，慈禧也是一个喜欢照相的人，为什么在这件事情上，她会大动肝火呢？这些问题已经无从问起了。不过，要说珍妃真正将慈禧惹怒的一件事，就是卖官事件。

珍妃虽然容貌俊美，但是也并非完人。珍妃出身高贵，从小就过惯了锦衣玉食的生活。进宫之后，她更是奢侈无比。她曾经用一万颗珍珠做了一件披风。不光是这样，珍妃对于侍从也很大方，也因此在宫中她有一个好人缘。总之，珍妃日常用钱总是大手大脚，吃穿用度更是奢华浪费。依照宫里的规矩，妃子每年的例银只有三百两，而且是按月发放。这对于珍妃来讲，可是连塞牙缝都不够。钱不够花，珍妃只能伸手向光绪要。虽然说光绪皇帝的钱最多，但是用处却也很多，能够给珍妃的实在有限。无奈，珍妃只能找姐姐瑾妃借钱，最后弄得姐姐都没有多余的钱了。

这样下去，珍妃可是受不了，她总要想点"自力更生"的办法，赚点钱花。最后，珍妃和自己的哥哥志琮一合计，想出了一条很轻松的"致富"道路——卖官。刚开始，珍妃只敢卖一些比较小的官职，这些官职无关紧要，只要珍妃吹吹枕边风，这官位也就到手了。不过后来珍妃越做越胆大，最后竟然将一个正四品的官卖给了一个不学无术的人。据说，这个人是鲁伯阳，因为太想当官了，所以用四万两从珍妃那里买了一个四品官。

古语说："常在河边走，哪有不湿鞋"。珍妃偷偷的卖官计划，最终还是败露了。

公元1894年4月，珍妃把四川盐法道一职卖给了玉铭。这个级别的官员是要通过皇上亲自召见才可以到各地就任的，所以珍妃当时应该没有想到这一点。

直到有一天，光绪帝在上朝时与那个三品官聊天，才发现了那件事。当时光绪帝问了那个官员一些简单的问题，那个官员的回答却不像那么一回事，光绪一下子就起疑心了。然后让他写一份个人简历，没想到那个官员居然连字都不会写。这里面肯定有文章啊，经过调查，原来是珍妃在里面做了手脚。

但是朝廷出了这样大的事情，光绪帝不仅没有惩处，还给了玉铭一个五品官。这使得朝野上下议论纷纷，慈禧得知后很是生气，命令光绪帝一定要彻查此事。

明清朝代有明确的规定，严禁后宫干预朝政。珍妃乃是一个后宫妃子，她竟敢把一个三品官卖给一个文盲，着实太过分，不管怎样都说不过去。现在慈禧是铁心要追查到底的，就算是光绪想要袒护，也没有办法了。

慈禧命人把珍妃带到自己的宫中询问，后来又派人从珍妃的密室中找到了一个账本，上面记录着各个官位买卖的详细情况。证据确凿，光绪帝也无法多言，最后只能下旨将瑾妃、珍妃降为贵人。不过慈禧却不会这么容易放过她，她命人扒了珍妃的衣服，打了珍妃一顿板子。皇妃挨板子，这可是前所未有的事情。不过，要说这板子，也确实是珍妃将慈禧惹怒了。

当时慈禧命人打珍妃的时候，光绪皇帝心里非常心疼，竟然不顾自己是一国至高无上的皇帝，跪下来替珍妃伸冤，希望慈禧能停止这残酷的行为。慈禧见此也就给了光绪一点面子。但是，被挨板子的珍妃却始终高昂头昂，以表示自己的不屈。而且，她还在慈禧身上火上浇油，说是慈禧年轻的时候还不像自己这样，自己不过是向慈禧学的而已。这不说不要紧，一说慈禧气就来了，下决心要把珍妃往痛处打，狠狠的打。

慈禧为何痛恨珍妃

慈禧之所以杖责珍妃的原因主要有五点。

一、针对光绪：甲午战争失败之后，慈禧把所有的责任全部都推到光绪皇帝的身上。在她看来，光绪皇帝亲政8年，胆子愈来愈大，甚至开始不把她这个圣母皇太后放在眼里。慈禧太后杖责珍妃，实际上是"杀鸡给猴看"，借着杖责珍妃的机会，警告光绪：如果不听话的话，珍妃便是他的下场。

二、针对皇后：慈禧太后认为，光绪皇帝大婚结婚5年，对于自己给他选定的皇后，既不亲爱，也不敬重。光绪皇帝只是一门心思的扑在这个珍妃身上，实在令她太伤心了。于是，慈禧太后便接着这个机会，狠狠严惩了珍妃一番，也好为自己的侄女出口气。

三、对珍妃：珍妃自以为仗着光绪皇帝的喜爱，竟然公然违抗慈禧太后的命令，这实在是气不过。尤其是慈禧，年纪轻轻的就守了寡，她的心理是有些变态的。看到光绪皇帝和珍妃如此恩爱，心里自然是不痛快，所以才找机会，狠狠地修理珍妃一番。

四、对宫女：后宫应该是纯净的地方才对，如今竟然有人和外朝串通，买卖官爵。不管是珍妃，还是太监，卖官的事情，确实成为事实。所以，慈禧太后杖责珍妃，也是为了训诫后宫，警告宫女。

五、对自己：慈禧太后借这个机会，狠狠惩戒了珍妃一顿，纾解了心中压抑许久的愤怒。慈禧皇后可以说，接着"廷杖珍妃"的举动，收到一石五鸟的功效。

冷宫

惩戒完珍妃后，慈禧还没有放手，而是铁了心要把珍妃往死里整。她按照宫中的规矩，把有问题的妃嫔交给皇后管理。皇后本来就讨厌珍妃，这下看到珍妃就像猫意外撞见了老鼠，自然是不会放弃这个"好机会"了。她紧紧的抓住这个机会，把珍妃关进了冷宫，冷宫位于皇宫的西面，那里本就冷冷清清，还是一个从没听说过的二长街百子门内牢院内。在那里，可怜的珍妃被宫里的老太监严严的看守着，出逃的机会根本没有，更别提与光绪见上一面了。在那里关了一年之后，珍妃终于又重新见到蓝天了，她又回到了光绪帝的身边。得之不易的幸福让两人显得更甜蜜了。

中国在甲午战败之后，民族危机日益严重。一些有识之士纷纷上奏朝廷，要求变法图强。光绪帝也想励精图治，振兴国家，并希冀在变法中从慈禧手中夺回实权，做一个名副其实的皇帝。公元1898年六月，光绪帝在康有为、梁启超等人的辅佐下推行变法。珍妃对光绪帝的变法活动，给予了一定的支持和帮助。据太监张兰德回忆说："甲午年以后，光绪皇上要变法，每次召见完王公大臣，退朝后，总到珍主儿那里商量国事，珍主儿也总帮他拿主意。"珍妃是否在光绪变法期间参与筹划，目前还没有更多的材料可从佐证，但是，珍妃在政见上是支持光绪帝变法维新的。她在康党和光绪帝之间居中协调，代呈奏议，起到了旁人难以企及的作用。她自幼在广州长大，因而对康有为这个广东人的印象也很好。康有为没有专折奏事之权，他的很多奏章都是珍妃代为传递的。而且，作为光绪所宠爱的一名妃子，珍妃在光绪变法期间在精神上和生活上给予了许多支持和帮助，对光绪的变法活动在客观上也起了推动作用。

不过，历史不是玩游戏，规则想变就变。事实上，这次变法活动并不顺利。慈禧是个顽固派，当然不能接受洋鬼子的新鲜事物，于是强烈反对打压。再后来，袁世凯这个叛徒出局，背叛了光绪帝等人，这次变法活动最终"天不时，地不利，人不和"，走向了死亡。变法运动失败后，珍妃也无可避免的受到了牵连，被慈禧老人家狠狠的折磨，终于成为紫禁城多余的人，抛弃在一个不为人知的角落——冷宫。

这次珍妃被囚禁在景祺阁北头一个单独的小院里，名东北三所。东北三所和南三所，都是明朝奶母养老的地方。奶母有了功，老了，不忍

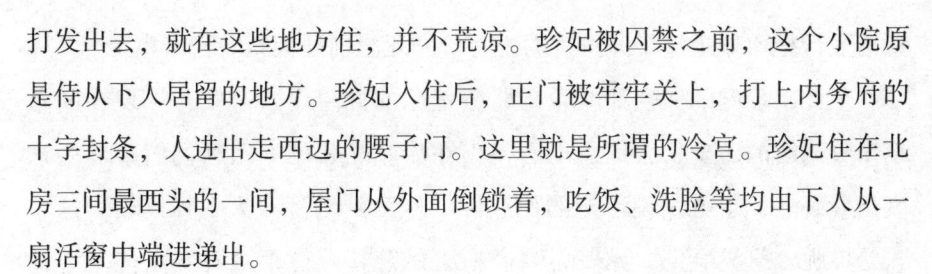

打发出去，就在这些地方住，并不荒凉。珍妃被囚禁之前，这个小院原是侍从下人居留的地方。珍妃入住后，正门被牢牢关上，打上内务府的十字封条，人进出走西边的腰子门。这里就是所谓的冷宫。珍妃住在北房三间最西头的一间，屋门从外面倒锁着，吃饭、洗脸等均由下人从一扇活窗中端进递出。

珍妃吃的是宫里的一般下人吃的饭。其实，对人的最大惩罚就是把一个人关在一个封闭的空间里，不许跟别人说话，不许出去，每天都只能一个人，做什么都是一个人。珍妃就是在这样的环境下度过冷宫的凄惨岁月。不仅如此，还有更惨的是遇到特殊的日子，像每个月的初一、十五、节日等等，慈禧都安排了太监在那儿数落珍妃的罪过。而珍妃只能低头任凭他们数落，不能抵抗，还得跪着听他们训斥自己。这样的日子过下去，不知道什么时候是个头！

而历史一直不改它的残酷，这日子不仅没有头，而且珍妃还死在了这个冷宫的一口井里。

沉井

公元 1900 年年 7 月 20 日，这是历史上一个难忘的日子。这一年，八国联军侵占北京城，慈禧知道自己这次是敌不过了，于是和一行人准备乔装打扮逃离紫禁城。他们穿上普通的不起眼的衣服在寿宁宫聚着。而那时候，据一个老宫女回忆："慈禧忽感触前事，出珍妃于牢院。强词珍妃带走不便，留下又恐其年轻惹出是非，因命太监将乐寿堂前的井盖打开，要珍妃自尽，珍妃坚不肯死。当此千钧一发的时候，众人不能因此缓行，遂令太监将珍妃推入井中。珍妃之死，此是实情。"

我们都知道，慈禧与珍妃之间有太多的怨恨，在那样的一个紧要关头，慈禧怕把珍妃一人留在宫里惹出什么事端，受到八国联军的侮辱，于是她明着让珍妃去死。不过生性倔强的珍妃并不想死，她认为自己有错，但是犯的错还没到死的地步。于是，她顽强地与慈禧抵抗。最后，慈禧强行把珍妃拖进了井里。据说，珍妃死之前还大喊着光绪皇帝。

至此，珍妃的一生都埋葬在那座荒凉的井里了。其实，从现在的角度来看当时的历史，我们可以看得出在珍妃之死的一系列偶然事件中都夹杂着必然，也就是说珍妃的死这件事从头到尾都有人在操纵着。这个人是谁呢？毫无疑问，她就是高高在上的慈禧。慈禧绝对不可能草率地处死珍妃，这件事她早有预谋。而慈禧为什么要这么做呢？很明显，慈禧之前从聪明伶俐的珍妃身上看到了自己当年的影子，而在后宫中，还没有一个人能够像珍妃这么优秀，珍妃就是统治后宫的料。但是这样一来，慈禧的统治地位就受到了威胁，而珍妃与自己互相看不顺眼，双方过节很深。但凡珍妃有了一点权力，珍妃肯定是会冲着自己来。古人云：一山不能容二虎。所以，慈禧就想方设法除掉珍妃。

珍妃死亡之谜

珍妃平时在宫中小打小闹，慈禧也就睁一只眼闭一只眼的过去了，可是珍妃却和光绪帝一样支持戊戌变法，还影响了光绪帝在甲午战争时期的判断，慈禧一怒之下将珍妃囚禁起来。在囚禁期间，珍妃根本就没有行动自由，她穿着破旧的衣衫，蓬头垢面，和乞丐一样，很是凄惨。监视和送饭的太监都是慈禧安排的人，整日对珍妃非打即骂，百般侮辱。珍妃便是在这样的冷宫里生活了两年，受尽了百般折磨。公元1900年，八国联军侵华。慈禧太后带着光绪帝西逃，在临走的时候还不忘将珍妃赐死。珍妃一代佳人，却红颜薄命。对于珍妃的死，众说纷纭。也许是出于同情，很多人都愿意相信珍妃是一个善良完美的人。

珍妃死亡之谜一

有一部分认为，珍妃的死是因为她支持戊戌变法。在民间，流传着这样一个故事。

据说，袁世凯向慈禧告密之后，慈禧便把光绪帝和珍妃囚禁在颐和园的玉澜堂内，并且派遣自己的贴身太监李莲英等人看管。光绪帝虽然身在牢笼，但是却担忧康有为等人的安危。有一天，珍妃想出了一条妙计，她对窗外光绪帝的心腹小德张说："皇上最近比较燥热，想要吃一些鲜藕，你去湖里采些过来吧。"小德张便奉命去湖里采了一些，交给了珍妃。珍妃悄悄地给光绪帝使眼色，告诉他用藕传信。于是，光绪皇帝急忙在纸条上写了几个字，将纸条塞进莲藕的小孔内，又递给了珍妃。这一连串的动作并没有引起李莲英的注意。珍妃接过莲藕后，把小德张叫了过来，痛骂道："狗奴才，你这是给皇上拿的什么莲藕，一点也不新鲜。"说着还将莲藕扔了出去。小德张心领神会，捡起地上的莲藕就走开了。李莲英他们只负责看管皇帝，怎么会在意一个小太监的举动呢。所以，小德张很顺利地走出颐和园，骑马奔到康有为的住处，将莲藕中的小纸条交给康有为。康有为打开一看，知道戊戌变法彻底失败了，所以他连家都没来得及回，便匆匆逃命去了。

这件事情被慈禧太后知道后，将珍妃扔进井中。

珍妃死亡之谜二

八国联军侵华战争后，洋人攻打到了北京，慈禧太后决定率众西行。那个时候的情况很是紧急，西行又不能带太多人，否则目标太大，危险也就太大。当时慈禧决定带皇后和光绪皇帝走，其他嫔妃则是留守宫中。不过那个时候，珍妃仗着光绪帝的喜爱，而不服从慈禧太后的命令，三番五次的顶撞太后。

珍妃对慈禧说："我是皇上的妻子，皇上出行，我也应该随行，臣妾生是皇上的人，死是皇上的鬼。"当时慈禧正在气头上，于是她指着一口井说道："那你就去死吧！"珍妃也是个烈女子，她二话不说，就投井而死了。

珍妃死亡之谜三

因为珍妃时常顶撞慈禧，致使慈禧对珍妃十分的不喜欢。八国联军侵华后，慈禧要带人西逃。在逃离之前，她命人将珍妃带到了一口井边。

慈禧说:"现在外面一片混乱,谁也不知道最后会怎样,如果受了侮辱,那就是丢了大清的脸面,这种事情你应该知道。"珍妃一愣,说道:"我不明白你的意思,我也不曾为大清丢脸。"慈禧接着说道:"现在八国联军侵华,我们要出去避避风头,不过不方便带着你。"珍妃答道:"您出去躲避就是了,可以让皇上坐镇京师,维持大局。"正是这几句话,说中了慈禧的心思。慈禧生气地说:"死到临头了,还敢胡说。"珍妃说:"我没有犯下该死的罪。"慈禧答:"不管你有没有犯罪,都得死。"说完后,便命人将珍妃扔进了井里。

这三段内容,在细节上都有所出入,或许珍妃的死远没有人们心中想象的那般美好,不过这却并没有影响人们对这个薄命女子的同情。如今,"珍妃井"还是形影单只的坐落在故宫内,向前来参观的人们述说着那一段历史和悲情的岁月。

结局最好的妃子——瑾妃

瑾妃是光绪皇帝的一位妃子,但是她为人比较低调,所以没有给我们留下什么重大的历史。但是,因为其是珍妃的姐姐,所以历史上才有了关于她的记载。

回望她初来皇宫的时候,那一年是公元1888年,紫禁城里正热闹地举行一场典礼。这个典礼说大不大,说小不小,但是从此改变了瑾妃的一生。这个典礼确定了瑾妃已经成为光绪帝的妃子。公元1889年,瑾妃与光绪皇帝正式举行婚礼,之后便踏进了紫禁城。只是那时候刚进宫,按照规矩,地位只能是"嫔",大家都称呼她为"谨嫔",那时候的珍妃也被称为"珍嫔"。并且,瑾妃不是孤单一人前去紫禁城,而是和自己的妹妹珍妃一起去。

"一入宫门深似海",瑾妃从前的快乐时光也随着四面高墙而圈起来了,每日陪伴她的除了孤独还是孤独。虽然她和自己的妹妹住的宫殿等级并不低,是赫赫有名的永和宫,当时的珍妃住的也是景仁宫,两个宫

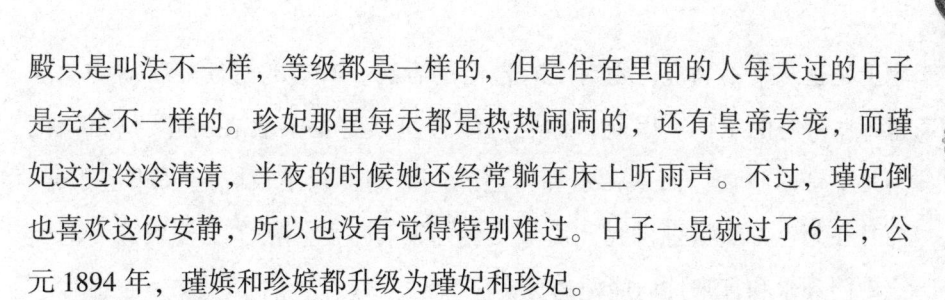

殿只是叫法不一样，等级都是一样的，但是住在里面的人每天过的日子是完全不一样的。珍妃那里每天都是热热闹闹的，还有皇帝专宠，而瑾妃这边冷冷清清，半夜的时候她还经常躺在床上听雨声。不过，瑾妃倒也喜欢这份安静，所以也没有觉得特别难过。日子一晃就过了6年，公元1894年，瑾嫔和珍嫔都升级为瑾妃和珍妃。

然而，树大招风。公元1894年，珍妃在宫中无法无天的日子触犯了慈禧太后，她一气之下，把珍妃贬到了贵人的等级。作为珍妃的姐姐，瑾妃自然也连着受责。但是，这些都是慈禧的意气用事，光绪皇帝终是宠爱珍妃的，到了第二年，两人又当上了妃子。

当年八国联军侵占北京城的时候，慈禧太后带了一拨人逃跑。这拨人中就有瑾妃。

公元年，年仅3岁的溥仪坐上皇帝的龙椅，大清朝又迎来了一个新时代。瑾妃随慈禧一起回到紫禁城。只是这里已经物是人非了，永和宫不再是当年的永和宫了，瑾妃也不再是瑾妃了，现在她是兼祧皇考瑾贵妃，上徽号为端康皇太妃。就这样，她开始了她平平淡淡的下半生。不过，比起以前在皇宫里的冷清，她的下半生还稍微好一点。因为溥仪很喜欢她，经常叫她皇阿娘，有什么好事的时候都会想着她，邀请她一起来分享。溥仪退位之后的第二年，六宫之后隆裕太后离开了人世，受皇帝尊敬的瑾妃成了宫中年纪最轻同时地位最高的妃子了。同时，经历得多了，人也会看的很开，瑾妃的思想也变得开放了，开始接受西方一些先进的事物了。公元1922年，溥仪皇帝大婚的时候在婉容和文绣之间摇摆不定，不知道该立谁为后，瑾妃建议溥仪立婉容为后，因为婉容的思想更时髦。

瑾妃不仅与溥仪相处得不错，而且私下里的心态也变得淡然了。闲暇之余，她经常找些有意思的事情来自娱自乐，像练习书法啊，种植盆景啊。而有趣的是，公元1923年，瑾妃50岁的生日的时候还是梅兰芳陪着一起过的呢！因为瑾妃喜欢听京剧，所以那天她大寿的时候，特地邀请著名的大师梅兰芳前来演戏。除了在玩上瑾妃过的很充实，在吃的问

第十二章 被人害死的妃子——珍妃

243

题上她也从来不马虎，她对吃有自己的看法。有空的时候经常研究京城里那些好吃的东西。因此，你要是问宫里最好的美食在哪里，告诉你，不是皇帝的膳食，而是在永和宫里。这里的美食不仅吃起来味道不错，而且在菜色方面特别讲究，每个美食都很有意思。很多王公贵族有时候会专门到永和宫来拜访瑾妃的美食。

瑾妃快乐而又充实的日子就这样过着，到了公元1924年的时候，她的生命走向了终点，那年，她和皇家贵族等人一起度完中秋节后就感染了风寒，这一倒就再也没有起来，到了第五天，直接去世了。那一年，她51岁。在人世间沉沉浮浮51年之后，她终于安心的闭上了自己的眼睛。她走的时候很平静，并且没有珍妃走得那么凄惨，她是风风光光的以端康皇贵妃的身份走的，之后长卧在光绪帝的崇陵妃园寝，加封谥号为温靖皇贵妃。

瑾妃母女望远镜相望

回到最初瑾妃和珍妃被选妃子的那一年，再回到那一天，农历十月初五的那一天，那时候皇宫的轿子已经过来接人了，两姐妹当时哭得稀里哗啦，这一去不知道什么时候还能回来看母亲。于是，两人跪在母亲面前，哭着对母亲说："额娘，我们要走了"。她们的母亲心里也难过，自己的两个女儿养到这么大，还一起离开了自己，可是她又没有办法。俗话说："打是亲，骂是爱。"听到两人说的这句话，她强忍着眼中的泪水，伸手一人给了一个嘴巴子，还说："你们走吧，就当我从来没有生过你们这两个女儿！"说完后，为了不让两个女儿看到自己的泪水，她赶紧转过身，进屋把门关了。从窗户那里，看着那个皇宫来的轿子走得越来越远，她心里也越来越难过，难过得几天都不想吃东西。儿行千里母担忧啊，这还是柔弱的两个女儿啊，去的还不是一般的地方，而是皇宫，伴君如伴虎啊，这一不小心就得把命给搭上啊！直到后来，她听说两姐妹在宫中过得还不错，不仅升到了妃子，而且小女儿珍妃还挺得皇帝宠爱。听说了这个，她悬着的心就放下了，不再替两姐妹担心了，开始安安心心地过日子了，只是还会想念自己的两个女儿。

然而在皇宫，风云总是突变。前几年还得宠的珍妃转眼已经葬身在冰冷的小井中了，当年还是两个女儿的妈妈也已经成为了一个老太太了，住在远离北京的上海。只是古代的交通又不顺畅，那个朝代又处于动荡之中，等到珍妃之死的消息传到老太太的耳中的时候，已经是公元1901年了。时间已经过去很久了，老人是不可能再去看望珍妃了，那时候连珍妃的遗体都没找到。不过，时间也留下了一些莫名其妙的东西，它好像在提醒着我们一些事情。就像老太太虽然老了，但是对这件事情却记得特别清楚。她记得是公元1900年大年三十的时候，与往常一样，她依然想念着自己的女儿，于是，她找了一点事来做——在上海的大街上骑着骡车慢慢地溜达着，她希望通过看外面这些琳琅满目的新事物来转移自己对女儿的苦苦思念。溜达着溜达着，她居然从马车上翻下来了，这一翻对一个上了年纪的人来说可不是小事，她的腿被跌伤了。这车翻得莫名其妙，再把女儿的死与之相联系就可以说得通了。老太太想起女儿的死就经常对后来的人说，"我的女儿死了，作为母亲，我都没能为她超度一下，这一定是她升天做了地藏菩萨，惩罚我了。"

而这边，瑾妃这儿，对珍妃之死确实很震惊也很难过。毕竟珍妃是自己的妹妹，虽然只是同父异母的妹妹，但是两人从小还是生活在一个家庭中，还是有一定感情的。只是当时慈禧在场，为了保住自己的命，她也不敢多提这事。等到慈禧去世的时候，她才算有点自由了。首先，她在珍妃跳下的那口井边摆下了一座灵堂，取名"怀远堂"。

与此同时，宫中的规矩也变松了，不再像以前那样抠的那么紧了。瑾妃的妈妈每年可以来皇宫探亲两次。尽管如此，在皇宫中没有自己的一个亲人，她更加思念母亲了。

为了能让自己的思念有所依托，瑾妃想每天都能见到自己的母亲。不过，这个很难办到，皇宫规定家属一年才能来看望两次，要想天天都能看见母亲，那是天方夜谭啊！不过，有心人，天不负。苦思冥想后，

245

瑾妃终于想到了一个能排解自己思念的好办法，那就是在城外给母亲买一个宅子，在宅子上建一个高高的亭子，这样母亲就能和自己遥遥相望了。不过，这样远远的望着也看不到什么，而且老太太也上了年纪了，眼睛视力还不怎么样呢。所以，瑾妃又想出了一个好办法，那就是再买个望远镜来看对方。正好母亲也不是传统之人，她思想开明，能接受西方这些先进的东西。

这么一想，她就去做了。并跟母亲商定，每天的某个固定时间两人用望远镜互相望着。两人就这样望着望着，每天都是如此，一望，好几年都过去了，每年亭子边的花儿开了又谢，谢了又开；树叶绿了又黄，黄了又绿；太阳升了又落，落了又升，人呀，老了就一直老了。瑾妃就是在这样的相望中慢慢地变老，身体也慢慢地虚弱了。直到她最终逝世的那一天，亭子的那一边再也没有人在那儿和老母亲相望了，只剩下一个孤独的身影和一双老泪纵横的眼睛。

隆裕皇后的可怜之处

公元1908年，光绪皇帝驾崩。驾崩地点在瀛台。当时，光绪帝被狠心的慈禧囚禁在那里。之前，隆裕皇后听说皇上的病情更严重了，自然就坐不住了。她想去看看皇帝，每天徘徊在门口就是不敢进去，因为怕慈禧发威降罪。当时的太监李莲英见状鼓励隆裕皇后进去。正因为李莲英的鼓励，隆裕最终能够见到光绪皇帝的最后一面。为此，隆裕皇后很感激李莲英，从那以后，她也善待李莲英了。

在外人看来，隆裕皇后就是一个名副其实的妒妇。实际上，隆裕皇后并不是这样的人，她是一个极其忍让、没有主见的人。可是正是因为隆裕皇后的小心忍让、无主见，才让她成为慈禧手中的工具。慈禧掌控着隆裕皇后，对其连哄带骗、教唆调拨、威逼利诱，让隆裕皇后得了一个妒妇的恶名。然而，这其中的缘由，就连隆裕皇后自己都没有看清楚，在她看来，她和光绪皇帝之间的误会有太多的巧合因素，可是又不知道

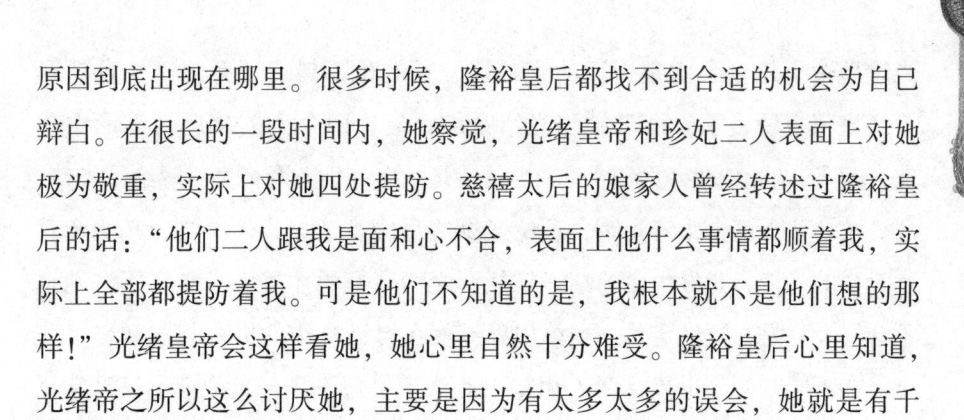

原因到底出现在哪里。很多时候，隆裕皇后都找不到合适的机会为自己辩白。在很长的一段时间内，她察觉，光绪皇帝和珍妃二人表面上对她极为敬重，实际上对她四处提防。慈禧太后的娘家人曾经转述过隆裕皇后的话："他们二人跟我是面和心不合，表面上他什么事情都顺着我，实际上全部都提防着我。可是他们不知道的是，我根本就不是他们想的那样！"光绪皇帝会这样看她，她心里自然十分难受。隆裕皇后心里知道，光绪帝之所以这么讨厌她，主要是因为有太多太多的误会，她就是有千张嘴也解释不清楚了。

而光绪皇帝生命中的最后一刻，也不是人们想象的那样孤独，因为在他最后的一段时间里，都有隆裕皇后陪在他身边。

在光绪皇帝生命的最后一刻，在他和毒药抗争的时候，隆裕皇后能够冒险来到他的身边，陪伴着他，这是让光绪皇帝非常感激的地方。光绪皇帝是一个善良的人，隆裕皇后见到他之后，夫妻二人相对流泪，而光绪对于隆裕的态度也好了很多，甚至还有些温柔留恋。光绪皇帝驾崩之后的第五年，隆裕皇后去世，夫妻二人共同葬在了崇陵，也让隆裕皇后了却了一点心愿，给她的一生一点安慰。生无法和心爱的人在一起，死后同穴也算是对隆裕皇后最大的慰藉了。

根据《老太监回忆录》中记载，"光绪皇帝突然驾崩，隆裕皇后为他穿上了寿衣。而根据惯例，皇上驾崩之后，嘴里要含着一颗珍珠。隆裕皇后命令内殿总管尹义忠，打开库房找一颗珍珠，可惜里面的珍珠都太小，于是隆裕皇后便想用光绪皇帝王冠上的珍珠。尹义忠说："没有皇帝的旨意，怎么敢拆下它呢。"皇后生气地说道："这是什么时候，还谈什么旨意。"于是自己亲自把王冠上的大明珠取下，放入光绪皇上的口中。而这一举动，或许是隆裕皇后一生中唯一一次有主见的时候吧。

自从光绪皇帝死了之后，隆裕皇后也变得不像她自己了。她经常痛哭流涕，走起路来都是虚无缥缈的，有好几次直接哭昏了。那么，我们可以主观的推测一下，隆裕皇后还是深爱着光绪皇帝的。

当年隆裕皇后嫁给光绪帝的时候，正是感情萌发阶段。那时她还小，光绪皇帝也是一个堂堂正正的官二代，长的也不错，还有才，她自然对光绪皇帝有所爱慕。而且她与光绪帝结婚后，两个人的命运就无形中连在一起了。古代的女子嫁给一个男子就是一生一世，隆裕皇后嫁给了光绪，那么她一辈子就会跟着光绪，不论光绪之后会变成怎样。总之，光绪帝就是隆裕的一切，是她生命的唯一依托。光绪帝好她才好，光绪帝不好她也不会好。只是，这注定是一场单相思，就在自己身边的男人其实和自己完全是在不同的两个世界，两人相差十万八千里还不止。光绪帝不仅没有正眼看过隆裕，而且还有点嫌弃隆裕。对于一个女子来说，要承受自己深爱的男子的嫌弃并不是一件简单的事情。况且不说光绪帝能够给她什么天长地久，就连一天的温柔，哪怕短暂的一天都没有给过她。

这也是隆裕皇后和珍妃最大的区别。珍妃虽然最后不幸惨死，但是她曾经拥有过爱情，曾经抓住过幸福，曾经有一个男子许她一生一世。但是隆裕皇后却只在冰冷的深宫里守护着自己还没有开花的爱情。她的一生都是在光绪皇帝的误解中度过的，这也是她最大的失败。这种误解甚至从她还没有进宫的时候就已经开始了，以致之后她再怎么努力都没用了。直到最后光绪皇帝死的时候，她才向光绪皇帝诉说自己的委屈。然而，斯人已去，往日的观景不再，那人，也走了，那份被误解的情只能自己默默地背着了。

她的一生是悲惨的。在爱情上如此，在生活上也是这样。作为大清朝的一个皇后，作为慈禧的侄女，她始终都是被人掌控着。生于皇家贵族，注定她的命运由不得自己选择；她的青春本该和邻居家的男孩女孩一起度过的，最后却只能埋葬在毫无生气的紫禁城中。日子一天天过去，她人生中残存的温暖也慢慢褪去。最寒冷的时候，她只能自己给自己温暖，可那种温暖本身就是一种无法言说的寒冷。

也许，我们还可以这样说，光绪皇帝死后，隆裕皇后哭得这么伤心，不全是因为熟悉的生命的消失，还在为自己失败的一生而哭泣。她哭的是自己从未来到过的爱情，哭的是自己渐行渐远的纯真，哭的是黯淡无彩的青春，哭的是看不见光明的未来，哭的是这一生命不由己的无奈。